Le Parlement et les armées

Logiques politiques

Collection dirigée par Bruno Péquignot,
Jean-Paul Chagnollaud et Denis Rolland

Créée en 1991 par Pierre Muller, puis dirigée par Yves Surel, la collection « Logiques politiques » a pour vocation principale de publier des ouvrages de science politique, ainsi que des livres traitant de thématiques politiques avec un autre angle disciplinaire (anthropologie, économie, philosophie, sociologie). Elle rassemble des recherches originales, tirées notamment de travaux de doctorat, ainsi que des ouvrages collectifs sur des problématiques contemporaines. Des séries thématiques sont également en cours de développement, l'une d'entre elles visant à publier des ouvrages de synthèse sur les systèmes politiques des États-membres de l'Union européenne.

Dernières parutions

Jean Luc UGUEN, *Les évolutions institutionnelles en Outre-mer au XXIe siècle*, 2023.
Soulef AYAD-BERGOUNIOUX, *Gouverner sans contraindre. Une histoire structurale des régimes de domination*, 2023.
Robert LLOANCY, *Du sionisme à l'universalisme : L.-L. Zamenhof*, 2023.
Aurélie BAYEN-POISSON, Arnaud DE RAULIN (dir.), *Les systèmes d'alerte et la démocratie rénovée*, 2023.
Quentin COUVREUR, *Les relations politiques Europe-Taïwan. Entre coopération dynamique et solidarité démocratique*, 2023.
Zachary DE SAINT-MÈDE, *Les visites officielles de la reine Elizabeth II en pays étrangers*, 2023.
Dominique VILLEMOT, *Qu'est-ce que le macronisme ?*, 2023.
Georges CONTOGEORGIS, *La démocratie comme liberté*, 2023.
Sabine CHOQUET, *La Violence de l'État*, 2022.
Henri BOUILLON, *Le préfet. Histoire, statut, fonctions*, 2022.
Fabrice HAMELIN, *Petite histoire politique du 80 km/h*, 2022.
Christine GALAVIELLE, *France-Allemagne, Face-à-face ou la main dans la main*, 2022.

Téomé PASCAL

Le Parlement et les armées

Préface d'Olivier GOHIN
Professeur agrégé des Facultés de droit
Université Paris Panthéon-Assas

L'Harmattan

Du même auteur :

Téomé PASCAL, « France, Ô ma France », éd. Sydney-Laurent, 2021

5-7, rue de l'École-Polytechnique – 75005 Paris
www.editions-harmattan.fr
ISBN : 978-2-14-049950-0
EAN : 9782140499500

TABLE DES ABREVIATIONS

abst. : abstention
AFDSD : Association française de droit de la sécurité et de la défense
al. : alinéa
amdt. DN : amendement déposé en commission chargée de la défense nationale
AN : Assemblée nationale
art. : article
Ass. : Assemblée du contentieux du Conseil d'Etat
BCA : Bataillon de chasseurs alpins
c/ : contre
CAEDNFA : Commission des Affaires étrangères, de la Défense nationale et des Forces armées (Sénat)
CAESAR : Camion équipé d'un système d'artillerie
CC : Conseil constitutionnel
C. déf. : Code de la défense
CDNFA : Commission de la Défense nationale et des Forces armées (Assemblée nationale)
CE : Conseil d'Etat
cf. : *confer*, se rapporter à
coll. : collection
Const. : Constitution
DC : Décision de conformité
déc. : décembre / décision
DEF/CICDE/NP : Ministère de la Défense / Centre interarmées de concepts, de doctrines et d'expérimentations / Non protégé
dir. : sous la direction de
et al. : *et alii*, et les autres
ex. : exemple
FINUL : Force intérimaire des Nations unies au Liban
FNR : Décision fin de non-recevoir
ibid. : *ibidem*, au même endroit
IFRI : Institut français des relations internationales
infra : ci-après
IRSEM : Institut de recherche stratégique de l'ecole militaire
JOAN : Journal officiel de l'Assemblée nationale

JORF : Journal officiel de la République française
juil. : juillet
KFOR : Force pour le Kosovo (mission de l'OTAN)
L. : partie législative
LFI : Loi de finances initiales
LGDJ : Librairie générale de droit et de jurisprudence
LO : Loi organique
LOLF : Loi organique relative aux lois de finances
LPM : Loi de programmation militaire
MINURCAT : Mission des Nations unies en République centrafricaine et au Tchad
mod. : modifié
nov. : novembre
oct. : octobre
op. cit. : *opere citato,* ouvrage cité
OPEX : Opération extérieure
p/ : pour
p. : page
PANG : Porte-avions de nouvelle génération
PLF : Projet de loi de finances
pp. : pages
Prés. : Président
QE : Question écrite
QG : Question au Gouvernement
QOSD : Question orale sans débat
R. : partie réglementaire
RAN : Règlement de l'Assemblée nationale
rect. : rectifié
Rép. : République
RFDC : Revue française de droit constitutionnel
RS : Règlement du Sénat
S. : Sénat
SNLE : Sous-marin nucléaire lanceur d'engins
spéc. : spécial
supra : ci-dessus
TFUE : Traité sur le fonctionnement de l'Union européenne
trad. : traduction
TUE : Traité sur l'Union européenne
vol. : volume

SOMMAIRE

PREFACE

Les étudiants l'ignorent parfois : un professeur a été, lui aussi, un étudiant - souvent, un bon étudiant - dans un lointain passé. Parmi les lectures utilement corrosives que j'ai eu à faire, au début de mes études supérieures, celle de l'ouvrage du député André Chandernagor, publié en 1967, chez Gallimard et dans la célèbre collection « *Idées* », sous ce titre volontiers provoquant : « *un parlement, pour quoi faire ?* », m'aura marqué. Dans un régime parlementaire encore discuté, la réponse que l'étudiant devenu professeur, une quinzaine d'années plus tard, peut donner, dans le champ du droit constitutionnel, est triple :

- d'abord, pour la représentation de la nation, cette première fonction de tout Parlement que les constitutionnalistes contemporains passent généralement sous silence ;
- ensuite, pour la formation de la loi, sans y croire vraiment, non pas en raison, en droit français, de l'appel à la démocratie directe par l'article 6 de la Déclaration de 1789 ou l'article 3 de la Constitution de 1958, mais parce que le parlementarisme rationalisé, avant ou après la révision constitutionnelle de juillet 2008, donne la main au Gouvernement et, en particulier au Premier ministre, dans un régime d'exécutif renforcé, d'ailleurs si moderne puisque régulé par le peuple et le juge ;
- enfin et surtout, pour le contrôle du pouvoir exécutif qui se déduit logiquement des deux fonctions précédentes, en tant que

. d'une part, le législatif constitué peut vérifier le pouvoir d'application réglementaire dans la normativité générale et impersonnelle de l'État. C'est, à ce titre, du reste, que ce pouvoir séparé est encore dit « *exécutif* », selon une nomenclature que la permanence dans le temps et la diffusion dans l'espace protègent durablement même si chacun sait bien, cependant, des bancs à la chaire, qu'il n'est plus ni second ni

secondaire, y compris en France, en tout cas sous la Ve République. Et, c'est heureux, car efficace pour traverser les épreuves du temps présent ;
. d'autre part, la nation représentée doit approuver ce même pouvoir qui est d'action publique dans la détermination et la conduite de la politique de la nation, y compris de sa politique de défense, en relation avec sa politique internationale.

Or, c'est aux armées qu'il revient, en définitive, d'affronter ces épreuves et de faire face à ces crises lorsque, notamment, elles sont projetées pour la mission impartie à ces fins : « *être et durer* » disent la devise et le chant du 3ème RPIMa, l'un des régiments parachutistes de l'Armée de terre, décoré de la croix de guerre des théâtres d'opérations extérieures et de la croix de la valeur militaire.

Dans le cadre d'une République démocratique, ces armées agissent selon les ordres reçus des autorités politiques compétentes, celles que la nation s'est librement données, et conformément au droit international, celui auquel la France a volontairement souscrit. Cela, tout militaire doit le savoir et il a pu être - c'est peu fréquent - un étudiant en droit qui l'a justement appris. Tel est le cas de Téomé Pascal, après avoir cherché, au Prytanée militaire de la Flèche, un raccourci asséchant dans les mathématiques vers Coëtquidan, au sortir d'un très bon bac scientifique. Toutefois, il est bien des voies pour permettre à un brution de devenir cyrard, notamment celle réalisée par la conjonction rare, habile et pertinente de l'Université et de l'Armée lorsque la première sait conduire ses meilleurs étudiants vers des masters spécialisés en défense et que la seconde sait recruter de très bons officiers au sortir de ces quelques formations d'excellence.

C'est donc la large voie des sciences sociales que Téomé a empruntée et suivie à l'Université Panthéon-Assas où il aura été, à la rentrée 2018, mon étudiant en droit constitutionnel, avant de l'être à nouveau, à la rentrée 2022, en master 2

Sécurité et défense dont il est sorti major, le 6 juillet 2023. Mais, réussir – dans un bon rang, au surplus, mais qu'importe - le concours d'officier sur titre (OST) ouvert à bac + 5 à acquérir ou acquis, sous condition d'âge, comme cinq autres de ses camarades du même diplôme, parmi les vingt-neuf admis du concours 2023, suppose quelques prérequis : en plus d'un complet « *barda* » intellectuel, physique et moral, avoir démontré les aptitudes attendues de celui qui pourrait avoir, un jour, à conduire le combat dans un monde redevenu celui du temps des guerres, y compris en Europe, pas seulement asymétriques, mais aussi de haute intensité : en ce sens, avoir été scout est bien ; être réserviste opérationnel est bien aussi ; avoir suivi des préparations militaires est bien encore dont l'indispensable préparation militaire supérieure pour ce concours. Tout cela, Téomé Pascal l'a fait : il a pris le temps de le faire et de le faire au mieux dans des périodes de disponibilité aménagées en dehors de ses exigeantes études de droit.

Seulement voilà : devenir militaire, ce n'est pas seulement entrer, à son tour, dans la carrière parce que le service des armes n'est pas seulement un métier. C'est ou ce doit être en tout cas - si possible, autant que possible, aussi longtemps que possible - une vocation pour faire face à de considérables contraintes qui ne sont pas seulement celles du temps des opérations extérieures. Il y a du moine dans le soldat. Or, cette vocation, Téomé l'a assurément et il a su l'exprimer en consacrant un bref et bel ouvrage d'une soixantaine de pages, rédigé au cours de ses longs trajets, en semaine, entre sa campagne de Seine-et-Marne et la ville de Paris, intitulé « *France, Ô ma France* » et publié aux Éditions Sydney Laurent, en septembre 2021 : ce jeune homme, déjà bien construit, n'a alors que vingt-deux ans et il entre en master 1 dans lequel je l'ai sélectionné, quelques mois plus tôt, avec dix-neuf autres de ses camarades, parmi quelques cent-quarante-trois candidats en premier choix. Il y raconte l'engagement de son grand-oncle Sauveur, du 1er régiment de zouaves d'Alger, venu accomplir son devoir sacré de soldat français dans les tranchées boueuses de la Grande Guerre. « *De ce sang versé, de ces vies sacrifiées, les germes d'une jeunesse assoiffée de France offriront demain à la nation meurtrie, les ressources nécessaire à sa défense* » (p. 72). L'enthousiasme faiblira peut-être, la sagesse viendra sans doute, le patriotisme restera certainement.

Je le dis avec une quarantaine d'années d'expérience : de tels étudiants sont rares comme il est rare que, dans ce master 2 de dix-huit promotions diplômées depuis juillet 2006, l'étudiant s'empare d'un sujet qui soit strictement de droit de la sécurité et de la défense, même si, à Assas, un nouveau cours de master 1 sur l'organisation générale de la défense et la sécurité intérieure permet depuis peu - mais à peine et pour un petit effectif – d'entrevoir enfin ce droit ancien et perdu, mais renouvelé et redécouvert. Il en faudra encore du temps et des efforts pour que, en France du moins, les universitaires publicistes retrouvent, dans les matières de souveraineté, le chemin de la recherche individuelle ou collective, étayée par des enseignements ou des formations qui ne sont pas pure spéculation intellectuelle, mais performante insertion professionnelle et relayée si utilement, ici, par l'Association française de droit de la sécurité et de la défense (AFDSD) dont les travaux sont publiés depuis dix ans.

Au cours de l'année universitaire 2022-23, Téomé Pascal se sera donc attaché de façon perspicace à ce vaste sujet : « *Le Parlement et les armées* », étude dont il faut s'étonner qu'elle soit originale et même novatrice, Elle est solidement structurée en deux parties qui vérifient, dispositions en référence, statistiques à l'appui, après une approche historique, contemporaine et comparée, que le Parlement, placé en marge de la fonction de législation militaire, est, au contraire, au centre de la fonction de contrôle militaire, ce recours au terme de

« *Parlement* », dans l'intitulé de chaque partie, permettant de renvoyer l'étude de la fonction première de représentation vers l'une et l'autre de ces deux autres fonctions pré-identifiées de base dont il faut souligner l'actualité ou l'importance, en législation comme en contrôle : par exemple,
- c'est l'article 34 de la Constitution initiale qui prévoit des lois de programmation dont le terrain d'élection, depuis 1960, est le domaine des investissements pluriannuels en faveur de l'équipement des armées françaises : dans la prochaine loi de programmation militaire, ce sont 413 milliards d'euros qui sont prévus à cet effet, entre 2024 et 2030 ;
- c'est l'article 35 de la Constitution révisée qui permet de donner à l'Assemblée nationale ou au Sénat, l'information prévue sur les interventions des forces armées françaises à l'étranger, voire l'autorisation requise pour leur poursuite : c'est sur ce fondement juridique que le 3ème RPIMa a quitté Carcassonne pour aller prendre part avec succès aux difficiles opérations en Afghanistan et dans plusieurs États africains.

Il est sans précédent, sans doute, que la prestigieuse École spéciale militaire ait à former un officier qui a déjà deux publications à son actif au cours de sa scolarité, bien différentes en apparence puisque la première est de passion et la seconde de raison. Mais, il est des passions raisonnables ou raisonnées. Il en est ainsi pour l'auteur de cet ouvrage, devenu officier formé par le droit : il est soldat par son amour de la patrie et il sera soldat du droit, celui du recours à la force armée (*jus ad bellum*) et celui des conflits armés (*jus in bello*), intégrés par la représentation nationale dans l'ordre juridique interne. Dans les conditions et sous les réserves de la Constitution et des règlements des assemblées, cette normativité d'origine internationale est complétée par la chaîne d'une faible législation, issue des amendements et des votes parlementaires, et elle est appliquée par la trame d'un fort contrôle sur les autorités civiles et militaires, légitimes et légales, constitutionnelles ou non, exercé par les commissions ou délégations parlementaires, permanentes ou spéciales, ou, à travers leurs questions écrites ou orales, par les députés ou les sénateurs.

Cet entrecroisement des fils de chaîne et de trame forme précisément une « *armure* », terme qui, à l'évidence, ne se rapporte pas seulement à l'art du tissage. Le directeur de ce mémoire, excellemment noté par le jury de soutenance et heureusement publié chez L'Harmattan et dans la dynamique collection « *Logiques politiques* », a voulu signaler par cette préface la cohérence du parcours de Téomé au moment où il quitte le monde universitaire avec cette armure de papier, ci-après exposée, pour rejoindre fièrement, avec ses camarades, les rangs du premier bataillon de France, en tenue de combat.

Olivier GOHIN
Professeur agrégé des Facultés de droit
Université Paris Panthéon-Assas

INTRODUCTION GENERALE

« *Un parlement, pour quoi faire* ? »[1], c'est par cette question qu'André Chandernagor entendait faire la démonstration que d'un parlementarisme fort sous la IVe République à une rationalisation accrue de celui-ci sous la Ve République, la France était passée « *d'un excès à l'autre* » pour reprendre les termes de François Loncle[2].

Bien que « *mobilisé en 1945 pour l'Indochine* » dans une « *section d'infanterie puis dans un peloton d'artillerie à Mont-de-Marsan* »[3], André Chandernagor n'a pas proposé une théorie de la relation du Parlement et des armées. L'auteur s'est principalement attaché à démontrer la faiblesse du Parlement sous la Ve République. La place qu'occupe l'institution parlementaire au titre IV de la Constitution, après le Président de la République au titre II et le Premier ministre au titre III, tend, d'office, à illustrer la relégation du Parlement derrière l'exécutif. Néanmoins, la Constitution consacre un triple rôle au Parlement, celui-ci est chargé de voter les lois, de contrôler l'action du Gouvernement et d'évaluer les politiques publiques[4]. Dans une Ve République bicamérale, le Parlement est composé de deux chambres, l'Assemblée nationale et le Sénat dans lesquelles siègent deux commissions permanentes spécialisées en matière militaire. Pour l'Assemblée nationale, il s'agit de la Commission de la Défense nationale et des Forces armées, pour

---

[1] André CHANDERNAGOR, *Un parlement, pour quoi faire ?*, coll. Idées, Paris, Gallimard, 1967.

[2] Conférence de François Loncle, ancien député et ministre, « *Un parlement, pour quoi faire ?* », tenue devant la Société d'Etudes Diverses de Louviers et de sa région, le 3 oct. 2009.

[3] Gilles MORIN, « Notice d'André Chandernagor » , *Le Maitron dictionnaire biographique, mouvement ouvrier, mouvement social*, mis en ligne le 25 oct. 2008 et modifié (ci-après, mod.) le 5 janv. 2009, https://maitron.fr/spip.php?article19365, consulté le 10 fév. 2023

[4] Const. de 1958, art. 24, mod. en 2008 : « *Le Parlement vote la loi. Il contrôle l'action du Gouvernement. Il évalue les politiques publiques* ».

le Sénat, il s'agit de la Commission des Affaires étrangères, de la Défense et des Forces armées (ci-après dénommées les commissions chargées de la défense nationale). Il conviendra de noter qu'au Sénat, cette « *assemblée du seigle et de la chataîgne* » pour reprendre les mots du doyen Georges Vedel, les matières militaire et diplomatique sont abordées au sein de la même commission, à la différence de l'Assemblée nationale.

Ainsi, pour introduire le sujet du Parlement et des armées, il est apparu nécessaire de proposer dans un premier temps, une approche historique de la matière (Section 1), mise en perspective avec une approche contemporaine, tout à la fois française (Section 2) et comparée (Section 3) du Parlement et des armées.

Section 1 - Une approche historique du Parlement et des armées en France

D'un point de vue historique, le sujet du Parlement et des armées en France invite à étudier la question centrale de la déclaration de guerre. Si le Parlement est demeuré un acteur de la déclaration de guerre dans les régimes d'assemblée ou les régimes parlementaires[5] (*§1*), dans les régimes dits « *présidentiels* », le Parlement est largement demeuré en marge de la question, alors monopôle du chef de l'Etat (*§2*).

---

[5] Les régimes d'assemblée se définissent comme les régimes dans lesquels le Gouvernement est responsable devant le Parlement, ou une assemblée, sans que le Parlement, ou cette assemblée, ne puisse être dissous par le Gouvernement ou le chef de l'Etat. Il s'agit de l'hypothèse de la IIIe République à compter de 1879, *id est,* de la « *Constitution Grévy* ». Le régime parlementaire, quant à lui, est un régime dans lequel en contrepartie de la faculté reconnue au Parlement, ou à une l'assemblée, de renverser le Gouvernement, le chef de l'Etat, ou le Gouvernement, dispose du pouvoir de dissolution du Parlement ou de cette assemblée. La Ve République répond à cette dernière logique en vertu des articles 12 (dissolution de l'Assemblée nationale par le Président de la République) et 49 de la Constitution (engagement de la responsabilité du Gouvernement devant le Parlement).

§1 - Les régimes de déclaration de guerre avec consentement parlementaire

Depuis la fin de l'Ancien Régime, la France a compté près de quinze textes constitutionnels[6] au sein desquels le Parlement s'est traditionnellement vu attribuer la responsabilité constitutionnelle de la déclaration de guerre. C'est ainsi que la Constitution de 1791 consacre déjà une pleine place au « *Corps législatif* » qui seul peut, par décret, déclarer la guerre sur proposition du Roi[7]. Dans l'hypothèse où le Corps législatif refuserait au Roi de déclarer la guerre, celui-ci se trouverait alors tenu de prendre « *sur-le-champ des mesures pour faire cesser ou prévenir toutes hostilités* ». Eugène Pierre résumait en ces termes les prérogatives constitutionnelles royale : « *Le roi avait le droit de proposition à l'égard du contingent militaire et la guerre ne pouvait être déclarée par l'assemblée que sur sa demande formelle* »[8].

Les Constitutions de l'an I et de l'an III ont également fait du « *Corps législatif* » le seul pouvoir constitué habilité à déclarer la guerre. La Constitution de l'an I rappelle que la déclaration de guerre doit prendre la forme d'une loi édictée par le « *Corps législatif* », s'attachant à une simple question de

[6] Constitution de 1791 - Monarchie constitutionnelle, Constitution de l'an I - Première République, Constitution de l'an III - Directoire, Constitution de l'an VIII - Consulat, Constitution de l'an X - Consulat à vie, Constitution de l'an XII - Empire, Charte de 1814 - Première Restauration, Acte additionnel aux Constitutions de l'Empire - Cent-jours, Charte de 1814 révisée en 1830 - monarchie de Juillet, Constitution de 1848 - IIe République, Constitution de 1852 - Second Empire, Lois constitutionnelles de 1875 - IIIe République, Loi constitutionnelle du 2 nov. 1945 - Gouvernement provisoire, Constitution de 1946 - IVe République et Constitution de 1958 - Ve République.

[7] Const. de 1791, art. 2 : « *La guerre ne peut être décidée que par un décret du Corps législatif, rendu sur la proposition formelle et nécessaire du roi, et sanctionné par lui* ».

[8] Eugène PIERRE et Jules POUDRA, *Traité pratique de droit parlementaire*, Paris, Albert Quantin éditeur, 1878, pp. 98-99.

procédure[9]. La Constitution de l'an III rappelle, quant à elle, que la déclaration de guerre est une initiative du directoire exécutif, mais que celle-ci est « *décidée par un décret du Corps législatif* »[10]. Si le Corps législatif vote le projet retenu par le Tribunat, c'est alors un décret du Corps législatif devant être promulgué par le Gouvernement pour devenir une loi pleine et entière[11].

Pendant la période du Consulat, l'article 50 de la Constitution du 28 frimaire an VIII rappelle que « *les déclarations de guerre* » [...] « *sont proposés, discutés, décrétés et promulgués comme des lois* ». En d'autres termes, le Gouvernement propose une loi de déclaration de guerre, celle-ci est discutée devant le Tribunat, décrétée devant le Corps législatif et promulguée par le Gouvernement sous forme législative. Néanmoins, dès 1802 et la Constitution de l'an X, la question de la déclaration de guerre disparaît du texte constitutionnel, entraînant la fin du rôle du Parlement en la matière. Le serment de l'article 44 de la Constitution de l'an X[12] instituant le Consulat à vie, fait, *de facto*, du premier consul l'autorité constituée pour décider de la déclaration de guerre. Marius Maurel[13] faisait le lucide constat d'une mise à l'écart forcée du Corps législatif en matière de déclaration de guerre : « *ce droit semblait réservé au brillant général qui concentrait en*

---

[9] Const. de l'an I, art. 54 : « *Sont compris, sous le nom général de loi, les actes du Corps législatif, concernant :* » [...] « *La déclaration de guerre* ».

[10] Const. de l'an III, art. 326 : « *La guerre ne peut être décidée que par un décret du Corps législatif, sur la proposition formelle et nécessaire du Directoire exécutif* ».

[11] Const. de l'an VIII, art. 25 : « *Il ne sera promulgué de lois nouvelles que lorsque le projet en aura été proposé par le gouvernement, communiqué au Tribunat et décrété par le Corps législatif* ».

[12] Const. de l'an X, art. 44 : « *Je jure de maintenir la Constitution, de respecter la liberté des consciences, de m'opposer au retour des institutions féodales, de ne jamais faire la guerre que pour la défense et la gloire de la République, et de n'employer le pouvoir dont je serai revêtu que pour le bonheur du peuple, de qui et pour qui je l'aurai reçu* ».

[13] Marius MAUREL, *De la décision de guerre*, Paris, LGDJ, 1907, p. 225.

ses mains victorieuses le commandement des armées de la France. Ainsi, le Corps législatif n'était plus consulté sur les déclarations de guerre. Le Premier Consul était maître de prendre la décision qui lui convenait ». Alors que les Constitutions antérieures avaient réussi à faire du Parlement l'acteur central de la déclaration de guerre, le consulat entérine une mise à l'écart du Parlement qui se poursuivra jusqu'au retour de la république en 1848.

Les Constitutions de la IIe puis de la IIIe République revalorisent la place du Parlement en matière de déclaration de guerre. Sous la IIe République, le Président de la République ne pouvait « *entreprendre aucune guerre sans le consentement de l'Assemblée nationale* »[14]. Il convient, néanmoins, de noter que le terme « *consentement* » n'est expliqué ni dans le texte constitutionnel, ni dans les règlements de l'Assemblée nationale adoptés en 1848 et 1851. Pour Romain Leblond-Masson, l'hypothèse la plus probable est que ce consentement désignait, en réalité, le simple vote par l'Assemblée nationale des « *projets de lois portant ouverture des crédits* »[15] pour la guerre.

Les textes constitutionnels de la IIIe République disposaient, quant à eux, que « *le Président de la République ne peut déclarer la guerre sans l'assentiment préalable des deux chambres* »[16]. Ce dispositif, très proche du dispositif actuel de la Ve République, appelle deux enseignements : d'abord, l'initiative de la déclaration de guerre appartient au Président de la République ; cependant, ce dispositif vise à priver le chef de l'Etat d'un monopôle en matière de déclaration de guerre, une aspiration qui n'est pas sans rappeler celle des Constitutions qui

---

[14] Const. de 1848, art. 54.

[15] Romain LEBLOND-MASSON, « Le Parlement et la décision de guerre : retour sur l'article 35 de la Constitution », RFDC, vol. 104, n°4, 2015, pp. 839-862.

[16] Loi constitutionnelle du 16 juil. 1875 sur les rapports des pouvoirs publics, art. 9.

se sont succédées entre la fin de l'Ancien Régime et le Directoire.

La loi constitutionnelle de 1940, instituant le régime de Vichy, consacre également une place centrale au Parlement en matière de déclaration de guerre. C'est ainsi que le Chef de l'Etat français, conformément aux dispositions constitutionnelles, ne pouvait *« déclarer la guerre sans l'assentiment préalable des Assemblées législatives »*[17]. Un dispositif doublement symbolique en ce sens que le chef de l'Etat français disposait de l'ensemble des pouvoirs, et que les Assemblées législatives étaient largement acquises à sa cause, qu'il s'agisse, du reste, de parlementaires de droite comme de gauche[18].

La IVe République aura, quant à elle, souhaité s'écarter des dérives du Parlement de la IIIe République, sans y parvenir. La déclaration de guerre était une compétence affirmée du Parlement puisqu' elle ne pouvait « *être déclarée sans un vote de l'Assemblée nationale et l'avis préalable du Conseil de la République »*[19]. Le constituant souhaitait donc revaloriser la fonction militaire du Parlement avec un double contrôle parlementaire : un vote suivi d'un avis. Néanmoins, dans les faits, le Parlement a été, dès le début de la IVe République, mis en marge de la matière militaire. En 1950, le Parlement n'est pas consulté pour le déploiement d'un bataillon français en Corée. En 1956, le Parlement n'est pas consulté en amont pour le déclenchement de l'opération Mousquetaire à Suez, mais seulement après le déclenchement de celle-ci, rendant une

---

[17] Acte constitutionnel n° 2 du 11 juil. 1940 fixant les pouvoirs du chef de l'État français, art. 1 § 9 : [Le chef de l'Etat français] « *ne peut déclarer la guerre sans l'assentiment préalable des Assemblées législatives ».*

[18] Sur les 669 parlementaires (Sénat et Chambre des députés) réunis en Assemblée nationale, 569 votent pour la loi constitutionnelle du 10 juillet 1940 donnant les pleins pouvoirs au Gouvernement de Vichy pour élaborer une nouvelle constitution. 80 votent contre et 20 s'abstiennent.

[19] Const. de 1946, art. 7 : *« La guerre ne peut être déclarée sans un vote de l'Assemblée nationale et l'avis préalable du Conseil de la République ».*

opposition éventuelle politiquement et matériellement impossible.

§2 - Les régimes de déclaration de guerre sans consentement parlementaire

Si historiquement le Parlement s'est régulièrement vu associé à l'hypothèse d'une déclaration de guerre, quatre textes constitutionnels ont d'office écarté l'hypothèse d'un Parlement acteur d'une telle déclaration : la Constitution du Premier Empire, la Charte constitutionnelle de 1814, la charte constitutionnelle de 1814 révisée en 1830 et la Constitution du Second Empire.

A la lecture de la Constitution du 28 floréal an XII (18 mai 1804), instituant le Ie Empire, seuls deux articles[20] traitent de la déclaration de guerre sans désigner l'autorité compétente pour cette déclaration. Pour Marius Maurel le droit de déclarer la guerre « *appartenait à l'empereur qui, concentrant entre ses mains tous les pouvoirs, donna de nombreuses victoires à la France. Ainsi, ce terrible droit, qu'on avait péniblement enlevé aux rois, était repris par l'empereur* »[21]. Néanmoins, à compter du sénatus-consulte du 5 février 1813 relatif à la régence de l'Empire[22], c'est le conseil de régence qui décidait à la majorité absolue de déclarer la guerre. Une disposition qui demeura, du reste, inappliquée, car si la France était en guerre il ne s'agissait, en réalité, que de la continuation de guerres anciennes. Néanmoins, le Sénat conservateur retiendra cette

---

[20] Const. de l'an XII, art. 27 : « *Le régent* » [...] « *ne peut déclarer la guerre, ni signer des traités de paix, d'alliance ou de commerce, qu'après en avoir délibéré dans le conseil de régence* ». Art. 41 : « *L'archichancelier d'État fait les fonctions de chancelier pour la promulgation des traités de paix et d'alliance et pour les déclarations de guerre* ».

[21] Marius MAUREL, *op. cit.*, p. 226.

[22] Odilon BARROT, *Bulletin annoté des lois, décrets et ordonnances*, tome 12, Paris, Paul Dupont éditeur, 1836, p. 468.

mise à l'écart du Parlement en matière militaire. C'est donc tout logiquement que « *l'acte de déchéance du 3 avril 1814*[23] *visait, dans ses considérants « une suite de guerres entreprises en violation de l'article 50*[24] *de la Constitution »* » comme le rappelait Eugène Pierre en 1878[25].

La restauration de la monarchie qui s'ensuivit perpétua une mise à l'écart méthodique du Parlement en matière de déclaration de guerre. Les chartes constitutionnelles de 1814[26] et de 1830[27] reprenaient, mot pour mot, le même dispositif constitutionnel en ces termes : « *le roi est le chef suprême de l'Etat ; il commande les forces de terre et de mer, déclare la guerre* ». Ces deux mêmes dispositions consacrent donc une confusion totale entre le pouvoir de décider la guerre et de commander les armées, tous deux confiés au Roi. Néanmoins, cette disposition, surtout à partir de la Monarchie de Juillet, est apparue politiquement inapplicable, comme en témoigne Eugène Pierre pour qui : « *il est douteux qu'on l'eut interprété dans le sens absolu de la royauté* »[28].

Enfin, le Second Empire témoigne également d'une mise à l'écart manifeste du Parlement en matière de déclaration

---

[23] Extrait des registres du Sénat conservateur. Séance du dimanche 3 avril 1814, présidée par François Barthélemy, sénateur et comte de l'Empire : « *Ce projet, mis aux voix par M. le président, est adopté par le Sénat dans les termes suivants : [...] Qu'il a entrepris une suite de guerres en violation de l'article 50 de l'acte des Constitutions du 22 frimaire an 8, qui veut que la déclaration de guerre soit proposée, discutée, décrétée et promulguée comme des lois* ».

[24] Const. de l'an VIII, art. 50 : « *Les déclarations de guerre et les traités de paix, d'alliance et de commerce, sont proposés, discutés, décrétés et promulgués comme des lois* ».

[25] Eugène PIERRE et Jules POUDRA, *op. cit.*, p. 638.

[26] Charte de 1814, art. 14 : « *Le roi est le chef suprême de l'Etat ; il commande les forces de terre et de mer, déclare la guerre* ».

[27] Charte de 1814 révisée en 1830, art. 15 : « *Le roi est le chef suprême de l'Etat ; il commande les forces de terre et de mer, déclare la guerre* ».

[28] Eugène PIERRE et Jules POUDRA, *op. cit.*, p. 638.

de guerre[29]. Comme pour les chartes de 1814 et 1830, la Constitution du Second Empire fait de l'Empereur la seule autorité constituée habilitée à décider de la guerre et à commander les armées. La déclaration de guerre de l'Empereur à la Prusse, le 19 juillet 1870, se fit donc sans l'assentiment du Corps législatif. D'un point de vue constitutionnel, cette décision était donc parfaitement légale. Néanmoins, si le Corps législatif s'est trouvé en marge de la déclaration de guerre, celui-ci a contribué à l'engagement de la guerre contre la Prusse en votant l'ensemble des lois nécessaires le 17 juillet 1870[30].

Section 2 - Une approche contemporaine du Parlement et des armées en France

Le sujet du Parlement est des armées aujourd'hui en France invite à étudier l'aspect juridique de la relation entre le Parlement et les armées (*§1*), avant d'appeler à une étude sociologique des commissions chargées de la défense nationale (*§2*).

§1 - Une définition juridique du Parlement et des armées en France

Pour ce qui est de la matière militaire, le titre V établissant les rapports entre le Parlement et le Gouvernement comporte deux dispositions essentielles. C'est ainsi, que l'article 34 rappelle que c'est la loi qui détermine « *les principes fondamentaux de l'organisation générale de la défense nationale* »[31], mais c'est avant tout l'article 35 de la

[29] Const. de 1852, art. 14 : « *L'empereur est le chef de l'Etat. Il commande les forces de terre et de mer, déclare la guerre* ».

[30] *JORF* du 16 juil. 1870, pp. 1260 et 1262 (pour le Corps législatif) et *JORF* du 17 juil. 1870, p. 1268 (pour le Sénat).

[31] Le Parlement vote la loi en vertu de l'art. 24 de la Const. et la loi détermine, en vertu de l'art. 34 de la Const., « *les principes fondamentaux de l'organisation générale de la défense nationale* ». Cependant, en vertu de l'art.

Constitution qui régit les prérogatives parlementaires en matière militaire, disposant que seul le Parlement « *autorise la déclaration de guerre* ». Il conviendra néanmoins de noter que, jamais sous la Ve République, le Parlement n'a autorisé de déclaration de guerre. Une hypothèse qui apparaît doublement improbable, réduisant d'office le champ de compétence du Parlement en la matière.

Premièrement, d'un point de vue juridique, en droit interne le quatorzième alinéa du préambule de la Constitution de 1946, appartenant au bloc de constitutionnalité[32], dispose que : « *la République française* » [...] « *n'entreprendra aucune guerre dans des vues de conquête et n'emploiera jamais ses forces contre la liberté d'aucun peuple* ». En droit international, la charte des Nations-Unies dispose, en son article 2 paragraphe 4, que : « *les Membres de l'Organisation s'abstiennent, dans leurs relations internationales, de recourir à la menace ou à l'emploi de la force* ». Même si l'article 51 de la charte permet le recours à la force armée en cas de légitime défense, la charte des Nations-Unies limite, *de jure,* l'hypothèse d'une déclaration de guerre.

Deuxièmement, d'un point de vue opérationnel, la déclaration de guerre est devenue une disposition anachronique, en ce sens que les hypothèses d'engagements actuels ou futurs n'appellent plus à une telle formalisation de la guerre. Le Président de la République, Emmanuel Macron, le rappelait lors de sa présentation des vœux aux armées pour 2023 : « *la guerre*

---

11 de la Const. : « *Le Président de la République, sur proposition du Gouvernement* » [...] « *peut soumettre au référendum tout projet de loi portant sur l'organisation des pouvoirs publics* ». Ainsi, le Parlement ne dispose pas du monopole de la législation militaire relative aux « *principes fondamentaux de l'organisation générale de la défense nationale* », partageant cette prérogative avec le « *peuple* », seul détenteur de la « *souveraineté nationale* » au sens de l'art. 3 de la Const.

[32] CC, déc. n° 71-44 DC, 16 juil. 1971, *Loi complétant les dispositions des articles 5 et 7 de la loi du 1er juillet 1901 relative au contrat d'association,* dite déc. « *Liberté d'association* ».

ne se déclare plus. Elle se mène à bas bruit, insidieusement, elle est hybride »[33].

Concernant les armées *stricto sensu,* dans la Constitution seul l'article 15, faisant du Président de la République le « *chef des armées »,* évoque ce terme. L'article 35 fait quant à lui référence aux « *forces armées* » et non aux « *armées* ». Cette distinction sémantique n'est pas précisée dans la Constitution mais le pouvoir réglementaire s'attache, dans le Code de la défense, à distinguer ces deux notions. Le code consacre ainsi un livre intitulé « *les forces armées* », au sein duquel figure un titre deuxième intitulé « *les armées et la Gendarmerie Nationale* »[34], faisant, *de facto*, de la Gendarmerie Nationale non pas une « *armée* » mais une « *force armée* » au sens du présent code. Plus précisément, une définition positive des armées est donnée dans le Code de la défense précisant que « *l'armée de terre, la marine nationale et l'armée de l'air et de l'espace* » constituent *« les armées au sens du présent code »*[35]. Cependant, l'aspect juridique du sujet ne saurait permettre l'économie d'une succincte étude sociologique du Parlement et des armées.

§2 - Une sociologie du Parlement et des armées en France

Considérant le sujet du Parlement et des armées, il convient d'identifier les acteurs centraux en la matière. Les députés siégeant au sein des commissions chargées de la

---

[33] Emmanuel MACRON, vœux aux armées du Président de la République, base aérienne 118 de Mont-de-Marsan, vendredi 20 janv. 2023.

[34] La partie réglementaire du code de la défense est composée de six parties, la troisième partie intitulée *« le Ministère de la défense et les organismes sous tutelle »* est divisée en quatre livres parmi lesquels le livre II intitulé *« Les forces armées »*, des articles R. 3211-1 à R. 3225-1.

[35] Art. L. 3211-1, C. déf. : « *Les forces armées comprennent: 1° L'armée de terre, la marine nationale et l'armée de l'air et de l'espace, qui constituent les armées au sens du présent code ; 2° La gendarmerie nationale ; 3° Les services de soutien et les organismes interarmées* ».

défense nationale sont, assurément, les acteurs principaux de la relation liant le Parlement et les armées. Dans le cadre de ce mémoire, il est apparu nécessaire d'étudier la sociologie parlementaire de l'actuelle législature[36]. L'objectif de cette étude était d'étudier si les parlementaires étaient directement concernés par les enjeux sociaux, économiques et politiques inhérents à la présence d'une base militaire ou d'une industrie de défense implantées dans leurs circonscriptions. Les résultats[37] sont apparus surprenants pour les députés de la XVIe législature, en cours, siégeant à la Commission de la Défense nationale et des Forces armées. Parmi les 70 députés concernés, seuls 37 (53%) ont dans leurs circonscriptions un lien avec les armées, qu'il s'agisse d'une base militaire, d'une industrie de défense ou d'une école militaire par exemple. En élargissant cette étude aux départements dans lesquels se trouvent les circonscriptions étudiées, le nombre de députés concernés par le monde combattant s'élève à 57 pour 70 au total (81%). L'élargissement de l'étude aux départements, et non plus seulement aux circonscriptions, permet deux choses : d'abord, cela prend en compte le fait que les régiments, comme les industries de défense, rayonnent bien au-delà des simples circonscriptions parlementaires et ce dans tout le département (emplois pour le territoire, attractivité économique, *etc.*) ; ensuite, cela permet également de pouvoir comparer les sociologies parlementaires de l'Assemblée nationale et du Sénat, les circonscriptions sénatoriales étant calquées sur les départements.

Ainsi, pour la Commission des Affaires étrangères, de la Défense et des Forces armées, les résultats concluent à un plus grand nombre de sénateurs directement concernés par les enjeux militaires dans leurs circonscriptions[38]. C'est ainsi que,

---

[36] XVIème législature, en cours en mai 2023.
[37] *Cf.* Annexe I.
[38] *Cf.* Annexe II.

sur les 45 sénateurs siégeant dans la commission, 31 d'entre eux (69%) ont, soit une base militaire, soit une industrie de défense dans leurs circonscriptions. En élargissant au-delà des seules bases militaires et industries de défense, tels que les centres d'entraînements des armées, le siège des directions régionales des anciens combattants ou le centre du service national, seuls deux sénateurs n'affichent aucun lien avec le monde combattant. En d'autres termes, au sein des commissions chargées de la défense nationale, 96% des sénateurs ont un lien avec le monde combattant dans leurs circonscriptions, contre 81% pour les députés. Cette étude permet d'affirmer qu'il existe un lien fort entre les territoires concernés par le monde combattant et la représentation de ceux-ci au sein des commissions chargées de la défense nationale.

Pour remplir au mieux leurs missions, les parlementaires des deux chambres siégeant au sein des commissions spécialisées en matière militaire peuvent s'appuyer sur un interlocuteur privilégié, le conseiller parlementaire du ministère des armées qui assure le lien entre les parlementaires et le ministère. Le conseiller parlementaire est, en théorie, l'interlocuteur privilégié des parlementaires lorsqu'ils souhaitent s'adresser au ministre pour des questions d'ordre technique, sans pour autant soumettre formellement une question écrite au ministre des Armées[39]. Le conseiller parlementaire est aussi chargé du suivi et de l'organisation[40] de l'activité des parlementaires au sein des unités militaires et des

[39] Art. 135 RAN : « *Tout député qui désire poser une question écrite en remet le texte au Président de l'Assemblée qui le notifie au Gouvernement* ». Art. 74 RS : « *Tout sénateur qui désire poser une question écrite au Gouvernement en remet le texte au Président du Sénat, qui le communique au Gouvernement* ».

[40] La visite du sénateur Philippe Folliot, membre de la Commission des Affaires étrangères, de la Défense et des Forces armées du Sénat, aux militaires du 27e BCA le 17 mars 2022, a été rendue possible par le concours du conseiller parlementaire du ministère des armées (entretien avec le sénateur Philippe Folliot).

industries de défense dans le cadre de leurs fonctions de contrôle garantie à l'article 24 de la Constitution.

Section 3 - Une approche comparée du Parlement et des armées dans le monde

D'un point de vue comparé, le sujet du Parlement et des armées dans le monde fait émerger deux tendances principales. Certains Etats, comme l'Allemagne ou les Etats-Unis, offrent au Parlement une place centrale en matière militaire (*§1*), alors que d'autres Etats, comme le Royaume-Uni ou l'Espagne, tendent à écarter le Parlement de la matière militaire (*§2*). La Ve République, en France, se rattache à ce second groupe de pays écartant, en partie, le Parlement de la matière militaire.

§1 : Un Parlement au coeur de la matière militaire à Berlin et Washington

Le cas de l'Allemagne aujourd'hui ne peut se comprendre qu'à la lumière de l'histoire. Historiquement, le *Bundestag*[41] a toujours été en marge de la matière militaire, notamment, pour ce qui relevait de la déclaration de guerre. Eugène Pierre rappelait en 1878 : « *en Prusse, on fait conférer au Chef de l'Etat seul, le droit de déclarer la guerre* »[42]. La Loi fondamentale de la République fédérale d'Allemagne du 8 mai 1949 traduit une position à rebours de la tradition historique allemande. Ainsi, la « *déclaration de guerre* » *stricto sensu* n'existe pas dans le texte constitutionnel, la notion étant remplacée par celle « *d'état de défense* ». Néanmoins, pour que ce régime constitutionnel soit déclenché, l'article 115 a de la

---

[41] Le *Bundestag* est l'assemblée parlementaire de la République fédérale d'Allemagne, il siège à Berlin depuis 1999, dans l'ancien palais du *Reichstag*.
[42] Eugène PIERRE et Jules POUDRA, *op. cit.*, p. 640.

Loi fondamentale[43] précise plusieurs points : d'abord, l'initiative appartient au Gouvernement fédéral ; ensuite, la déclaration d'état de défense « *requiert la majorité des deux tiers des voix exprimées correspondant au moins à la majorité des membres composant le Bundestag* ». Cette déclaration est, en plus, conditionnée à l'approbation du *Bundesrat*[44] apportant un second filtre parlementaire à l'initiative du Gouvernement.

En matière de déploiement des troupes allemandes à l'étranger, la notion « *d'armée parlementaire* » (*das parlamentsheer*[45]) est incontournable. Cette notion traduit l'idée, pour reprendre la pensée de Dieter Wiefelspütz, qu'aucun déploiement des forces armées allemandes à l'étranger ne peut intervenir sans le consentement du Parlement requis par la Loi fondamentale. Cette approche s'inscrit dans la notion plus large de « *réserve parlementaire* » (*parlamentsvorbehalt*) désignant l'idée que pour les décisions d'une importance substantielle seul le Parlement est habilité à prendre la décision[46]. Il convient d'ajouter que la Cour

---

[43] Loi fondamentale de la République fédérale d'Allemagne du 8 mai 1949, Art. 115 a §1 [Déclaration de l'état de défense] ; « *Il appartient au Bundestag avec l'approbation du Bundesrat de déclarer que le territoire fédéral fait l'objet d'une agression armée, ou qu'une telle agression est imminente (état de défense). La déclaration est faite à la demande du Gouvernement fédéral et requiert la majorité des deux tiers des voix exprimées correspondant au moins à la majorité des membres composant le Bundestag* ».

[44] Le *Bundesrat*, ou Conseil fédéral en français, est la représentation des seize *Länder* allemands, il siège à Berlin depuis 1999, dans l'ancienne Chambre des seigneurs de Prusse.

[45] Dieter WIEFELSPUTZ, *Das Parlamentsheer : der Einsatz bewaffneter deutscher Streitkräfte im Ausland, der konstitutive Parlamentsvorbehalt und das Parlamentsbeteiligungsgesetz* (trad. : *L'armée parlementaire : l'utilisation des forces armées allemandes à l'étranger, l'exigence parlementaire constitutive et la loi sur la participation parlementaire*), Berlin, Berliner Wissenschafts-Verlag, 2005.

[46] La coutume constitutionnelle allemande a retenu plusieurs domaines dans lesquels la « *réserve parlementaire* » impose que seul le Parlement dispose de l'autorité décisionnelle. Il s'agit de la restriction des droits fondamentaux *(einschränkung von Grundrechten)*, du droit budgétaire *(budgetierungsrecht)*, des décisions de nomination des personnages centraux de l'Etat

constitutionnelle allemande a, le 12 juillet 1994[47], réaffirmé la nécessaire approbation du Parlement allemand à tout déploiement de troupes à l'étranger. Une décision transcrite en droit interne le 18 mars 2005 après l'adoption de l'article 2[48] de la « *loi sur la participation parlementaire aux décisions relatives au déploiement des forces armées à l'étranger* » (*parlamentsbeteiligungsgesetz*[49]). Ainsi, l'Allemagne offre l'exemple le plus prégnant d'un Parlement pleinement acteur de la matière militaire. Néanmoins, d'autres Constitutions consacrent également une place d'importance au Parlement en matière militaire, c'est le cas de la Constitution américaine.

L'article 1er, section 8 de la Constitution fédérale américaine dispose que : *« le Congrès*[50] *a le pouvoir »* [...] *« de déclarer la guerre »* [...] *« de lever et d'entretenir des armées ».* Alexander Hamilton, dans le n°69 de ses Federalist Paper, rappelle que *« la Constitution prive le Président des pouvoirs que détenait le Roi - ainsi, notamment, du pouvoir de déclarer la guerre et de lever des armées »*[51]. En vertu du seul texte

---

(personalentscheidungen), de la déclaration de guerre *(parlamentsarmee)* et, de la décision de faire intervenir les armées à l'étranger *(parlamentsheer).*

47 Olivier CHOPIN, *et al.,* « Evolution du contrôle parlementaire des forces armées en Europe », *in Institut de recherche stratégique de l'École militaire (IRSEM)*, 2013, p.128.

48 Loi sur la participation parlementaire aux décisions relatives au déploiement des forces armées à l'étranger, art. 2 : *« Le déploiement des forces armées allemandes en dehors du domaine d'application de la Loi fondamentale nécessite l'approbation du Bundestag ».*

49 Olivier CHOPIN, *et al., op. cit.*, p.128.

50 En vertu de l'art. 1 de la Const. américaine, il n'existe pas de Parlement, *stricto sensu,* mais un « *Congrès des Etats-Unis* ». Il en résulte que le régime politique américain n'est pas un régime parlementaire, avec séparation souple des pouvoirs, mais un régime présidentiel, avec séparation absolue des pouvoirs entre « *le pouvoir exécutif* » [...] « *conféré à un Président des Etats-Unis d'Amérique* » (art. 1, section 1, Const. américaine) et *« les pouvoirs législatifs »* [...] *« attribués à un Congrès »* (art. 2, section 1, Const. américaine).

51 Thibaut FLEURY GRAFF, « Guerres américaines et pouvoirs du congrès fédéral : Trump et Obama, même(s) combat(s) », *JusPoliticum,* 15 juin 2017, consulté le 4 fév. 2023.

constitutionnel il apparaît donc qu'aucune déclaration de guerre ne peut être décidée sans autorisation législative. La Cour Suprême a eu, d'ailleurs, à se prononcer sur ce dispositif constitutionnel, dans une affaire relative au blocus de ports sudistes durant la guerre de Sécession[52], affirmant que « *l'autorisation législative, même indirecte, semble ainsi toujours nécessaire pour l'engagement des forces armées américaines* »[53].

Néanmoins, en matière d'intervention militaire à l'étranger, le *War Powers Act* de 1973 est venu compléter, par la loi, le dispositif constitutionnel américain. Là aussi, cette loi votée par la Congrès est une réponse parlementaire aux multiples tentatives de contournement de l'institution par les Présidents américains successifs. En 1950, le Président Harry Truman engage les troupes américaines sans demander l'aval du Congrès. En 1971, le Président Richard Nixon refuse de se désengager du Vietnam alors que le Congrès venait de retirer sa *Gulf of Tonkin resolution* imposant, *de jure,* le retrait des troupes américaines[54]. Le *War Powers Act* impose ainsi au Président américain l'aval du Congrès lorsque, suite à une attaque « *contre les Etats-Unis, ses territoires ou possessions, ou ses forces armées* » et en dehors de l'hypothèse d'une déclaration de guerre, il souhaite déployer des troupes à l'étranger au-delà de soixante jours. Une lecture *a contrario* de l'article permet donc au Président américain de déployer, seul, les troupes américaines à l'étranger en-deçà de soixante jours. A la lecture de ce dispositif, il est nécessaire de rappeler que le

---

[52] USSC, *Prize Cases,* 67 U.S. 635 (1863). Les faits relatent un blocus décidé par le Président Abraham Lincoln sans que le Congrès américain ne déclare officiellement la guerre. La Cour suprême a reconnu la constitutionnalité de la décision présidentielle alors que le Gouvernement des Etats-Unis ne pouvait déclarer la guerre à un Etat de l'Union. Néanmoins, le fait que le Congrès ait *a posteriori* déclaré l'état d'insurrection, justifia la décision finale de la Cour suprême.

[53] Thibaut FLEURY GRAFF, *op. cit.*

[54] *Ibid.*

Président Barack Obama opposa au Président de la République, François Hollande, en 2013, la nécessaire approbation du Congrès à toute intervention en Syrie contre le régime de Bachar Al-Assad. Il ne s'agissait donc pas d'une nécessité constitutionnelle mais simplement d'une nécessité politique. D'un point de vue juridique, le Congrès n'avait pas à donner son accord à une intervention américaine suite au « *massacre de la Goutha* », perpétré à l'arme chimique le 21 août 2013 par le dictateur syrien contre sa propre population.

§2 - Un Parlement en marge de la matière militaire à Londres et Madrid

Eugène Pierre rappelait déjà, en 1878, qu'en « *Angleterre le droit de paix et de guerre est une prérogative de la couronne* »[55]. Aujourd'hui encore, en théorie, la seule autorité constituée habilitée à déclarer la guerre est le Roi d'Angleterre en vertu de ses *royal prerogative*, le pendant britannique du « *domaine réservé* » du Président de la République. En 2007, le Premier ministre Gordon Brown appelait de ses vœux à une réforme des prérogatives de l'exécutif en ces termes : *« le Premier ministre et l'exécutif devraient abandonner ou limiter leurs pouvoirs »* y compris *« le pouvoir de l'exécutif de déclarer la guerre »*[56], traduisant un transfert des *royal prerogative* au profit du Premier ministre.

En matière de déploiement des troupes britanniques à l'étranger, en vertu de la *royal prerogative,* le Gouvernement britannique pourrait parfaitement déployer ses troupes à l'étranger sans discussion, sans débat ni même consentement du

---

[55] Eugène PIERRE et Jules POUDRA, *op. cit.*, p. 639.

[56] GOVERNANCE OF BRITAIN, « *War powers and treaties: Limiting Executive powers* », BROWN Gordon, Common's statement : « *in twelve important areas of our national life the Prime Minister and the Executive should surrender or limit their powers [including] the power of the Executive to declare war [...]* », 3 juil. 2007, *in* consultation paper CP 26/07, 25 oct. 2007, p. 8.

Parlement. En pratique, il apparaît aujourd'hui inconcevable que le Gouvernement prenne une telle décision sans le soutien de la Chambre des Communes dont le Gouvernement est politiquement dépendant[57]. Outre l'hypothèse de l'urgence, le Premier ministre soumet donc la décision de déployer les forces britanniques au Parlement, comme ce put être le cas en 1982 aux Malouines, en 2003 en Irak ou en 2013 en Syrie. Le cas de la Syrie est intéressant puisque le Premier ministre décida de soumettre au vote l'éventuelle intervention militaire britannique. C'est ainsi qu'après sept heures de débat (sur les quarante-huit heures de débats possibles), la Chambre des Communes a voté contre, à treize voix près, le déclenchement d'une opération militaire britannique suite au « *massacre de la Goutha* » en Syrie. Néanmoins, le Premier ministre peut parfaitement faire le choix d'une simple information sans vote du Parlement puis déclencher une opération militaire. C'est le choix qui a été fait pour le déploiement britannique en Afghanistan, dont le député William Hopkinson rappellait qu'il était « *impossible de soutenir, que le déploiement des forces en Afghanistan à l'automne 2001 ait été adéquatement débattu à la Chambre* »[58], rappelant le dispositif constitutionnel espagnol.

La Constitution espagnole réserve au Roi le pouvoir de déclarer la guerre « *sur autorisation préalable des Cortès générales* »[59]. Composé d'un Sénat (*Senado*) et d'un Congrès des députés (*Congreso de los Diputados*), le Parlement (*Cortès générales*) est donc un filtre à la décision unilatérale du Chef de l'Etat. En d'autres termes, le Roi d'Espagne n'a que l'initiative de la déclaration de guerre s'inscrivant dans le schéma classique d'une monarchie parlementaire. Néanmoins, comme au

[57] *Ibid.*, p. 22.

[58] William HOPKINSON, « The Making of British Defense Policy », *RUSI Journal*, oct. 2000, p. 7.

[59] Const. espagnole de 1978, art. 63-3 : « *Il incombe au Roi, sur autorisation préalable des Cortès générales, de déclarer la guerre et de conclure la paix* ».

Royaume-Uni, la pratique constitutionnelle a fait du chef du Gouvernement l'autorité décisionnaire des opérations militaires espagnoles.

Dans la mesure où les interventions militaires étrangères de l'Espagne sont décidées en conseil des ministres, le Président du Gouvernement espagnol est, *de facto*, le chef fonctionnel des armées. Jusqu'en 2005, le Parlement n'occupait qu'un second rôle en matière militaire et ce, avec son accord, suite à l'adoption de la loi organique du 1er juillet 1980 relative à la défense nationale. Cette loi reléguait les *Cortès Générales* à un simple rôle de débat concernant « *les lignes générales de la politique de défense et des programmes d'armement* »[60]. En creux, le Parlement espagnol se trouvait totalement exclu de la décision de faire intervenir les armées espagnoles à l'étranger. Tout change en 2005, avec l'adoption d'une loi organique abrogeant celle de 1980 et imposant désormais au Gouvernement d'informer tous les ans « *le Congrès des députés du déroulement des opérations extérieures des forces armées* »[61] mais, surtout, de mener une consultation préalable et de demander l'autorisation du Congrès des députés pour toute « *opération extérieure qui ne sont pas directement liées avec la défense de l'Espagne ou de l'intérêt national* »[62]. Il convient cependant de nuancer cette revalorisation du Parlement espagnol en matière militaire, puisque l'Espagne n'entend plus

---

[60] Ley Orgánica 6/1980 del 1 de julio, por la que se regulan los criterios básicos de la defensa nacional y la organización militar, art. 6 § 2 : *« Les Cortes Generales débattront des lignes générales de la politique de défense et des programmes d'armement avec les investissements correspondants ».*

[61] Ley Organica 5/2005, de 17 de noviembre 2005, de la Defensa Nacional, art. 18 : « *Le Gouvernement informera périodiquement le Congrès des députés, dans un délai ne dépassant pas un an, de l'évolution des opérations des forces armées à l'étranger* ».

[62] *Ibid.*, art. 17 : *« Pour la commande des opérations à l'étranger qui ne sont pas directement liées à la défense de l'Espagne ou à l'intérêt national, le Gouvernement procédera à une consultation préalable et obtiendra l'autorisation du Congrès des députés ».*

mener, depuis 2004[63], d'opérations militaires non directement liées avec la défense directe de son intérêt national.

En conciliant tout à la fois une approche historique et comparée du sujet du Parlement et des armées, on constate que l'enjeu principal pour le Parlement est celui d'exister politiquement face au Gouvernement. Dans le contexte actuel, le Parlement doit pouvoir peser sur les choix du Gouvernement en matière militaire, notamment depuis le retour des conflits de haute intensité[64] - ces conflits conventionnels intégrant plusieurs champs de contestation (aérien, terrestre et maritime) et impliquant un fort taux d'attrition[65] en homme et en matériel[66] - il s'agit, ensuite, pour le Parlement, de s'assurer que

[63] Le 18 avril 2004, José Luiz Zapatero, président du Gouvernement à peine élu, décide du retrait des 1300 soldats espagnols engagés en Irak, à la suite de l'attentat de la gare d'Attocha à Madrid, le 11 mars 2004. Cette décision marque un précédent dans la politique étrangère espagnole qui, depuis, se refuse à entreprendre des opérations militaires aux enjeux trop distants de la sécurité nationale. En 2022, l'opération des Nations Unies au Liban (FINUL) constituait le plus important déploiement de troupes espagnoles avec 825 militaires déployés (pour 9 622 militaires déployés, dans le cadre de la FINUL, par la communauté internationale).

[64] Patricia MIRALLES et Jean-Louis THIERIOT, Rapport fait au nom de la Commission de la Défense nationale et des Forces armées (ci-après, Commission de la Défense nationale et des Forces armées), *« Rapport d'information en conclusion des travaux d'une mission d'information sur la préparation à la haute intensité »*, Assemblée nationale, 2022.

[65] Le taux d'attrition désigne les pertes en homme et en matériel rapportées aux effectifs déployés sur un théâtre de guerre. Les guerres de haute intensité se définissent, en partie, par un taux d'attrition élevé, *id est*, des pertes humaines et matérielles affectant la masse des effectifs combattants et imposant un renouvellement continu des capacités afin de soutenir le conflit dans la durée (développement d'une industrie de guerre pour remplacer les matériels neutralisés, mise en place de la conscription, *etc.*).

[66] La guerre de haute intensité nécessite la réunion de trois critères : conventionnel, multidimensionnel et un fort taux d'attrition. La guerre en Ukraine, déclenchée le 24 fév. 2022, répond à cette définition, comme la guerre au Haut-Karabagh de 2020 (2783 morts azerbaïdjanais et 3500 morts arméniens en deux mois de combats). Certaines opérations extérieures peuvent être conventionnelles, mais au taux d'attrition limité. La guerre du Golfe (1990-1991) était une guerre conventionnelle opposant une coalition d'Etats menée par les Etats-Unis contre l'Etat Irakien. Avec 292 morts (dont 3 morts français), 75 avions détruits et 35 engins blindés détruits, le taux

le Gouvernement ne le relègue pas au rang d'acteur secondaire de la matière militaire, en lui refusant, par exemple, certaines de ses prérogatives[67]. Il faut donc s'interroger sur cette tension qui existe entre le Parlement et le Gouvernement en matière militaire. En intégrant le fait que renforcer l'un de ces deux pouvoirs vaut à affaiblir l'autre, l'hypothèse d'un régime parlementaire rationalisé pourrait, d'office, valoir relégation du Parlement en matière militaire. Cependant, l'exemple de la préparation des armées à l'hypothèse d'un conflit de haute intensité illustre, depuis peu, une volonté du Parlement d'être pleinement acteur de la transformation des armées[68]. Ainsi, au regard de cette tendance nouvelle, il conviendra de se demander si le Parlement peut réellement parvenir à orienter les décisions du Gouvernement en matière militaire ?

Si le Parlement aspire naturellement à orienter les décisions du Gouvernement en matière militaire, il demeure, néanmoins, largement en marge de la fonction de législation militaire, réduisant, *de facto,* son poids en matière de défense (Titre I). Un constat qui ne doit pas effacer que le Parlement reste au centre de la fonction de contrôle militaire, et peut, à ce titre, orienter les décisions du Gouvernement en matière militaire (Titre II).

---

d'attrition est trop faible pour que la guerre du Golfe puisse être qualifiée de guerre de haute intensité.

67 Malgré l'art. 7 de la LPM 2019-2025 prévoyant expressément qu'elle ferait *« l'objet d'actualisations, dont l'une sera mise en œuvre avant la fin de l'année 2021 »,* le Gouvernement a fait le choix d'une *« déclaration, suivie d'un débat et d'un vote, en application de l'article 50-1 de la Const. »* en guise d'actualisation de la LPM, et non d'une loi qui aurait permis aux parlementaires d'amender et d'ajuster, en 2021, le texte voté en 2018.

68 Patricia MIRALLES et Jean-Louis THIERIOT, *op. cit.,* pp. 10 à 12.

TITRE I

LE PARLEMENT EN MARGE DE LA FONCTION DE LEGISLATION MILITAIRE

La notion de « *législation militaire* », bien qu'ancienne[1], a largement disparu des débats parlementaires actuels. Cette notion désigne, pourtant, l'ensemble des travaux permettant l'adoption de textes de valeur législative, en rapport avec le domaine militaire. Qu'il s'agisse des lois relatives à la matière financière, diplomatique, de droit commun ou d'exception, dès lors qu'elle a trait à la matière militaire, cette fonction législative s'inscrit dans le champ de la législation militaire.

Cependant, l'étude de la fonction de législation militaire laisse transparaître un déséquilibre de poids entre les acteurs de la loi, au profit du Gouvernement et, donc, au détriment du Parlement. C'est donc de ce déséquilibre institutionnel, amplifié par la coutume constitutionnelle de la Ve République, que se dessine le constat d'un Parlement à l'écart de la législation militaire. Si, aujourd'hui, le Parlement est en marge de la fonction de législation militaire, c'est à double titre : d'abord, parce qu'il n'a pas le monopôle de la législation militaire puisqu'il partage cette prérogative avec le Gouvernement ; mais, surtout, parce que le Parlement ne dispose pas, en pratique, de l'initiative en matière de législation militaire, de sorte qu'il n'agit qu'en réaction aux textes du Gouvernement.

Au regard de ce constat, il conviendra de démontrer que, si le Parlement est en marge de la législation militaire, c'est que le Gouvernement demeure le coauteur principal de la législation militaire (Chapitre 1), reléguant ainsi le Parlement à un rôle de coauteur secondaire de la législation militaire (Chapitre 2).

---

[1] Goupy de MORVILLE, *Principes fondamentaux de législation militaire concernant, la Constitution de l'Armée Française, la Composition, son Organisation administration, l'Administration particulière et intérieure de ses différents Corps, la Discipline, la Police, son Administration générale et sa Comptabilité*, Paris, Debrai, 1790.

CHAPITRE 1

LE GOUVERNEMENT, COAUTEUR PRINCIPAL DE LA LÉGISLATION MILITAIRE

En vertu de la Constitution, l'initiative des lois est une compétence partagée : elle appartient « *concurremment au Premier ministre et aux membres du Parlement* »[2]. Cependant, en matière de législation militaire, plusieurs acteurs interviennent en amont du travail parlementaire : le Président de la République, conseillé par son chef d'état-major particulier[3], le Premier ministre et enfin le Gouvernement, représenté par le ministre des Armées. Si la Constitution de la Ve République dispose, depuis 1958, que c'est le « *Gouvernement* » qui « *détermine* » la « *politique de la Nation* »[4], dès le début, la pratique constitutionnelle a été très différente en matière militaire[5], surtout à partir de 1964[6] lorsque le Président de la

[2] Const. de 1958, art. 39 : *« L'initiative des lois appartient concurremment au Premier ministre et aux membres du Parlement ».*

[3] L'état-major particulier du Président de la République est l'héritier d'une institution créée en 1880 par le Président de la République, Patrice de Mac Mahon, sous le nom de *« Maison militaire du Président de la République ».* En 1959, le Général de Gaulle crée la fonction de chef d'état major particulier du Président de la République en charge de conseiller le Chef de l'Etat en matière militaire, d'assurer une interface entre le chef des armées et le chef d'état major des armées et, enfin, d'assurer la permanence opérationnelle des forces nucléaires.

[4] Const. de 1958, art. 20 : « *Le Gouvernement détermine et conduit la politique de la Nation* ».

[5] La personnalité du général de Gaulle, couplée au contexte de la guerre d'Algérie (1954-1962) et au développement des capacités nucléaires de la France rendait difficile, pour le Président de la République, de se maintenir en marge de la matière militaire.

[6] Le décret du 14 janv. 1964 relatif aux forces aériennes stratégiques a fait du Président de la République le seul détenteur de la frappe nucléaire faisant du chef de l'Etat le véritable chef fonctionnel des armées.

République est devenu le chef fonctionnel des armées, en plus d'en être le chef organique[7]. Le deuxième acteur est le Premier ministre puisque c'est par la loi qu'est mise en œuvre la politique déterminée, en amont, par le Président de la République, et que, conformément à l'article 39 de la Constitution, l'initiative des lois appartient, notamment, « *au Premier ministre* ». Il est ainsi l'intermédiaire entre le Président de la République et le ministre des Armées. Le troisième acteur de la matière militaire est le Gouvernement qui, par le ministre des Armées, en vertu de l'article 21 de la Constitution, *« conduit »* la *« politique de la Nation »*, déterminée, en amont, par le Président de la République. Le ministre des Armées est chargé de préparer la législation militaire en amont du conseil des ministres et de défendre cette législation en aval, notamment, devant les parlementaires en vue de son adoption.

Ainsi, le Président de la République détermine la politique de la Nation en matière militaire, le Gouvernement, par le ministre des Armées, conduit la politique déterminée par le chef de l'Etat grâce la législation militaire dont l'initiative appartient au Premier ministre. Le Parlement se voit donc dénier l'exercice de l'initiative du texte qui appartient au Premier ministre (Section 1) et la place centrale du Gouvernement se manifeste, quant à elle, dans l'exercice du droit d'amendement en matière de législation militaire (Section 2).

---

[7] Const. de 1958, art. 15 : « *Le Président de la République est le chef des armées* ».

Section 1 - L'initiative gouvernementale en matière de législation militaire

En vertu de la Constitution, le Premier ministre est « *responsable de la Défense nationale* »[8] et dispose de « *l'initiative des lois* »[9], c'est donc au chef du Gouvernement qu'incombe la responsabilité de soumettre au Parlement l'ensemble des projets de lois relatifs à la matière militaire. Ainsi, le Parlement ne disposant pas de l'initiative des lois en matière militaire se voit, *de facto,* relégué en marge de la législation, qu'il s'agisse de la législation militaire financière (*§1*) ou hors finances (*§2*).

§1 - La législation militaire financière

L'initiative gouvernementale en matière de législation militaire financière s'exerce au regard de deux textes structurants : les lois de programmation militaire (A), et les lois de finances relatives aux armées (B).

A - Les lois de programmation militaire

Si les lois de programmation militaire illustrent que le Gouvernement a l'initiative en matière de législation militaire financière, c'est à double titre : d'abord vis-à-vis du Président de la République, parce que les cohabitations[10] ont permis de

---

[8] Const. de 1958, art. 21 : *« Le Premier ministre dirige l'action du Gouvernement. Il est responsable de la Défense nationale ».*

[9] Const. de 1958, art. 39, *op. cit.*

[10] Au-delà de la seule question des lois de programmation militaire, les cohabitations ont fait l'objet de tensions entre le Président de la République et le Premier ministre en matière militaire. En 1986, lors de la première cohabitation (1986-1988), François Mitterrand s'est opposé à la nomination de François Léotard au poste de ministre de la Défense malgré la demande du Premier ministre Jacques Chirac. En 1999, lors de la troisième cohabitation (1997-2002), le Premier ministre Lionel Jospin s'est opposé à la volonté du

renforcer l'initiative gouvernementale en matière de lois de programmation militaire (1) ; ensuite, vis-à-vis du Parlement, parce que les actualisations des lois de programmation militaire décidées par le Gouvernement ont pu écarter les assemblées (2).

1 - L'initiative gouvernementale des lois de programmation militaire renforcée par les cohabitations

En période de cohabitation, le chef du Gouvernement retrouve pleinement l'initiative de la loi. Si Jacques Chirac, alors Premier ministre en 1986, avait renoncé à imposer au Président de la République, François Mitterrand, l'adoption de missiles à déplacement aléatoire, lors du débat relatif à la programmation militaire pour 1987[11], la dernière cohabitation a vu une opposition plus nette. Le 6 mars 2002, le Président de la République Jacques Chirac dénonçait, en vue de la programmation militaire pour 2003-2008, *« les restrictions imposées par le gouvernement »* de Lionel Jospin *« au budget de la Défense »*, et cela, *« malgré ses mises en garde répétées »*[12]. Cependant, s'il y eu relativement peu de tensions entre le Président de la République et le Premier ministre en période de cohabitation, c'est que les premiers ministres étaient soucieux de ne pas affaiblir les prérogatives du Président de la République en matière militaire, ne serait-ce parce qu'ils aspiraient tous, par la suite, à la magistrature suprême. Les périodes de cohabitation révèlent donc que c'est bien le Président de la République qui détermine les grands arbitrages

Président de la République Jacques Chirac de déployer les troupes françaises en Côte d'Ivoire pour soutenir le Président Konan Bédié menacé par le putsch du général Robert Gueï.

[11] Patrice BUFFOTOT, « Les Lois de programmation militaire en France : un demi-siècle de programmation. Paix et sécurité européenne et internationale », *in HAL open science*, 2016, p. 13.

[12] Jean-Pierre NEU, « Défense : le rattrapage promis par Jacques Chirac s'annonce limité », *in Les Echos,* 28 mars 2002.

en matière militaire traduits, ensuite, en lois de programmation militaire par le Premier ministre qui dispose de l'initiative des lois en vertu de l'article 39 de la Constitution. Le Premier ministre charge alors son Gouvernement, par le ministre des Armées, de conduire cette politique en préparant les lois de programmation militaire et en les défendant devant les parlementaires.

C'est ainsi qu'en matière de préparation des armées à un éventuel conflit de haute intensité, le ministre des Armées a arrêté son « *Ambition Armées 2030* »[13], impliquant un renforcement notable de l'effort budgétaire de défense. C'est donc dans ce cadre que s'inscrivent deux lois de programmation militaire d'importance : celle couvrant les années 2019 à 2025 et celle couvrant les années 2024 à 2030[14]. Pour la loi de programmation 2019-2025, le Gouvernement, par le ministre des Armées, avait préparé une loi de programmation militaire

---

[13] Déclaration de Florence Parly, ministre des Armées, sur le projet de loi de programmation militaire 2019-2025, Paris, 9 fév. 2018 : « *Nous nous sommes donc donnés une ambition pour 2030, celle de disposer d'un modèle d'armée complet et équilibré, mais aussi plus agile et résilient* ».

[14] Le projet de LPM 2024-2030 a été présenté en conseil des ministres le 4 avril 2023. Or, en vertu de l'art. 39, mod. en 2008, de la Const. de 1958 : « *les projets de loi ne peuvent être inscrits à l'ordre du jour si la Conférence des présidents de la première assemblée saisie constate que les règles fixées par la loi organique sont méconnues. En cas de désaccord entre la Conférence des présidents et le Gouvernement, le président de l'assemblée intéressée ou le Premier ministre peut saisir le Conseil constitutionnel qui statue dans un délai de huit jours* ». C'est sur ce fondement que la Conférence des présidents s'est opposée à l'inscription à l'ordre du jour du projet de LPM pour les années 2024 à 2030. Elle avait été saisie à la demande du président du groupe « *Les Républicains* », Olivier Marleix, dénonçant une « *faiblesse de l'étude d'impact* » puisque « *rien n'est mentionné sur les programmes industriels menés en coopération, ni sur la composition des 13 milliards d'euros de recettes non fiscales prévues par la LPM, ou les conséquences de l'inflation* ». La première ministre a saisi le Conseil constitutionnel le 12 avril 2023 affirmant que « *le Gouvernement ne partage pas cette appréciation* ». Le 20 avril 2023, (CC, n° 2023-13 FNR, 20 avril 2023, *Présentation du projet de loi relatif à la programmation militaire pour les années 2024 à 2030 et portant diverses dispositions intéressant la défense),* le Conseil constitutionnel a conclu à une non méconnaissance de la loi organique.

portant, à l'horizon 2025, « *l'effort national de défense à 2% du PIB* »[15], conformément à la volonté du Président de la République[16]. Florence Parly, ministre des Armées de 2017 à 2022, défendait ainsi une loi de programmation militaire à « *hauteur d'homme* »[17] en 2019, pour défendre des efforts budgétaires axés sur le confort des soldats tels que l'hébergement, le plan famille[18], les équipements de protection individuelle, *etc.* Il s'agissait, également, d'un effort financier pour moderniser la dissuasion nucléaire et les programmes d'équipement majeurs tels que la poursuite des programmes SCORPION[19] et Barracuda[20] ou le lancement du programme

---

[15] Patricia ADAM, « 2 % du PIB au profit de la défense : pour quoi faire ? », *Revue Défense Nationale*, vol. 794, n°9, 2016, pp. 32-37.

[16] Emmanuel MACRON, Président de la République, entretien accordé à la presse nationale et étrangère sur les défis et priorités de la politique étrangère de la France : « *dans le domaine de la défense, ma stratégie est très claire : des dépenses équivalentes à 2 % du PIB à l'horizon 2025* », 22 juin 2017 .

[17] Loi n°2018-607 du 13 juil. 2018 relative à la programmation militaire pour les années 2019 à 2025 et portant diverses dispositions intéressant la défense, « *3.1. Placer la LPM à hauteur d'homme* ».

[18] Secrétariat général pour l'administration, « Les mesures du plan Famille », *site internet du ministère des armées, 2018, consulté le 4 mars 2023 : « Le plan d'accompagnement des familles et d'amélioration des conditions de vie des militaires, dit « plan Famille », a été lancé en 2018 avec un budget alloué de 302 millions pour la période 2018-2022. Des avancées concrètes ont pu être réalisées dans différents domaines : logements neufs, mesures de soutien à la parentalité, ordres de mutation communiqués plus tôt, accompagnement des conjoints vers l'emploi, mise en place de l'application e-social des armées, carte famille SNCF individuelle »*.

[19] L'acronyme SCORPION signifie Synergie du Contact Renforcée par la Polyvalence et l'Info-valorisation. Il désigne un programme d'armement entrepris le 5 déc. 2014 par Jean-Yves le Drian, ministre de la Défense. Il prévoit, outre la livraison de nouveaux blindés : Griffon, Serval et Jaguar, la rénovation des chars Leclerc et le développement d'un système d'information de combat unique (SIC-S).

[20] Le programme Barracuda est un programme d'armement naval entrepris par l'entreprise publique Naval Group à partir du 23 déc. 2006. Ce programme vise à doter la Marine Nationale de six sous-marins nucléaires d'attaque de classe Suffren, avec une première livraison en 2022.

relatif au porte-avions de nouvelle génération[21]. Ce choix illustre, d'ailleurs, parfaitement à quel point le Parlement demeure en marge des grands arbitrages en matière capacitaire. Le député François Cornut-Gentille critiquait, ainsi, le fait que « *le lancement du programme du successeur du Charles de Gaulle a été décidé sans aucun débat. Or, plutôt que geler immédiatement des milliards d'euros* » [...] « *il eut été préférable de s'interroger sur le réel apport d'un groupe aéronaval dans les conflits de demain* »[22].

2 - L'initiative gouvernementale en matière d'actualisation des lois de programmation militaire

Le projet de loi de programmation militaire pour les années 2024 à 2030[23] traduit une volonté du Gouvernement de prendre en compte les évolutions géostratégiques et le retour des conflits de haute intensité[24], en Europe. Cependant, si la dernière loi de programmation pour les années 2019 à 2025[25] prévoyait un dispositif d'actualisation à mi-parcours associant les parlementaires, le Gouvernement a décidé de ne pas passer par la voie législative pour actualiser cette loi de programmation militaire. Ainsi, non seulement le

[21] Le programme PANG est un programme d'armement naval entrepris par l'entreprise publique *Naval Group* à partir de 2018 en vue de remplacer, à l'horizon 2036, le porte-avions Charles de Gaulle.
[22] Laurent LAGNEAU, « La Marine nationale fourbit ses armes contre une possible - et nouvelle - remise en cause du porte-avions », *Opex360*, 14 mai 2022, consulté le 14 fév. 2023.
[23] *Cf. supra,* note de bas de page n°14, p. 45.
[24] Centre interarmées de concepts de doctrines et d'expérimentations : *Glossaire interarmées de terminologie opérationnelle*, n°212 /DEF/CICDE/NP du 16 déc. 2013, amendée le 1er juin 2015, p. 104. La haute intensité se définit comme un conflit « *où toutes les fonctions opérationnelles sont susceptibles d'être activées pour s'opposer à une violence caractérisée de l'adversaire* ».
[25] Loi n°2018-607 du 13 juil. 2018 relative à la programmation militaire pour les années 2019 à 2025 et portant diverses dispositions intéressant la défense, publiée au JORF le 14 juil. 2018.

Gouvernement a fait le choix de contourner le Parlement pour l'actualisation de la loi de programmation militaire, en vertu d'une interprétation critiquable de l'article 7 de la loi de programmation militaire[26], mais pis encore, alors que le Parlement a voté une loi de programmation courant jusqu'en 2025, le ministre des Armées a annoncé une nouvelle loi de programmation militaire courant de 2024 à 2030. Cependant, si c'est le chef de l'Etat qui souhaitait que les travaux de la future loi de programmation militaire soient « *achevés pour la fin de cette année* » et *« puissent ensuite donner lieu à une loi de programmation, discutée au Parlement début 2023 »*[27], c'est que la majorité, bien que relative, dont émane le Premier ministre, permet au Président de la République de disposer, *de facto,* de l'initiative de la législation militaire.

Néanmoins, si le poids politique des lois de programmation militaire est considérable, dans les faits, l'effectivité de ces lois de programmation est inexistante au dire même de la jurisprudence du Conseil constitutionnel[28] et du Conseil d'Etat[29]. En matière de finances militaires, ce sont bel et bien les lois de finances relatives aux armées qui concrétisent

---

[26] L'art. 7 de la loi du 13 juil. 2018 relative à la programmation militaire pour les années 2019 à 2025 imposait que la LPM fasse « l'*objet d'actualisations, dont l'une sera mise en œuvre avant la fin de l'année 2021* ». Cependant, le Gouvernement a fait le choix d'une *« déclaration, suivie d'un débat et d'un vote, en application de l'article 50-1 de la Constitution »* en guise d'actualisation de la LPM, et non d'une loi qui aurait permis aux parlementaires d'amender et d'ajuster les objectifs pour la suite de l'exercice. Le Sénat a d'ailleurs refusé sa confiance au Premier ministre lors du vote (p/ : 46, c/ : 236).

[27] Déclaration d'Emmanuel Macron, Président de la République, sur la politique de défense, Paris, 13 juil. 2022.

[28] CC, déc. n°2012-658 DC, 13 déc. 2012, *Loi organique relative à la programmation et à la gouvernance des finances publiques,* considérant 14.

[29] CE, déc. n°340512, 18 juil. 2011, *Fédération Départementale des Chasseurs de la Meuse, « Considérant que des lois de programmation déterminent les objectifs de l'action de l'État ; que celles des dispositions d'une loi qui, prises sur ce fondement, se bornent à fixer des objectifs à l'action de l'Etat sont dépourvues de portée normative ».*

les arbitrages budgétaires du Gouvernement et engagent les finances de l'Etat.

B - Les lois de finances relatives aux armées

Si les lois de programmation militaire sont « *dépourvues de portée normative* »[30], les lois de finances relatives aux armées engagent, quant à elles, les crédits qui affecteront directement la « *Mission Défense* »[31]. C'est donc le Gouvernement qui a l'initiative des dépenses (1) et peut adapter chaque année, à la hausse comme à la baisse, les crédits de paiement prévus par les lois de programmation militaire (2).

1 - Un Gouvernement à l'initiative des dépenses

En matière de lois de finances, il convient de distinguer deux notions : les autorisations d'engagement, désignant « *la limite supérieure des dépenses pouvant être engagées* »[32] ; et les crédits de paiement, désignant « *la limite supérieure des dépenses pouvant être ordonnancées ou payées pendant l'année pour la couverture des engagements contractés dans le cadre des autorisations d'engagement* »[33].

---

[30] *Ibid.*

[31] La loi organique n°2001-692 du 1er août 2001, relative aux lois de finances (LOLF), a réparti les dépenses de l'Etat en plusieurs missions au sein desquels se trouvent des programmes. Pour le Ministère des armées il y a trois missions, la mission « *Défense* » et ses quatre programmes (« *Environnement et prospective de la politique de défense* », « *Équipement des forces* », « *Préparation et emploi des forces* », « *Soutien de la politique de défense* »), la mission « *Anciens combattants, mémoire et lien avec la Nation* » et la mission interministérielle « *Recherche et enseignement* » qui concerne le ministère des Armées au titre du programme « *Recherche duale (civile et militaire)* ». La mission « *Plan de relance* » peut concerner le ministère des Armées en fonction de sa dotation décidée annuellement.

[32] LOLF, art. 8 §2.

[33] *Ibid.*, art. 8 §3.

Si le Parlement vote les autorisations d'engagement, les montants sont, quant à eux, fixés par le Gouvernement - *id est* le ministre des Armées sur demande du Premier ministre - dans le projet de loi de finances. Ainsi, lorsque le projet de loi de finances pour 2023 est déposé devant le Parlement, il prévoit[34] d'attribuer à la « *Mission Défense* » une somme, en autorisations d'engagement, de 62 milliards d'euros qui se trouve être la même, à l'euro près[35] dans la loi de finances pour 2023 telle qu'adoptée par le Parlement. Le Gouvernement est donc à l'initiative de l'effort budgétaire en matière de défense, quant au Parlement, il ne peut que valider ou invalider la volonté du Gouvernement.

Plus précisément, le projet de loi de finances relatives aux armées pour l'année 2023 identifie trois grands axes d'efforts budgétaires que sont : la *« modernisation de la dissuasion nucléaire »*, le *« renforcement des capacités de projection et de soutien »* et le *« renforcement des crédits pour les équipements d'engagements »*, en pleine adéquation avec la préparation des armées à un conflit de haute intensité. Ces axes d'efforts budgétaires, explicitement énoncés dans la loi de finances pour 2023[36], se retrouvent dans les discours du Président de la République qui affirmait que *« la France est et restera une puissance dotée d'une dissuasion nucléaire robuste et crédible »*[37] ou que « *la France doit également continuer à*

---

[34] Projet de loi de finances pour 2023, n°273, enregistré à la présidence de l'Assemblée nationale, le 26 sept. 2022, p. 124. Les autorisations d'engagements affectées à la *« Mission Défense »* s'élèvent à « *62 005 443 014 euros »* pour l'année 2023.

[35] Loi n°2022-1726 du 30 déc. 2022 de finances pour 202*3*, art. 131 : les autorisations d'engagements affectés à la mission défense s'élèvent à « *62 005 443 014 euros »* pour l'année 2023.

[36] *Ibid.*, Au sein du Programme 146 « *équipement des forces* », on retrouve l'action 6 « *Modernisation de la dissuasion* », l'action 8 « *Renforcement des capacités de projection et de soutien* » et l'action 9 « *Renforcement des crédits pour les équipements d'engagement* ».

[37] Secrétariat général de la Défense et de la Sécurité nationale, *Revue nationale stratégique pour 2022*, 9 nov. 2022, p. 8.

soutenir les projets d'acquisition d'équipements de défense »[38]. C'est ainsi que les autorisations d'engagement en matière de renforcement des capacités de projection et de soutien se trouvent renforcées à hauteur de 85% par rapport à 2022[39] et jusqu'à 95%[40] pour les équipements d'engagement. Néanmoins, les autorisations d'engagement en matière de modernisation de la dissuasion diminuent de près de 33%[41] cette année, par rapport à 2022. Cela permet de nuancer la portée de cette démonstration.

Ces choix budgétaires déterminés par le Président de la République et conduits par le Gouvernement - *id est*, en l'espèce, le ministre des Armées - se trouvent donc traduits en lois de finances, à la condition du fait majoritaire[42]. En période de cohabitation, en effet, l'initiative du Gouvernement en matière de législation militaire transparaît plus clairement, en ce sens qu'elle s'autonomise de l'initiative présidentielle. Ainsi, le Président de la République, Jacques Chirac, a pu soutenir au moment de l'examen du projet de loi de finances pour 2002, qu'il était *« indispensable que le prochain budget de la défense comporte des mesures significatives d'amélioration de la condition militaire »*[43]. Laurent Fabius, ministre des Finances, dénonçait alors une augmentation du budget de la Défense

---

[38] *Ibid.*, p. 44.

[39] Jean-René CAZENEUVE, Commission des Finances de l'Economie générale et du Contrôle budgétaire, *« Rapport d'information relatif au projet de lois de finance pour 2023 »*, Assemblée nationale, 2022, p. 66.

[40] *Op. cit.*, p. 50.

[41] *Ibid.*

[42] Au-delà de la seule question des lois de finances relatives aux armées, il y a pu y avoir une opposition entre le ministre de la Défense et le le Président de la République, y compris en période de fait majoritaire. En 1991, Jean-Pierre Chevènement, alors ministre de la Défense de François Mitterrand, s'oppose à l'engagement de la France dans la première guerre du Golfe (1990-1991) et démissionne. François Mitterrand nomme alors Pierre Jox ministre de la Défense qui soutient cette opération militaire.

[43] Françoise FRESSOZ et Philippe MABILLE, *« Le budget de la défense devient un enjeu pour la cohabitation », in Les Echos,* 3 juil. 2001.

« incompatible avec nos grands équilibres économiques et financiers »[44]. Cette opposition politique s'est manifestée par une diminution du budget de la défense qui représentait 1,96% du produit intérieur brut en 2001, contre 1,89% en 2002[45], en total désaccord avec la volonté présidentielle. L'étude des lois de finances, en période de cohabitation, illustre donc que c'est le Gouvernement, et non le chef de l'Etat, qui a l'initiative des arbitrages budgétaires en matière militaire.

2 - Un Gouvernement à l'initiative des ajustements budgétaires

Les lois de finances relatives aux armées permettent au Gouvernement d'ajuster aux besoins les dépenses prévues par la programmation militaire. Pour ce faire, le Gouvernement dispose de deux leviers principaux : d'abord, il peut avoir recours à la fongibilité des crédits[46] afin de financer une dépense imprévue ; ensuite, il peut également faire le choix de décaler dans le temps la livraison d'un programme d'armement. Ce sont, d'ailleurs, bien souvent, les parlementaires qui attirent l'attention du Gouvernement sur les risques de ces arbitrages budgétaires, pour les armées.

Ainsi, la technique de la fongibilité des crédits permet au Gouvernement d'affecter les crédits votés pour une action au sein d'un programme à une autre action au sein du même programme. Cela permet de répondre à une urgence sans qu'aucun crédit supplémentaire ne soit voté. Le Gouvernement

---

[44] *Ibid.*

[45] Philippe MARINI, Commission des Finances, du Contrôle budgétaire et des Comptes économiques de la Nation, *« Rapport général sur le projet de loi de finances pour 2002, adopté par l'Assemblée nationale »*, Sénat, 2001, p. 38.

[46] LOLF, art. 7 : *« La présentation des crédits par titre est indicative »*. La fongibilité des crédits permet au Gouvernement, comme aux parlementaires, de proposer des mouvements de crédits au sein des actions d'un même programme budgétaire. Le montant des crédits du programme n'évolue pas, mais les crédits en son sein sont différemment ordonnés entre les actions du programme.

qui a, seul, l'initiative de la fongibilité des crédits, en ce sens que les virements et transferts au sein d'un même programme s'effectuent pas décret[47], peut adapter le dispositif financier aux contingences nouvelles : en l'espèce, la survenue d'une guerre de haute intensité. L'effort budgétaire en matière de munitions, financé par fongibilité des crédits, aura, néanmoins, suscité l'émotion des sénateurs, à commencer par Olivier Cigolotti, vice-président de la Commission chargée de la défense nationale au Sénat, et rapporteur du programme 178[48] qui affirmait que « *si l'augmentation des crédits destinés aux munitions est indispensable, et les leçons tirées de la guerre en Ukraine s'imposent en la matière, cela signifie qu'une fois de plus les crédits d'EPM*[49] *financent des besoins non prévus par la LPM 2019-2025, au détriment des besoins initialement retenus* »[50].

Afin d'adapter la programmation militaire aux nouvelles menaces, telles que la haute intensité, le Gouvernement fait régulièrement le choix d'étaler ses objectifs de livraisons d'équipements. L'objectif poursuivi est simple : il permet, pour une même autorisation d'engagements, d'engager moins de crédits de paiements chaque année, en raison de leur étalement dans le temps. La loi de finances relative aux armées pour l'année 2021 a ainsi réduit de 50% à 45% l'objectif de

---

[47] LOLF, art. 12 : « *Des virements peuvent modifier la répartition des crédits entre programmes d'un même ministère.* » [...] « *Des transferts peuvent modifier la répartition des crédits entre programmes de ministères distincts* » [...] « *Les virements et transferts sont effectués par décret pris sur le rapport du ministre chargé des finances, après information des commissions de l'Assemblée nationale et du Sénat chargées des finances* ».

[48] Programme budgétaire intitulé « *préparation et emploi des forces* ».

[49] Entretien Programmée du Matériel (EPM).

[50] *Ibid.*

livraison des blindés SCORPION[51] à l'horizon 2025[52]. De même, les programmes PATMAR[53] et MMP[54] ont vu leur objectif de livraison en 2025, décalé à l'horizon 2026[55], suite aux ajustements réalisés en 2021[56]. Enfin, la livraison de trente-deux canons CAESAR[57] a également vu son objectif de livraison en 2025, décalé d'une année[58]. L'objectif poursuivi était de financer les programmes cyber[59], spatial[60] et anti-drone[61]

---

[51] L'acronyme SCORPION signifie Synergie du Contact Renforcée par la Polyvalence et l'Info-valorisation. Lancé le 5 déc. 2014, ce programme d'armement prévoit : la livraison de nouveaux blindés (Griffon, Serval et Jaguar), la rénovation des chars Leclerc et la livraison d'un nouveau système d'information de combat (SIC-S).

[52] Hélène CONWAY-MOURET et Cédric PERRIN, Commission des Affaires étrangères, de la Défense et des Forces armées, « *Rapport d'information n° 215 sur les crédits de l'équipement des forces : tenir le cap de la loi de programmation militaire* », Sénat, 2021, p. 10.

[53] L'acronyme PATMAR signifie avion de patrouille maritime et désigne une catégorie d'aéronefs d'observation maritime. Les PATMAR de l'armée française sont les Atlantique 2 de Breguet Aviation.

[54] L'acronyme MMP signifie missile de moyenne portée. Il s'agit d'un missile anti-char qui remplace, depuis 2017, le missile Milan.

[55] Hélène CONWAY-MOURET et Cédric PERRIN, *op. cit.*

[56] *Ibid.*, « *Les programmes dont le jalon 2025 est affecté par les travaux d'ajustement réalisés en 2021* », p. 9.

[57] CAESAR pour Camion équipé d'un système d'artillerie. Mis en service en 2004 dans l'armée française, 284 unités ont été produites par Nexter. Le ministère des Armées ambitionne de disposer de 109 unités pour 2030.

[58] Hélène CONWAY-MOURET et Cédric PERRIN, *op. cit.*

[59] Pascal ALLIZARD et Yannick VAUGRENARD, Commission des Affaires étrangères, de la Défense et des Forces armées, « *Avis présenté sur le projet de loi de finances pour 2023* », Tome V, Défense, Environnement et prospective de la politique de défense (Programme 144), p. 8. Le rapport fait état d'un « *objectif de 1 500 nouveaux emplois pour renforcer les effectifs de la cyberdéfense et du renseignement* ».

[60] *Ibid.*, « *Les priorités de 2023 porteront sur la préparation du renouvellement des capacités de renseignement et de télécommunications spatiales* ».

[61] *Ibid.*, « *l'enveloppe consacrée aux études amont atteindra le milliard d'euros. Ces crédits permettront notamment le financement des études relatives au système* » [...] « *d'innovation telles que la lutte anti-drones* ».

faiblement dotés[62] dans l'actuelle loi de programmation militaire[63].

Ainsi, ces exemples récents qui s'inscrivent dans le contexte de la préparation des armées à un conflit de haute intensité, soulignent que le Gouvernement a l'initiative de la législation financière militaire. Néanmoins, il ne peut être affirmé que ces multiples arbitrages budgétaires sont hors champ parlementaire, les parlementaires participent également, par le vote de la loi, à cette fonction de législation financière militaire.

§2 - La législation militaire hors finances

En matière de législation militaire hors finances, le Parlement est également marginalisé. C'est, en effet, le Gouvernement qui a l'initiative des lois établissant tant les régimes de défense d'application permanente (A) que d'application exceptionnelle (B).

A - Les régimes de défense d'application permanente

En matière d'initiative des législations relatives aux régimes de défense d'application permanente, deux régimes illustrent la marginalisation du Parlement par le Gouvernement : le régime relatif à la protection des « *intérêts fondamentaux de*

---

[62] En 2019 la LPM pour les années 2019 à 2025 axait les efforts budgétaires autour des trois axes principaux : le renouvellement des véhicules blindées (programme SCORPION), la modernisation de la dissuasion nucléaire et la vie quotidienne des soldats résumée par la formule « *une LPM à hauteur d'homme* ». L'usage massif des drones durant la guerre au Haut-Karabagh (2020), la multiplication des attaques cyber russes et l'importance du renseignement d'origine satellitaire dans le conflit russo-ukrainien justifient ces adaptations des crédits entre la loi de programmation militaire et les lois de finances relatives aux armées.

[63] Hélène CONWAY-MOURET et Cédric PERRIN, *op. cit.* p. 8.

la Nation »[64] (1) et le régime traitant des « *opérations sensibles intéressant la défense nationale »*[65] (2).

1 - La protection des intérêts fondamentaux de la Nation

Le régime juridique de la protection des intérêts fondamentaux de la Nation, bien qu'ancien[66], a été modifié par la loi du 22 juillet 1992[67] établissant, au livre IV du code pénal, « *les crimes et délits contre la Nation »*[68]. Cette disposition est d'initiative gouvernementale comme le rappelle le rapport sénatorial du sénateur Paul Masson en 1992 : « *Ce livre IV devrait être le dernier des livres du nouveau code, proposé par le Gouvernement à l'examen du Parlement »*[69]. C'est ainsi qu'en matière de lutte contre les attentats, le projet de loi du Gouvernement précisait que *« constitue un attentat toute entreprise, caractérisée par un ou plusieurs actes de violence,*

---

[64] C. déf., *« Livre III : Régimes juridiques de défense d'application permanente (articles L. 2311-1 à L. 2391-5) »* [...] *« Titre Ier : Le secret de la défense nationale (articles L. 2311-1 à L. 2313-1) ».*

[65] C. déf., *« Livre III : Régimes juridiques de défense d'application permanente (articles L. 2311-1 à L. 2391-5) »* [...] *« Titre IX : Opérations sensibles intéressant la défense nationale (articles L. 2391-1 à L. 2391-5) ».*

[66] Philippe FERLET et Patrice SARTRE, « Le secret de défense en France », *Études*, vol. 412, n°2, 2010, pp. 165-175. Le décret de la Convention du 16 juin 1793, le décret-loi du 20 juil. 1939 et l'ordonnance du 4 juin 1960, constituent les trois textes fondateurs du régime juridique du secret de la défense nationale en vue de protéger les intérêts fondamentaux de la Nation.

[67] Un dispositif existait déjà dans le code pénal notamment en matière d'attentat et de complot contre la république, mais la loi n° 92-686 du 22 juil. 1992 vient unifier le dispositif. L'article 89 du code pénal prévoyait que *« L'attentat dont le but aura été soit de détruire ou de changer le régime constitutionnel »* [...] *« sera puni de la détention criminelle à perpétuité. L'exécution ou la tentative constitueront seules l'attentat ».*

[68] Loi n° 92-686 du 22 juil. 1992 portant réforme des dispositions du code pénal relatives à la répression des crimes et délits contre la Nation.

[69] Paul MASSON, Commission des Lois constitutionnelles, de législation, du suffrage universel, du Règlement et d'administration générale, *« Rapport relatif au projet de loi adopté par l'assemblée nationale, portant réforme des dispositions du code pénal relatives à la répression des crimes et délits contre la Nation, l'État et la paix publique »*, Sénat, 1992, p. 13.

ayant pour but de mettre en péril les institutions de la République ou de porter atteinte à l'intégrité du territoire national »[70]. C'est donc le Gouvernement qui est à l'initiative de la définition de l'attentat, comme de la nature des peines, en précisant que « *l'attentat est puni de trente ans de détention criminelle »*[71].

On notera que l'examen en première lecture à l'Assemblée nationale a modifié, à la marge[72], la définition de l'attentat retenue par le Gouvernement, sans modifier les peines prévues dans le projet de loi. Le Sénat ne proposa, quant à lui, aucune modification du projet de loi[73]. Cet exemple, certes très précis, vient illustrer qu'en matière de protection des intérêts fondamentaux de la Nation, seul le Premier ministre est à l'initiative des lois, comme l'illustre également l'étude des lois relatives au secret de la défense nationale.

2 - Les opérations sensibles intéressant la défense nationale

En matière de défense nationale, certaines informations peuvent faire l'objet d'une *« qualification d'opération sensible intéressant la défense nationale »* par le ministre des Armées lui-même, *« indépendamment de la procédure de classification »* de l'article 413-9 du Code Pénal. Ce dispositif a, d'ailleurs, été créé par ordonnance[74], témoignant, là encore, de la marginalisation du Parlement au profit du Gouvernement, en matière de législation militaire. Ainsi, dans son étude

---

[70] *Ibid.* p. 208.
[71] *Ibid.* pp. 208 et 209.
[72] *Ibid.* Les députés modifient *« constitue un attentat toute entreprise, caractérisée par un ou plusieurs actes de violence, ayant pour but de mettre en péril »* en « *constitue un attentat le fait de commettre un ou plusieurs actes de violence de nature à mettre en péril »*.
[73] *Ibid.*
[74] Ordonnance n°2020-7 du 6 janv. 2020 relative à la prise en compte des besoins de la défense nationale en matière de participation et de consultation du public, d'accès à l'information et d'urbanisme.

d'impact[75] relative au projet de loi ratifiant l'ordonnance, le ministre des Armées a rappelé l'objectif poursuivi par cette disposition. Dans l'hypothèse où *« cela est objectivement justifié »*[76], des informations pourront faire l'objet d'une *« classification au titre du secret de la défense nationale »*[77] par le ministre des Armées. Ce dispositif a été adopté par les parlementaires à l'article 53 de la loi de programmation militaire 2019-2025[78].

Cet exemple illustre donc doublement que le Gouvernement est à l'initiative en matière de législation relative aux « *opérations sensibles intéressant la défense nationale* » : d'abord, parce que le Gouvernement a fait le choix de légiférer par ordonnance, limitant, *de facto*, la fonction législative du Parlement à une seule fonction négative, *id est,* une simple faculté d'opposer un véto par un vote négatif ; mais, surtout, parce que c'est le Gouvernement, et non le Parlement, qui souhaitait permettre au ministre des Armées d'apprécier en partie le champ juridique de la défense nationale. L'objectif était alors de rattacher aux « *opérations de la défense nationale* », l'ensemble des opérations touchant aux intérêts fondamentaux de la Nation, qui ne figuraient pas dans la définition de l'article

---

[75] Etude d'impact, *Projet de loi ratifiant l'ordonnance n° 2020-7 du 6 janvier 2020 relative à la prise en compte des besoins de la défense nationale en matière de participation et de consultation du public, d'accès à l'information et d'urbanisme*, 7 fév. 2020.

[76] *Ibid.*

[77] *Ibid.*

[78] Loi n° 2018-607 du 13 juil. 2018 relative à la programmation militaire pour les années 2019 à 2025 et portant diverses dispositions intéressant la défense, art. 53 : « *Dans les conditions prévues à l'article 38 de la Constitution, le Gouvernement est autorisé à prendre par ordonnances les dispositions relevant du domaine de la loi nécessaires pour : 1° Harmoniser, clarifier et compléter les procédures d'information et de participation du public ou de consultation relatives à la réalisation de certains projets, plans, travaux et opérations ayant un caractère dérogatoire ou spécifique justifié par des motifs liés aux impératifs de la défense nationale* ».

413-9 du code pénal, afin qu'elles puissent être couvertes par le régime protecteur des « *opérations de la défense nationale* ».

B - Les régimes de défense d'application exceptionnelle

Lorsque la Nation est face à un péril imminent, le Gouvernement est tenu de proposer une réponse rapide et efficace des pouvoirs publics. Pour ce faire, il est à l'initiative des projets de lois visant à créer ou adapter, des régimes de défense d'application exceptionnelle, qu'il s'agisse, par exemple, du régime relatif au temps de guerre (1) ou à l'état de siège (2).

1 - Le temps de guerre

Le dispositif législatif inscrit dans le code de la défense, relatif au temps de guerre, illustre pleinement l'initiative gouvernementale en matière de régime de défense d'exception. C'est, d'ailleurs, là encore, une ordonnance[79], prise sur le fondement de l'article 38[80] de la Constitution, qui réforme toute la partie législative relative au temps de guerre. Lors de la discussion, en première lecture, du projet de loi de ratification de cette ordonnance, au sein de la Commission de la Défense nationale et des Forces armées de l'Assemblée nationale, la ministre de la Défense, Michèle Alliot-Marie, a défendu les objectifs qu'elle souhaitait atteindre grâce à ce texte. L'initiative du ministre transparaît lorsqu'elle affirme qu'en « *tant que ministre de la défense et que juriste* » elle a « *veillé à ce que les*

---

[79] Ordonnance n° 2004-1374, 20 déc. 2004, relative à la partie législative du code de la défense, n° 2165, déposé le 17 mars 2005.

[80] Const. de 1958, art. 38 : « *Le Gouvernement peut* » [...] « *demander au Parlement l'autorisation de prendre par ordonnances, pendant un délai limité, des mesures qui sont normalement du domaine de la loi* ».

textes soient mieux ordonnés, plus clairs et mis à jour »[81]. L'objectif poursuivi par le Gouvernement, par l'entremise de la ministre de la Défense, était dual : d'abord, il s'agissait d'ordonner et de clarifier « *les dispositions relatives aux régimes juridiques exceptionnels - le temps de guerre, l'état de siège »*[82]; puis, surtout, de codifier *« les ordonnances du 11 juillet 1938 sur l'organisation générale de la nation en temps de guerre »*[83].

Si le recours aux ordonnances en matière de législation relative au temps de guerre n'écarte, en rien, le Parlement, en ce sens que les commissions examinent, amendent[84] et votent le texte du Gouvernement, elles illustrent, néanmoins, que l'initiative de la législation de défense d'exception incombe au Gouvernement. Cependant, le recours à l'article 38 de la Constitution pour codifier la législation relative au temps de guerre appelle une remarque. En 2003, le Parlement a habilité le Gouvernement « *à prendre par ordonnance des mesures de simplification et de codification du droit »*[85]. En 2004, sur le fondement de cette loi d'habilitation, a été prise une ordonnance relative, entre autres choses, au temps de guerre. L'ordonnance de 2004 modifie le décret-loi du 18 avril 1839[86] qui fixait le régime juridique des matériels de guerre, en conditionnant, à une plainte du ministre de la Défense ou des Finances, la

---

[81] Compte rendu intégral n°200 (AN), deuxième séance du jeudi 7 avril 2005, session ordinaire 2004-2005, XIIe législature, discussion du projet de loi ratifiant l'ordonnance n°2004-1374 du 20 déc. 2004 relative à la partie législative du code de la défense (nos 2165, 2218).

[82] *Ibid.*

[83] *Ibid.*

[84] Les députés ont déposé 107 amendements en 1ère lecture, et 3 amendements en 2e lecture. Les sénateurs ont déposé 5 amendements en première lecture. Le texte a été définitivement adopté après la deuxième lecture à l'Assemblée nationale.

[85] Projet de loi n°710, portant habilitation du Gouvernement à prendre par ordonnance des mesures de simplification et de codification du droit, déposé le 19 mars 2003.

[86] Décret du 18 avril 1939 fixant le régime des matériels de guerre, armes et munitions.

poursuite des infractions liées à l'usage de ces matériels. Alors que la loi d'habilitation de 2003 n'autorise le Gouvernement qu'à codifier, à droit constant, les dispositions relatives au temps de guerre, le Gouvernement supprime, par ordonnance, cette obligation de plainte préalable[87]. Le député Jacques Brunhes dénonça ainsi que « *ce texte ne se contente pas d'une codification à droit constant : il crée des droits nouveaux. Dès lors, que vous le vouliez ou non, vous tordez l'article 38 de la Constitution* »[88]. Ainsi, l'étude de l'initiative de la législation militaire prouve que le Gouvernement en est le coauteur principal, qu'il s'agisse du chef du Gouvernement, en principe, ou du Gouvernement lui-même, lorsque la législation militaire est initiée sur le fondement de l'article 38 de la Constitution.

2 - L'état de siège

La première législation relative à l'état de siège date du XIXe siècle[89]. Le dispositif a ensuite été modifié à deux reprises : par décret, aux derniers jours de la IIIe République, en 1940[90] ; puis, par ordonnance, en 2004[91]. Outre sa valeur constitutionnelle[92], la législation relative à l'état de siège illustre qu'en matière de régime de défense d'exception, le

---

[87] Ordonnance n°2004-1374, *op. cit.*, art. 8.

[88] Compte rendu intégral n°34 (AN), séance du vendredi 8 avril 2005, session ordinaire 2004-2005, XIIe législature, *JORF*, p. 2808.

[89] Loi du 9 août 1849 sur l'état de siège, mod. par la loi du 3 avril 1878 relative à l'état de siège, puis par la loi du 27 avril 1916 relative à l'état de siège et, par la loi n°2005-1550 du 12 déc. 2005 modifiant diverses dispositions relatives à la défense, codifiée aux art. L. 2121-1 à L. 2121-8 du C. déf.

[90] Décret-loi du 16 juin 1940 modifiant la loi du 9 août 1849 sur l'état de siège.

[91] Ordonnance n°2004-1374 du 20 déc. 2004 relative à la partie législative du code de la défense.

[92] Const. de 1958, art. 36 : « *L'état de siège est décrété en Conseil des ministres. Sa prorogation au-delà de douze jours ne peut être autorisée que par le Parlement* ». L'état de siège disposait déjà d'une assise constitutionnelle depuis 1954, après que la loi constitutionnelle du 7 déc. 1954 avait modifié l'art. 7 de la Const. de 1946 en ces termes : « *L'état de siège est déclaré dans les conditions prévues par la loi* ».

Gouvernement dispose de l'initiative pour adapter le régime juridique.

En 2016, le Gouvernement a publié un rapport au Parlement relatif à l'emploi des forces armées sur le territoire national[93]. Ce rapport faisait suite au « *projet de loi constitutionnelle de protection de la Nation* »[94]. Le Président de la République, « *sur proposition du Premier ministre* »[95], souhaitait « *procéder* » [...] « *à une actualisation des dispositions législatives relatives à l'état de siège* »[96]. Le Gouvernement, par l'entremise du ministre de la Défense, Jean-Yves le Drian, défendait ainsi l'idée qu'il fallait transformer les conditions de mise en œuvre de l'état de siège en ces termes : « *l'état de siège ne peut être déclaré, sur tout ou partie du territoire, qu'en cas de péril imminent résultant d'une situation de conflit armé ou d'insurrection armée sur le territoire national* »[97]. Cependant, le chef de l'Etat a abandonné[98] le projet de constitutionnalisation de l'état

---

[93] Rapport au Parlement, « *Conditions d'emploi des armées lorsqu'elles interviennent sur le territoire national pour protéger la population* », Ministère de la Défense, 2016.

[94] Projet de loi constitutionnelle de protection de la Nation, n°3381, déposé le 23 déc. 2015.

[95] Const. de 1958, art. 89 : « *L'initiative de la révision de la Constitution appartient concurremment au Président de la République sur proposition du Premier ministre et aux membres du Parlement* ».

[96] Rapport au Parlement, *op. cit.*

[97] *Ibid.*, au lieu de, art. L. 2121-1 C. déf. : « *L'état de siège ne peut être déclaré, par décret en conseil des ministres, qu'en cas de péril imminent résultant d'une guerre étrangère ou d'une insurrection armée* ».

[98] Allocution du Président de la République, François Hollande, le 31 mars 2016, « *J'ai décidé, après m'être entretenu avec les présidents de l'Assemblée nationale et du Sénat, de clore le débat constitutionnel* ». Le Président de la République peut mettre fin à une procédure d'adoption d'une révision constitutionnelle, dans la mesure où il dispose, seul (Const. art. 89, al. 2), du pouvoir de réunir le Congrès ou le corps électoral, pour les projets de révision, ou du seul corps électoral, pour les propositions de révision, condition *sine qua non* à l'adoption d'une réforme constitutionnelle. En revanche, en ce qui concerne la procédure législative, rien n'autorise le Président de la République à interrompre le processus qu'il a lui-même enclenché, avant que les deux assemblées n'aient voté le texte en des « *termes identiques* » (Const. art. 89,

d'urgence, sans que les parlementaires ne sachent ce qu'il adviendrait de la réforme de l'état de siège, intimement liée à celle de l'état d'urgence. A ce jour, aucune réforme constitutionnelle de l'état de siège n'a été entreprise, même si une modification législative, à la marge, a été apportée en 2018[99]. Ainsi, en matière de législation relative aux régimes de défense d'exception, comme la législation relative à l'état de siège l'illustre, le Gouvernement et le Président de la République - en période de fait majoritaire - partagent l'initiative.

Section 2 - L'exercice du droit d'amendement en matière de législation militaire

L'exercice du droit d'amendement illustre que le Gouvernement est le coauteur principal de la législation militaire, et ce à double titre : d'abord, parce que le droit d'amendement est principalement gouvernemental en matière de législation militaire (*§1*) ; ensuite, et surtout, parce que le Gouvernement est en droit de limiter les amendements des parlementaires (*§2*).

---

al. 2). Seul le Gouvernement peut interrompre la procédure de révision avant que les deux assemblées ne se soient prononcées (*cf.* art. 84 RAN « *Les projets de loi peuvent être retirés par le Gouvernement à tout moment jusqu'à leur adoption définitive par le Parlement* », et art. 25 RS « *Les projets de loi déposés par le Gouvernement peuvent être retirés par celui-ci à tous les stades de la procédure antérieurs à leur adoption définitive* »).

[99] C. déf., art. L. 2121-3 modifié par la loi n°2018-607 relative à la programmation militaire pour les années 2019 à 2025 et portant diverses dispositions intéressant la défense du 13 juil. 2018. La loi n'a entrepris qu'une modification formelle à l'al. 4 de l'art. L. 2121-3 modifiant : « *les juridictions militaires peuvent en outre connaître : 4° Des délits commis par les fournisseurs en ce qui concerne les fournitures destinées aux forces armées et formations rattachées, dans les cas prévus par les articles L. 213-1 à L. 213-5 du code de la consommation et les lois spéciales qui s'y rattachent* » par « *dans les cas prévus au titre V du livre IV du code de la consommation* ».

§1 - Un droit d'amendement principalement gouvernemental en matière de législation militaire

Au regard de l'exemple des législations de préparation des armées à un conflit de haute intensité ; même si, d'un point de vue statistique, les amendements d'origine gouvernementale sont largement minoritaires (A), le rôle du Gouvernement se manifeste surtout, pour les amendements d'origine parlementaire, au travers de son avis, majoritairement suivi par les parlementaires, et préalable à tout vote en séance publique (B).

A - Une minorité d'amendements d'origine gouvernementale

A la différence des amendements parlementaires[100], les amendements d'origine gouvernementale s'attachent principalement à la forme, et non au fond de la législation militaire (1), de sorte qu'ils sont mécaniquement moins nombreux que les amendements des parlementaires (2).

1 - Une classification légistique des amendements gouvernementaux

L'examen du projet de loi de programmation militaire pour les années 2019 à 2025 a permis d'identifier que les amendements du Gouvernement ne concernent, en principe, que des modifications de forme, et non de fond, expliquant, entre autres choses, pourquoi l'amendement gouvernemental est minoritaire. Lors de son examen à l'Assemblée nationale, le projet de loi de programmation militaire pour les années 2019 à

[100] Hypothèse de l'obstruction parlementaire par saturation d'amendements mise à part.

2025 a fait l'objet de seulement sept[101] amendements d'initiative gouvernementale[102]. Sur ces 7 amendements, 3 sont des amendements de fond, ce qui représente 43% d'entre eux[103]. Ce *ratio* relativement élevé s'explique par le fait qu'en première lecture et devant la première commission saisie, le Gouvernement peut être conduit à ajuster son texte au fond, suite aux recommandations des parlementaires, afin de s'assurer de son adoption ultérieure. Cette hypothèse est confortée par l'analyse des amendements d'initiative gouvernementale qui ont été défendus devant le Sénat. Ainsi, sur les 34 amendements[104] déposés par le Gouvernement en séance publique, 18% d'entre eux étaient des amendements de fond[105]. Le faible taux d'amendements gouvernementaux de fond illustre donc deux choses : d'abord, cela illustre que le Gouvernement est assurément le coauteur principal de la législation militaire, en ce sens que, s'il n'apporte pas de modification de fond à son texte, c'est surtout parce qu'il en est l'auteur ; mais, cette étude illustre également le fait que le champ de l'amendement gouvernemental est principalement d'ordre formel.

En matière d'amendement n'apportant que des modifications formelles, qu'il soit d'initiative gouvernementale ou parlementaire, il faut distinguer quatre types d'amendements : les amendements de suppression, rédactionnels, de cohérence et de précision[106]. Ainsi, lors de son

---

[101] Afin de faciliter la lecture, les nombres seront, ci-après, donnés en chiffres et non en lettres.

[102] Assemblée nationale, Recherche dans la base des amendements, « *Dossier législatif : Programmation Militaire 2019-2025* », Auteur : Gouvernement, XVe législature, *site officiel de l'Assemblée nationale*, consulté le 17 fév. 2023.

[103] *Cf.* Annexe III.

[104] Sénat, Recherche d'amendements, « *Dossier législatif : Programmation Militaire pour les années 2019 à 2025 (1ère lecture)* », Sélection des amendements : « *Déposés par le Gouvernement* », XVe législature, *site officiel du Sénat*, consulté le 17 fév. 2023.

[105] *Cf.* Annexe IV.

[106] Les amendements de suppression suppriment des dispositions purement formelles afin de simplifier le texte. Les amendements rédactionnels modifient

examen devant la Commission de la Défense nationale et des Forces armées de l'Assemblée nationale, 3 amendements relevaient de l'amendement de cohérence et 1 amendement était simplement rédactionnel, ce qui représente 57% d'amendements purement formels[107]. L'étude du texte devant le Sénat fait également état d'une supériorité d'amendements ne s'attachant qu'à des considérations de forme. C'est ainsi que 13 amendements sont des amendements de suppression (38%), 11 d'entre eux sont des amendements purement rédactionnels (32%). Quant aux amendements de cohérence (6%) et de précision (6%) ils ne sont que de 2 chacun[108]. On constate donc, qu'en résumé, lors de l'examen du projet de loi de programmation militaire devant le Sénat en première lecture, 82% des amendements sont purement formels.

2 - Une étude numérique des amendements gouvernementaux

Afin d'adopter la loi de programmation militaire pour les années 2019 à 2025, le Gouvernement a enclenché une procédure accélérée[109] de sorte qu'un seul examen a eu lieu, à l'Assemblée nationale et au Sénat, en première lecture, avant la réunion d'une commission mixte paritaire. Une telle commission *« n'est pas une deuxième ni une troisième lecture »* de sorte que *« les dispositions constitutionnelles sur le droit d'amendement ne s'appliquent pas »,* ce qui implique qu'il n'y a *« pas de droit d'amendement du Gouvernement »*[110].

---

la rédaction d'une disposition sans en modifier le fond. Les amendements de cohérence ont pour objet de s'assurer que le dispositif amendé est cohérent avec l'ensemble du texte, du Code ou des autres Codes auquel il renvoie. Enfin, les amendements de précision ont pour simple objet de venir expliciter une disposition mal comprise par les parlementaires.

[107] *Cf.* Annexe III.

[108] *Cf.* Annexe IV.

[109] Const. de 1958, art. 45, al. 2.

[110] Sénat, Le rôle du Sénat, *« Fiche : La Commission Mixte Paritaire »*, senat.fr/role/fiche/cmp.html, consulté le 17 fév. 2023.

En ce qui concerne l'examen du texte à l'Assemblée nationale, la procédure est classique : la Commission de la Défense nationale et des Forces armées est saisie au fond. Lors de l'examen en première lecture du projet de loi de programmation militaire pour 2019-2025, sur les 885 amendements déposés, en commission comme en séance publique, seuls 7 sont des amendements gouvernementaux, ce qui représente moins de 1% des amendements. Dans le détail, durant l'examen au fond en première lecture, parmi les 480 amendements déposés en commission, seuls 7 émanaient du Gouvernement[111]. Par la suite, le texte est soumis pour avis à la Commission des Finances, à la Commission des Affaires étrangères et à la Commission des Lois où le Gouvernement n'a déposé aucun amendement[112]. Enfin, pour l'examen en séance publique, parmi les 349 amendements déposés par les parlementaires, là encore, le Gouvernement n'a déposé aucun amendement[113]. En revanche, parmi les 885 amendements déposés au projet de loi de programmation militaire pour les années 2019 à 2025, en première lecture à l'Assemblée nationale, seuls 65 ont été définitivement adoptés[114], parmi lesquels tous les amendements déposés par le Gouvernement, de sorte que, *in fine*, les amendements du Gouvernement ne représentent non plus moins de 1% mais 11% des amendements adoptés. Cependant, les amendements gouvernementaux en matière militaire sont inférieurs à la moyenne des amendements déposés sur l'ensemble de la XVe législature, durant laquelle la loi de programmation militaire 2019-2025 a été adoptée. Les amendements du Gouvernement représentent moins de 2%[115]

[111] Assemblée nationale, recherche dans la base des amendements, *op. cit.*
[112] *Ibid.*
[113] *Ibid.*
[114] *Ibid.*
[115] Assemblée nationale, Bilan statistique de la XVe législature (21 juin 2017 - 21 juin 2022), p. 22 : les amendements du Gouvernement représentent 1,7% des amendements déposés.

(contre moins de 1% pour la loi de programmation militaire) des amendements déposés et 17%[116] (contre 11% pour la loi de programmation militaire) des amendements adoptés.

Le projet de loi de programmation militaire pour les années 2019 à 2025, amendé par les députés, a ensuite été examiné par la Commission chargée de la défense nationale au Sénat. Parmi les 127 amendements déposés au cours de cet examen, tous étaient d'initiative parlementaire[117], un constat semblable pour les deux commissions saisies pour avis. En revanche, l'examen en séance publique a été l'objet d'un recours accru aux amendements du Gouvernement. Ainsi, parmi les 157 amendements déposés en séance publique, 34 sont d'initiative gouvernementale[118]. En somme, sur les 298 amendements déposés lors de l'examen du projet de la loi de programmation militaire 2019-2025 au Sénat, 34 sont d'initiative gouvernementale soit 11,5% des amendements. Cependant, à la différence de l'examen à l'Assemblée nationale, l'examen au Sénat a conduit au rejet de près de la moitié des amendements du Gouvernement, de sorte que sur les 34 déposés, seuls 16 ont été adoptés[119], représentant, tout de même, 31% des amendements adoptés. On constate donc que d'un seul point de vue numérique, les amendements gouvernementaux sont minoritaires, ce qui confirme que le Gouvernement est le principal coauteur de la législation militaire. Celui-ci n'a, en effet, que peu d'intérêt à amender un texte dont il est à l'initiative, même si, depuis 2008, le texte débattu en séance est celui adopté par la Commission saisie au fond.

---

[116] *Ibid.*

[117] Sénat, recherche d'amendements, *op. cit.*

[118] *Ibid.*

[119] *Ibid.*

B - Une approbation du Gouvernement aux amendements parlementaires

Lorsqu'un projet de loi est déposé sur le bureau d'une assemblée, il est examiné au fond par une commission qui l'amende, avant d'être débattu en séance publique. Au cours de ce débat, chaque amendement est défendu par son auteur. S'ensuivent alors une prise de parole du Gouvernement, puis du rapporteur du texte au nom de la commission saisie au fond, afin qu'ils donnent respectivement, l'avis du Gouvernement et, l'avis de la commission sur l'amendement débattu. Ainsi, au travers de l'exemple de la loi de programmation 2019-2025, dans la majorité des cas, l'adoption en séance publique des amendements d'initiative parlementaire nécessite l'avis favorable du Gouvernement (1), néanmoins, certains amendements sont adoptés malgré un avis défavorable du Gouvernement (2).

1 - Le principe : L'avis favorable du Gouvernement aux amendements parlementaires

La coutume du fait majoritaire renforce le poids de l'avis du Gouvernement lors de l'examen des amendements en séance[120]. L'avis de la majorité parlementaire étant, en théorie, en phase avec l'avis du Gouvernement[121], c'est en tout cas ce qui a pu être verifié avec la XVe législature (2017-2022) qui a

[120] Le fait majoritaire désigne la concordance de couleur politique entre le Parlement et le Gouvernement avec un net et stable soutient de la majorité parlementaire au Gouvernement. Cette concordance a pour conséquence directe que la majorité se rallie, en théorie, aux positions du Gouvernement qu'elle soutient. Ainsi, lorsque l'avis du Gouvernement est positif, la majorité parlementaire vote conformément à l'avis du Gouvernement.
[121] Le constat aurait été différent avec la XIVe législature socialiste et ses députés frondeurs par exemple.

adopté la loi de programmation militaire 2019-2025[122]. En étudiant l'ensemble des 65 amendements adoptés en séance publique à l'Assemblée nationale, on constate que 47 amendements, soit 72%[123], sont de l'initiative de la majorité présidentielle et ont donc reçu l'avis favorable du Gouvernement.

Pour ce qui est du Sénat, on retrouve un ordre de grandeur tout à fait similaire avec 68%[124] des amendements parlementaires adoptés qui disposent explicitement d'un avis favorable du Gouvernement. On constate donc que d'un point de vue statistique, les amendements parlementaires en matière militaire sont adoptés parce que le Gouvernement le veut bien, bien que la règle ne soit pas absolue[125]. La sénatrice Hélène Conway-Mouret affirmait ainsi que : *« sur les 328 amendements proposés par les députés, seuls 65 ont été retenus, émanant pour la plupart de l'exécutif »*[126]. Ce constat est vrai, il vient d'être chiffré, et la sénatrice prouve par cette simple phrase qu'en matière d'amendements parlementaires, le Gouvernement demeure un acteur central. Néanmoins, si l'avis favorable du Gouvernement est majoritairement respecté, un nombre non négligeable d'amendements parlementaires est adopté malgré l'avis défavorable du Gouvernement.

---

[122] La limitation de l'étude aux LPM et non aux autres législations concernant la matière militaire, comme les lois de finances (LF) relatives aux armées, s'explique par le fait que la Commission de la défense nationale et des Forces armées est saisie au fond pour les LPM et non pour les LF.

[123] Assemblée nationale, Recherche dans la base des amendements, « *Dossier législatif : Programmation Militaire 2019-2025* », Auteurs : LREM, MODEM et Agir Ensemble, XVe législature, *site officiel de l'Assemblée nationale*, consulté le 18 fév. 2023. LREM : 44 amdt. déposés, MODEM : 2, Agir Ensemble : 1.

[124] *Cf.* Annexe V.

[125] *Ibid.*

[126] Hélène CONWAY-MOURET, « Loi de Programmation Militaire (LPM) 2019-2025 : l'Assemblée nationale renforce les pouvoirs de contrôle du Parlement », *site internet d'Hélène Conway-Mouret,* 16 mai 2018, consulté le 18 fév. 2023.

2 - L'exception : Le dépassement de l'avis défavorable du Gouvernement

Sur le fond, l'avis défavorable du Gouvernement peut être classé en deux catégories. Cependant, qu'il s'agisse des amendements imposant des obligations au Gouvernement ou des amendements modifiant les trajectoires fixées par le Gouvernement, celui-ci oppose, en principe, un avis défavorable. Pour ce qui est des amendements tendant à revaloriser le rôle du Parlement, comme par exemple, l'obligation de fournir un rapport au Parlement, en témoigne l'amendement du député Philippe Gosselin concernant les études relatives au porte-avions de nouvelle génération qui, *« devront faire l'objet d'un rapport remis au Parlement d'ici la fin du quinquennat »*[127], ces amendements font systématiquement l'objet d'un avis défavorable du Gouvernement.

Pour ce qui est des amendements modifiant la trajectoire politique du Gouvernement, il existe deux grandes tendances que sont : la modification, par amendement, des dispositifs relatifs aux objectifs budgétaires, et aux objectifs capacitaires. Dans ces hypothèses, l'avis défavorable du Gouvernement est la règle. En matière d'objectif budgétaire, des parlementaires se sont opposés, dans le contexte de la préparation des armées à un conflit de haute intensité[128], à l'objectif des 2% du PIB pour la défense à l'horizon 2025. Le

---

[127] Philippe GOSSELIN, amendement (ci-après amdt.) n°122, Assemblée nationale, 1ère lecture, loi n°2018-607 du 13 juil. 2018 relative à la programmation militaire pour les années 2019 à 2025 et portant diverses dispositions intéressant la défense.

[128] Centre interarmées de concepts de doctrines et d'expérimentations : *Glossaire interarmées de terminologie opérationnelle*, n°212 /DEF/CICDE/NP du 16 déc. 2013, amendée le 1er juin 2015, p. 104. La haute intensité se définit comme un conflit *« où toutes les fonctions opérationnelles sont susceptibles d'être activées pour s'opposer à une violence caractérisée de l'adversaire »*.

député André Chassaigne déposait un amendement qui avait selon ses termes : *« pour but de supprimer l'objectif « hors-sol » des 2 % du PIB fixé par l'OTAN »*[129]. Quant aux objectifs capacitaires, certains députés se sont intéressés à la dissuasion nucléaire, comme le député Jean-Paul Lecoq qui souhaitait *« limiter les dépenses inconsidérées dans le renouvellement de cette force nucléaire »,* en abaissant le budget de *« 25 milliards d'euros » proposé par le Gouvernement à « 12 milliards »* pour *« le renouvellement des deux composantes »*[130].

Cependant, outre ces amendements d'appel[131], les parlementaires ont pu déposer des amendements qui, malgré l'avis défavorable du Gouvernement ont été adoptés. Lors de son examen en séance publique, 15% des amendements de la loi de programmation militaire 2019-2025 ont été adoptés au Sénat, malgré l'avis défavorable du Gouvernement[132]. Le taux s'élève à 21% si l'on écarte de cette étude les amendements gouvernementaux adoptés puisque le Gouvernement était, bien sûr, favorable à leur adoption. Ainsi, dans la majorité des cas, les amendements des parlementaires sont adoptés à la condition que le Gouvernement le veuille bien, mais les parlementaires peuvent, tout de même, surmonter l'avis défavorable du Gouvernement. L'avis du Gouvernement est donc un filtre efficace, mais ce n'est pas le seul, pour limiter les amendements parlementaires en matière militaire.

---

[129] André CHASSAIGNE, amdt. n°201, *op. cit.*

[130] Jean-Paul LECOQ, amdt. n°359, *op. cit.*

[131] Hélène LIPIETZ, « De la typologie des amendements », *site internet de Hélène LIPIETZ,* 17 janv. 2014, helene.lipietz.net/spip.php?article463, consulté le 18 fév. 2023. Les amendements d'appel désignent ces amendements d'obstruction qui permettent, aux parlementaires d'opposition, de « *gagner du temps* », puisqu'une fois discuté (appelé), l'amendement est retiré.

[132] *Cf.* Annexe V.

§2 - Un droit d'amendement limité par le Gouvernement en matière militaire

En matière de législation militaire, le Gouvernement dispose de moyens constitutionnels permettant de limiter le droit d'amendement des parlementaires. Qu'il s'agisse d'une restriction du droit d'amendement parlementaire spécifique à la matière budgétaire (A) ou non spécifique à celle-ci (B), ce constat illustre qu'en matière de législation militaire, le Gouvernement demeure le coauteur principal.

A - La restriction du droit d'amendement parlementaire spécifique à la matière budgétaire

L'impossible aggravation d'une charge ou diminution des ressources publiques par voie d'amendements (1) oblige les parlementaires à user de manœuvres légistiques pour contourner cette restriction constitutionnelle au droit d'amendement (2). La matière budgétaire est donc la mieux à même d'illustrer les restrictions du droit d'amendement parlementaire en matière militaire.

1 - L'irrecevabilité financière en matière de législation militaire

L'article 40 de la Constitution dispose que *« les propositions et amendements formulés par les membres du Parlement ne sont pas recevables lorsque leur adoption aurait pour conséquence soit une diminution des ressources publiques, soit la création ou l'aggravation d'une charge publique »*[133]. On a souvent considéré que cette disposition était une réponse de l'histoire, comme le rappelait Jean-François Kerleo pour qui cet article 40 n'est autre que « *le produit des dérives du parlementarisme des précédentes Républiques et de la*

[133] Const. de 1958, art 40.

partitocratie qui régnait à cette époque »[134]. Néanmoins, la rationalisation financière du droit d'amendement est bien plus ancienne puisque, dès 1900, la résolution Berthelot[135] adopte un dispositif semblable à l'article 40 actuel, à la différence près, et non des moindres, qu'une résolution parlementaire n'est, bien sûr, ni de valeur constitutionnelle ni même contraignante. Les règlements des assemblées[136] précisent, aujourd'hui, les conditions de mise en œuvre de l'irrecevabilité financière. Préalablement au dépôt de l'amendement en commission, le président de la Commission des Finances (Sénat) ; ou de la commission saisie au fond, avec avis non obligatoire de la Commission des Finances (Assemblée nationale), apprécient la recevabilité financière de l'amendement. Postérieurement à son dépôt, et lors de son examen, le Conseil constitutionnel a rappelé que l'irrecevabilité financière pouvait être *« soulevée à tout moment »*[137] par le Gouvernement. En matière de lois de programmation militaire, l'appréciation de la recevabilité financière des amendements appelle une remarque. Au sein de ces lois il existe deux types de dispositions : des dispositions non normatives et des dispositions normatives :

---

[134] Jean-François KERLEO, « Plaidoyer en faveur d'une réforme de l'article 40 de la Constitution », *Revue française de droit constitutionnel*, vol. 99, n° 3, 2014, pp. 507-531.

[135] Résolution Berthelot, adoptée par la Chambre des députés le 16 mars 1900 : *« aucune proposition tendant soit à des augmentations de traitement, d'indemnité ou de pension, soit à des créations de services, d'emplois ou de pensions ou à leur extension en dehors des limites prévues par les lois en vigueur, ne peut être faite sous forme d'amendement ou d'article additionnel au budget »*.

[136] Art. 89 RAN (Règlement de l'Assemblée nationale) et art. 45 RS (Règlement du Sénat).

[137] CC, déc. n°2009-581 DC, 25 juin 2009, *Résolution tendant à modifier le règlement de l'Assemblée nationale.*

- pour les dispositions non normatives, un avis du Conseil d'Etat[138] rappelle que les dispositions relatives à la programmation financière ne revêtent aucune portée normative. Ainsi, *« les amendements aux articles de programmation budgétaire pluriannuelle »* - comme les lois de programmation militaire - *« en raison de leur absence de portée normative, sont recevables au titre de l'article 40 de la Constitution »*[139]. Le sénateur Philippe Marini rappelait que, *« si l'intention des auteurs est coûteuse, l'effet de leurs amendements ne l'est pas »*[140], les lois de programmation militaire n'engagent pas, en effet, les finances de l'Etat ;
- pour les dispositions normatives, cependant, la loi précise explicitement quels articles revêtent une portée normative[141] et sont, dans ce cas, soumis *« au contrôle du juge de la recevabilité financière »*.

Le Gouvernement a ainsi soulevé 11[142] fois l'irrecevabilité fondée sur l'article 40 de la Constitution aux 349 amendements présentés en séance publique à l'Assemblée

---

[138] CE, Ass., avis n°394.142, 1er fév. 2018, *Projet de loi relatif à la programmation militaire pour les années 2019 à 2025 et portant diverses dispositions intéressant la défense.*

[139] Eric WOERTH, Commission des Finances, de l'Economie générale et du Contrôle budgétaire, *« Rapport d'information sur la recevabilité financière des initiatives parlementaires et la recevabilité organique des amendements à l'Assemblée nationale »*, Assemblée nationale, 2022, p. 24.

[140] Philippe MARINI, Commission des Finances, *« Rapport d'information fait au nom de la commission des finances sur la recevabilité financière des amendements et des propositions de loi »*, Sénat, 2014, p. 36.

[141] Dans la LPM 2019-2025 qui comporte 65 art., les art. 12 à 65 ont une portée normative car ils sont inclus dans un Titre II intitulé *« Dispositions normatives intéressant la défense nationale »*. L'amendement des art. 12 à 65 est donc soumis au contrôle de la recevabilité financière de l'art. 40 de la Const.

[142] Amdts. n°64, n°123, n°129, n°133, n°189, n°190, n°252, n°259, n°264, n°346, n°355, Assemblée nationale, 1ère lecture, Loi n°2018-607 du 13 juil. 2018 relative à la programmation militaire pour les années 2019 à 2025.

nationale. Sur les 24 irrecevabilités fondées sur l'article 40 adoptées au cours de l'examen en première lecture à l'Assemblée nationale, on constate que seulement 46% des irrecevabilités au titre de l'article 40 sont d'initiative gouvernementale. Ainsi, le Gouvernement n'a pas le monopôle de l'irrecevabilité financière, les présidents des commissions saisies au fond[143], après consultation facultative du président de la Commission des Finances, ont également cette prérogative[144]. Il n'en demeure pas moins que cet article 40 vient largement restreindre le champ de l'amendement parlementaire. En revanche, afin d'éviter que ne soit systématiquement opposé aux parlementaires l'irrecevabilité au titre de l'article 40, des manœuvres d'évitement légistique existent.

2 - Les manœuvres d'évitement légistique à l'irrecevabilité financière

Afin de contourner l'irrecevabilité au titre de l'article 40 de la Constitution, les parlementaires ont essayé de compenser l'augmentation de « *charge publique* » induite par leurs amendements, une manœuvre d'évitement légistique qui a systématiquement fait l'objet d'une irrecevabilité au titre de l'article 40 de la Constitution. Les parlementaires ont également pu essayer, avec plus de succès, de compenser une diminution de « *ressources publiques* », par l'augmentation d'autres « *ressources publiques* ».

En ce qui concerne la manœuvre de compensation d'augmentation d'une *« charge publique »*, deux options ont été l'objet de manœuvres parlementaires. En premier lieu, les parlementaires ont essayé de compenser l'aggravation d'une *« charge publique »* par une augmentation des ressources. En

[143] Pour les LPM il s'agit, à l'Assemblée nationale, de la Commission de la Défense nationale et des Forces armées.

[144] Art. 89 RAN et art. 45 RS.

second lieu, les parlementaires ont essayé de compenser l'aggravation d'une « *charge publique* » par la suppression d'une autre *« charge publique »*. En raison du caractère absolu de l'interdiction de l'augmentation d'une *« charge publique »*, l'irrecevabilité financière est systématiquement opposée. Lors de l'examen en première lecture du projet de loi de programmation militaire pour les années 2019 à 2025, des parlementaires ont souhaité la *« création d'un réseau de serveurs hébergeant le cloud étatique »* ainsi que la *« création d'un compte épargne permissions »*[145]. Malgré les compensations proposées, ces amendements impliquent l'augmentation d'une « *charge publique* »[146], seul critère qui compte au titre de l'article 40 de la Constitution, et se sont donc vu opposer une irrecevabilité sur le fondement de ce même article.

En ce qui concerne la manœuvre de compensation de diminution des *« ressources publiques », il s'agit de la « manœuvre des gages »*. L'objectif du gage est de permettre aux parlementaires de compenser « *une perte de recettes par l'augmentation d'une autre recette* ». Lorsque le gage proposé par amendement est *« crédible et réel »*[147], le Gouvernement peut exceptionnellement « *lever le gage* »[148]. En matière militaire, l'étude de la loi de programmation militaire 2019-2025 fait état de 5 amendements de cette nature. Ainsi,

---

[145] Eric WOERTH, *op. cit.*, p. 25.

[146] Thibault BAZIN, amdt. n° 53 (rect.), « *un compte épargne-permissions permettrait aux militaires d'avoir l'assurance de pouvoir reporter l'ensemble des permissions qui n'ont pas pu être prises pour raison de service ou de pouvoir les monétiser ou de les valoriser par la voie d'une retraite additionnelle type retraite additionnelle de la fonction publique* ».

[147] *Ibid.* p. 102.

[148] Lorsque le Gouvernement décide de lever le gage sur des amendements, cela signifie qu'il les accepte explicitement ou qu'il refuse de s'y opposer. Outre la condition d'une recette « *crédible et réelle* », il peut prendre la forme d'une majoration d'un taux d'imposition existant ou de la création d'un nouvel impôt, *« à due concurrence de la perte de recettes »*, c'est-à-dire, qu'il doit couvrir la perte des recettes.

par exemple, le député Adrien Taquet proposa que « *10% des nouveaux postes créés dans le domaine du renseignement et de la cybersécurité soient occupés par des personnes en situation de handicap* ». Afin de compenser cette « *perte de recette de l'Etat* », le député proposa « *la création d'une taxe additionnelle* »[149]. En revanche, parmi ces 5 amendements, aucun n'a été adopté. Ce constat prouve que même si la pratique des gages est autorisée, elle est, *de facto*, très limitée, restreignant largement l'amendement parlementaire spécifiquement en matière de législation militaire budgétaire. Cependant, d'autres dispositifs non spécifiques à la matière budgétaire permettent également au Gouvernement de limiter l'amendement parlementaire.

B - Les restrictions du droit d'amendement parlementaire non spécifiques à la matière budgétaire

Outre les hypothèses constitutionnelles de restriction du droit d'amendement parlementaire, qu'il convient simplement d'énoncer, à savoir, la protection du « *domaine réglementaire* »[150] ou de la prohibition du « *cavalier législatif* »[151], afin de restreindre le droit d'amendement des parlementaires au travers de dispositifs non spécifiques à la matière budgétaire, le Gouvernement dispose de deux moyens

---

[149] Adrien TAQUET, amendement déposé en Commission de la Défense nationale et des Forces armées, amdt. n°DN 278, *op. cit.*

[150] Const. de 1958, art. 41, mod. en 2008 : « *S'il apparaît au cours de la procédure législative qu'une proposition ou un amendement n'est pas du domaine de la loi ou est contraire à une délégation accordée en vertu de l'article 38, le Gouvernement ou le président de l'assemblée saisie peut opposer l'irrecevabilité* ». Le dispositif a été complété par les art. 28 et 29 de l'ordonnance organique n°58-1067 du 7 déc. 1958 relative au Conseil Constitutionnel.

[151] Const. de 1958, art. 45, al. 1er, mod. en 2008 : « *Sans préjudice de l'application des articles 40 et 41, tout amendement est recevable en première lecture dès lors qu'il présente un lien, même indirect, avec le texte déposé ou transmis* ».

constitutionnels : le vote bloqué (1) ou l'engagement de la responsabilité du Gouvernement sur un texte de législation militaire (2).

1 - Le vote bloqué sur un texte de législation militaire

La procédure du vote bloqué, prévue à l'article 44 alinéa 3 de la Constitution, dispose que *« si le Gouvernement le demande, l'Assemblée saisie se prononce par un seul vote sur tout ou partie du texte en discussion en ne retenant que les amendements proposés ou acceptés par le Gouvernement ».* Dans l'histoire de la Ve République, la législation militaire n'a, pour l'heure, jamais[152] fait l'objet d'une telle procédure. Le sénateur et vice-président de la commission chargée de la défense nationale du Sénat, Olivier Cigolotti, affirmait que *« le Gouvernement aurait trop à perdre en matière militaire à faire usage du vote bloqué »*[153], surtout devant le Sénat ayant largement adopté la dernière loi de programmation militaire[154].

Contrairement à ce qui a pu être avancé[155], le Premier ministre Georges Pompidou, lors de l'adoption de la loi de programme de 1964 relative à certains équipements

---

[152] Certains parlementaires ont pu évoquer, à tort, le recours du Gouvernement à un vote bloqué pour l'adoption de la LPM 2009-2014, du seul fait que le Sénat a adopté, sans apporter la moindre modification, le texte transmis par l'Assemblée nationale. Projet de loi relatif à la programmation militaire pour les années 2009 à 2014 et portant diverses dispositions concernant la défense (Texte définitif), *« le Sénat a adopté sans modification, en première lecture, le projet de loi, adopté par l'Assemblée nationale en première lecture ».*

[153] Entretien réalisé avec le sénateur Olivier Cigolotti, sénateur de la Haute-Loire, vice-président de la Commission des Affaires étrangères, de la Défense nationale et des Forces armées du Sénat, 7 fév. 2023.

[154] Scrutin public n°174 sur le *projet de loi relatif à la programmation militaire pour les années 2019 à 2025 et portant diverses dispositions intéressant la défense*, séance du 28 juin 2018. Résultats : p/ 326, c/ 14.

[155] Olivier CHOPIN, *et al.*, « Evolution du contrôle parlementaire des forces armées en Europe », *in IRSEM*, 2013, p. 39 : *« pour imposer son projet de loi, le Premier ministre Georges Pompidou a cette fois recours au vote bloqué lors des trois lectures à l'Assemblée Nationale ».*

militaires[156], n'a pas fait usage du vote bloqué. Cette loi de programme ne concernait, d'ailleurs, que la programmation des dépenses de dissuasion et, notamment, des dépenses d'infrastructures en Polynésie. Même si les débats parlementaires ont été animés après trois rejets[157] du projet de loi par le Sénat, à la suite du rapport d'information du sénateur Yvon Coudé du Foresto qui dénonçait les *« dépenses démesurées d'infrastructure dans plusieurs atolls des Tuamotou »*[158], le Premier ministre ne déclencha pas la procédure de l'article 44 - relative au vote bloqué - mais celle de l'article 45[159] de la Constitution. L'étude des travaux préparatoires fait, en effet, état d'une *« adoption le 16 décembre 1964 après déclaration d'urgence »*[160]. Or, la déclaration d'urgence ne renvoie pas à la procédure du vote bloqué mais à celle de la procédure accélérée « *qui s'est substituée depuis le 1er mars 2009 à la déclaration d'urgence* »[161]. Pour limiter

---

[156] Loi de programme n°64-1270 du 23 déc. 1964 *relative à certains équipements militaires*, *in JORF* du 24 déc. 1964, p. 1150.

[157] *Ibid.*, travaux préparatoires, p. 1150.

[158] Yvon COUDE DU FORESTO, Marcel PELLENC, André COLIN et Roger HOUDET, Commission des Finances, du Contrôle budgétaire et des Comptes économiques de la Nation, « *Rapport d'information à la suite de la mission effectuée du 27 juin au 4 juillet 1965 par une délégation de cette Commission sur les aspects financiers de l'aménagement du Centre d'expérimentation du Pacifique* », 1965, p. 29.

[159] Const. de 1958, art. 45, al. 2, mod. en 2008 : *« si le Gouvernement a décidé d'engager la procédure accélérée sans que les Conférences des présidents s'y soient conjointement opposées, après une seule lecture par chacune d'entre elles, le Premier ministre ou, pour une proposition de loi, les présidents des deux assemblées agissant conjointement, ont la faculté de provoquer la réunion d'une commission mixte paritaire chargée de proposer un texte sur les dispositions restant en discussion ».*

[160] Const. de 1958, art. 45, al. 2 (version en vigueur du 5 oct. 1958 au 1er mars 2009) : *« Lorsque »* [...] *« le Gouvernement a déclaré l'urgence, après une seule lecture par chacune d'entre elles, le Premier ministre a la faculté de provoquer la réunion d'une commission mixte paritaire chargée de proposer un texte sur les dispositions restant en discussion ».*

[161] Sénat, Direction de la séance, *« Guide pratique de procédure législative »*, avril 2022, p. 14.

l'amendement parlementaire, outre le vote bloqué, l'engagement de la responsabilité du Gouvernement sur un texte de législation militaire a, quant à lui, déjà pu être mis en œuvre.

2 - L'engagement de la responsabilité du Gouvernement sur un texte de législation militaire

L'article 49, alinéa 3 de la Constitution dispose que : *« Le Premier ministre peut »* [...] *« engager la responsabilité du Gouvernement devant l'Assemblée nationale sur le vote d'un texte. Dans ce cas, ce texte est considéré comme adopté, sauf si une motion de censure »* [...] *« est votée »*. La volonté des rédacteurs de la Constitution était que *« le Gouvernement attache à ce texte une importance telle qu'il lie, désormais, son existence à son adoption »*[162], limitant, *de facto,* l'amendement en mettant fin aux débats parlementaires. Pour ce qui est de l'utilisation de l'article 49, alinéa 3 en matière de législation militaire, il faut distinguer deux situations : l'utilisation de cette disposition pour les lois de programmation militaire, et pour les lois de finances relatives aux armées :

- en matière de lois de programmation militaire, seuls deux gouvernements ont mis en jeu leur responsabilité pour que soit adoptée la programmation militaire qu'ils défendaient : le Gouvernement Debré, en 1960 ; et le Gouvernement Rocard, en 1989[163]. La question centrale de la loi de programmation militaire de 1960 était celle du financement de la dissuasion nucléaire, à l'origine d'une vive opposition parlementaire. L'opposition au

[162] Olivier GOHIN, *Droit constitutionnel,* Paris, LexisNexis, 5e édition, 2022, p. 1032.
[163] Assemblée nationale, « Engagement de responsabilité du Gouvernement et motions de censure depuis 1958 », *site officiel de l'Assemblée nationale,* consulté le 20 janv. 2023.

projet de loi est si importante « *que le Gouvernement est obligé d'appliquer l'article 49-3 de la Constitution* »[164], ce qui lui permet d'empêcher l'obstruction parlementaire par voie d'amendement et de faire adopter son texte malgré trois motions de censure, toutes rejetées[165]. Pour ce qui est de la loi de programmation militaire de 1989, Michel Rocard ne disposait que d'une majorité relative à l'Assemblée nationale avec 275 députés sur les 288 nécessaires. Après une troisième et dernière lecture devant l'Assemblée nationale, la programmation militaire pour les années 1990 à 1993 a donc pu être adoptée, faute de motion de censure adoptée par les députés[166], confortant pleinement l'idée qu'en matière de législation militaire, le Gouvernement est le coauteur principal ;

- en matière de lois de finances, le recours à l'article 49, alinéa 3 n'est pas limité[167], ce qui permet au Gouvernement ne disposant pas de la majorité suffisante, de les multiplier, comme l'illustre l'exemple de la dernière loi de finances pour 2023 qui intègre pleinement « *la Mission Défense* », dans le cadre de la préparation des armées à un conflit de haute intensité, alors que le Gouvernement ne dispose que d'une

---

[164] Patrice BUFFOTOT, *op. cit.*, pp. 12 et 13.

[165] Motion de censure déposée le 20 oct. 1960 (1ère lecture) : majorité requise : 277, p/ : 207. Motion de censure déposée le 18 nov. 1960 (2ème lecture) : majorité requise : 277, p/ : 214. Motion de censure déposée le 2 déc. 1960 (3ème lecture) : majorité requise : 277, p/ : 215.

[166] Motion de censure déposée le 4 oct. 1989 (1ère lecture) : majorité requise : 288, p/ : 159. Pour l'examen en 2ème et 3ème lecture, aucune motion de censure n'a été déposée.

[167] Const. de 1958, art. 49, al. 3 mod. en 2008. Depuis la réforme constitutionnelle de 2008 le recours à l'art. 49, al. 3 de la Const. est illimité pour les « *projets de loi de finances ou de financement de la sécurité sociale* ». En dehors de ces deux textes, le recours à l'article 49, alinéa 3 est limité à une seule utilisation par session.

majorité relative[168]. Un constat qui illustre, là encore, qu'en matière de législation militaire, face à une opposition parlementaire, le Gouvernement dispose de moyens constitutionnels efficaces pour limiter les amendements parlementaires. Entre la loi de finances pour 2022 adoptée sans recours à l'article 49, alinéa 3 et la loi de finances pour 2023, le Gouvernement a donc pu abaisser le taux d'amendements adoptés à l'Assemblée nationale de 10%[169] à moins de 3%[170].

En conclusion, au travers de l'étude de l'initiative gouvernementale et du droit d'amendement en matière militaire, il apparaît que le Gouvernement est bien le coauteur principal de la législation militaire. C'est le Gouvernement qui a la maîtrise de l'initiative en matière militaire, qu'il s'agisse des régimes de défense permanent ou d'exception. En ce qui concerne le droit d'amendement, un double constat s'impose :

- le Gouvernement dispose de tous les moyens pour limiter l'initiative parlementaire en matière de législation militaire, qu'il s'agisse de l'avis favorable du Gouvernement aux amendements parlementaires, ou

---

[168] La loi de finances pour 2023, adoptée en vertu de la procédure prévue à l'art. 49 al.3 de la Const. le 15 déc. 2022, consacre, pour la première fois, une augmentation annuelle de trois milliards d'euros supplémentaires pour les armées ainsi, entre autres choses, qu'une commande de quarante-deux Rafales de Dassault Aviation.

[169] Assemblée nationale, Recherche dans la base des amendements, « *Dossier législatif : Projet de loi de finances pour 2022* », XVe législature, assemblee-nationale.fr/dyn/15/amendements, consulté le 19 fév. 2023. Sur les 6407 amendements déposés en séance publique, 622 ont été adoptés, soit 9,7%.

[170] Assemblée nationale, Recherche dans la base des amendements, « *Dossier législatif : Projet de loi de finances pour 2023* », XVIe législature, assemblee-nationale.fr/dyn/16/amendements, consulté le 19 fév. 2023. Sur les 6870 amendements déposés en séance publique, 194 ont été adoptés, soit 2,8%.

des dispositifs constitutionnels de limitation du droit d'amendement de ces derniers (irrecevabilité financière au titre de l'article 40 de la Constitution, vote bloqué sur le fondement de l'article 44 de la Constitution, engagement de responsabilité du Gouvernement sur le fondement de l'article 49 de la Constitution, *etc.*) ;

- l'amendement d'origine gouvernemental est largement minoritaire face à l'amendement parlementaire, ce qui témoigne, là encore, que le gouvernement est l'initiateur de la législation militaire, en ce sens qu'il n'a pas besoin d'amender un texte dont il est l'auteur.

CHAPITRE 2

LE PARLEMENT, COAUTEUR SECONDAIRE DE LA LEGISLATION MILITAIRE

Si le Parlement est un coauteur secondaire de la législation militaire, c'est que, malgré la prépondérance du Gouvernement, il parvient tout de même à exercer sa fonction législative en matière militaire. Outre l'exercice législatif en séance publique, c'est surtout dans le cadre des commissions chargées de la défense nationale que peut pleinement s'exercer la fonction de législation militaire des parlementaires. La résurgence de la menace conventionnelle - ou symétrique - *id est* entre Etats, et non plus entre un Etat et un groupe armé, induit, pour la France, une transformation profonde de ses armées, calibrées, des décennies durant, pour des *« opérations de guerre »*[1], et non pour la guerre. Le Parlement entend ainsi participer pleinement à la transformation de l'appareil de défense français et bénéficie, pour ce faire, de nombreuses prérogatives telles que : la possibilité d'auditionner des responsables militaires, la possibilité de faire des propositions au sein des rapports parlementaires ou, surtout, la possibilité d'amender des projets de loi du Gouvernement en matière militaire.

Ainsi, au regard de l'exemple qui sous-tend toute cette étude, à savoir la préparation des armées à un conflit de haute intensité[2], seront étudiés les débats des commissions chargées de la défense nationale (Section 1), une étape parlementaire

---

[1] Pierre de VILLIERS, interview *in* « Un monde, un regard », Public Sénat, 8 mars 2023.
[2] *Cf.* la définition d'un conflit de haute intensité, p. 35.

nécessairement préalable aux initiatives des commissions parlementaires en matière de législation militaire (Section 2).

Section 1 - Les débats des commissions parlementaires

Les débats parlementaires au sein des commissions chargées de la défense nationale se font l'écho de l'évolution des menaces, appelant ainsi à une adaptation du modèle d'armée. C'est ainsi qu'au travers de l'étude des débats parlementaires dans la configuration de la disparition de la menace conventionnelle (*§1*) et dans la configuration du retour de la menace conventionnelle de haute intensité (*§2*), on pourra constater que les parlementaires ont tantôt soutenu l'évolution vers des armées destinées aux seules opérations extérieures, ou vers des armées calibrées pour un engagement majeur.

§1 - Des débats parlementaires hors période de menace conventionnelle

Les débats parlementaires hors période de menace conventionnelle font apparaître une logique dans la « *réduction homothétique* »[3] des capacités des armées. La disparition de la menace symétrique dans les débats parlementaires (A) suivie de l'avènement d'une nouvelle menace asymétrique (B), ont justifié, deux décennies durant, la transformation du modèle d'armée française en « *corps expéditionnaire* »[4].

---

[3] Cour des comptes, « *La loi de programmation militaire (LPM) 2019-2025 et les capacités des armées* », rapport public thématique, entité et politique publiques, mai 2022, p. 6. Ce terme désigne le choix politique de ne sacrifier aucune capacité militaire mais de réduire au maximum leur épaisseur afin de rationaliser les coûts comme, par exemple, la réduction du groupe aéronaval à un seul porte-avions.

[4] Alexandre FRESCHI et Thomas GASSILLOUD, Commission de la Défense nationale et des Forces armées, « *Rapport d'information relatif à la mission d'information sur la résilience nationale* », Assemblée nationale, 2022, p. 119.

A - La disparition de la menace symétrique dans les débats parlementaires

Aux lendemains de la Guerre froide (1947-1991)[5], les débats parlementaires ont largement fait état de la disparition de la menace symétrique[6]. Ainsi, suite à l'effacement de la menace d'une agression étatique (1), les parlementaires ont majoritairement défendu, dans leurs débats, une nécessaire réduction des capacités militaires de la France (2).

1 - L'effacement de la menace d'une agression étatique

C'est au travers des débats relatifs aux différentes lois de programmation intervenues durant les trois décennies (1991-2022)[7] de disparition de la menace conventionnelle, que l'effacement de la menace d'une agression étatique est apparu récurrent dans les débats parlementaires des commissions. D'un point de vue procédural, lorsqu'un tel projet de loi est déposé sur le bureau de l'Assemblée nationale, la Commission de la Défense nationale et des Forces armées, saisie au fond, nomme un rapporteur. Ce rapporteur doit *« éclairer les travaux de la commission en lui présentant un rapport dans lequel il expose ses vues sur le texte proposé et, le cas échéant, fait des*

---

[5] Le 12 mars 1947 le Président américain Harry Truman (1884-1972) présente devant le Congrès des Etats-Unis d'Amérique la doctrine du *containment* dont l'objet est de soutenir financièrement et militairement les pays menacés par l'expansion soviétique. Ce discours est présenté comme le premier acte de la Guerre froide qui s'achèvera le 1er juil. 1991 avec la dislocation du pacte de Varsovie.

[6] La menace symétrique - ou conventionnelle - désigne la configuration dans laquelle une force étatique s'oppose à une autre force étatique. La menace asymétrique désigne, *a contrario*, la configuration dans laquelle une force étatique s'oppose à une force non étatique comme, par exemple, en OPEX.

[7] De la fin de la guerre froide, datée à la dissolution du Pacte de Varsovie (1991), au retour des conflits de haute intensité en Europe déclenchée au Haut-Karabagh en 2020 ou par la Russie, contre l'Ukraine, en 2022.

propositions d'amendement »[8]. Les travaux préparatoires du rapporteur constituent la base des échanges lors de la réunion de la commission.

C'est au travers de ces rapports que la première loi de programmation militaire[9] *post* ère soviétique, est venue traduire l'effacement de la menace étatique. Le rapporteur au Sénat, Xavier de Villepin, précisait dans ses propos introductifs que *« l'effondrement de l'Union soviétique et la disparition du pacte de Varsovie ont éloigné, voire effacé, la menace majeure, massive »* avant d'affirmer que, désormais, *« la France ne connaît plus aujourd'hui de menace militaire permanente et directe à proximité immédiate de ses frontières »*[10]. Cette approche a fait l'objet d'un vaste consensus à une époque où l'aspiration à « *engranger les dividendes de la paix »*[11] s'était transformée en projet politique. C'est ainsi que le député et ancien ministre de la Défense, Yvon Bourges, s'était « *félicité de ce que le présent projet de loi soit l'occasion de prendre en compte cette nouvelle situation »*[12]. Cependant, l'hypothèse d'un conflit étatique majeur n'avait pas totalement disparu des débats parlementaires. Yvon Bourges rappelait ainsi que *« dans l'hypothèse d'un retour à une menace majeure en Europe, la France ne serait d'ailleurs pas seule ; elle aurait avec elle les*

---

[8] Assemblee nationale, « *Fiche de synthèse n°35 : L'examen des textes en commission », site officiel de l'Assemblée nationale*, consulté le 20 fév. 2023.

[9] Loi n°96-589 du 2 juil. 1996 relative à la programmation militaire pour les années 1997 à 2002.

[10] Xavier de VILLEPIN, Commission des Affaires étrangères de la Défense nationale et des Forces armées, « *Rapport d'information sur le projet de loi adopté par l'assemblée nationale après déclaration d'urgence, relatif à la programmation militaire pour les années 1997 à 2002* », Sénat, 1996, p. 9.

[11] Laurent LAGNEAU, *« Pour le chef de la diplomatie américaine, vouloir engranger les « dividendes de la paix » a été une erreur »*, Opex360, mis en ligne le 8 nov. 2019, consulté le 20 fév. 2023. Le 10 juin 1990, Laurent Fabius, alors Président de l'Assemblée nationale, évoquait pour la première fois la notion de *« dividendes de la paix »*.

[12] Xavier de VILLEPIN, *op. cit.*, p. 191.

forces importantes de ses partenaires européens »[13], une affirmation discutable dans la mesure, où, en 1999, la France n'était pas dans le commandement intégré de l'organisation du traité de l'atlantique nord, et qu'aucun mécanisme de défense mutuelle n'existe dans l'Union européene[14].

Les débats des commissions saisies au fond, relatifs à l'adoption de la loi de programmation militaire 2003-2008, marquent ainsi un tournant dans la pleine intégration de l'évolution de la menace par les parlementaires. C'est, en effet, cette loi de programmation militaire qui fait état du remplacement de la menace symétrique par une menace asymétrique. Dans son rapport relatif à la programmation militaire pour les années 2003-2008, le sénateur Serge Vinçon faisait le constat que *« la fin de la guerre froide s'est traduite par la disparition d'une menace massive et par l'éclosion de dangers plus diffus, localisés et imprévisibles »*[15]. Néanmoins, contrairement au consensus observé concernant l'effacement de la menace symétrique pour la loi de programmation militaire 1997-2002, les débats concernant la programmation militaire 2003-2009 n'ont pas éludé la menace étatique. Lors des débats en commission, le sénateur Louis Mermaz rappelait que la menace étatique n'avait pas disparue *« face aux Etats soupçonnés de mener des politiques de développement d'armes de destruction massive »*[16].

---

[13] *Ibid.*

[14] Il existe aujourd'hui, au sein de l'Union européenne, deux mécanismes : la clause de défense mutuelle (art. 42 § 7 TUE) et la clause de solidarité (art. 222 TFUE).

[15] Guy TEISSIER, Commission de la Défense nationale et des Forces armées, *« Rapport relatif à la programmation militaire pour les années 2003 à 2008 », Assemblée nationale,* 2002, p. 14.

[16] Compte rendu de la Commission des Affaires étrangères de la Défense nationale et des Forces armées, Dossier législatif : Programmation militaire pour les années 2003 à 2008, prise de parole du sénateur Louis Mermaz, Sénat, 8 janv. 2003.

2 - La nécessaire réduction des capacités militaires

Face à l'effacement pressenti de la menace étatique aux lendemains de la Guerre froide, les parlementaires ont largement défendu l'option de la réduction capacitaire, comme l'illustre l'exemple de la réduction des crédits d'équipements. Ainsi, dans ses conclusions relatives à la programmation pour les années 1997 à 2002, le rapporteur Xavier de Villepin faisait état *« des conséquences lourdes sur de nombreux programmes et pour chacune des trois armées »* que représenterait *« la réduction des crédits d'équipement »*[17]. Mais, malgré ce constat qui aurait logiquement appelé à une opposition au fond sur le texte, le rapporteur appelait la commission à l'adopter. Si le Sénat a bien adopté la programmation militaire pour les années 1997 à 2002, quelques sénateurs ont soulevé les risques majeurs d'une telle réduction des crédits d'équipements et voté en conséquence[18].

L'étude des débats parlementaires relatifs à la programmation militaire pour les années 2002 à 2008 traduit également une ambivalence dans la volonté parlementaire en matière de réduction des crédits d'équipements. Si les parlementaires dénoncent la réduction des capacités portées par la loi de programmation militaire, ils approuvent, néanmoins, le texte. Lors du débat en commission au Sénat, le sénateur Xavier de Villepin commence son intervention en critiquant *« le dépassement de la France par le Royaume-Uni en matière d'équipements militaires »*[19] avant d'ajouter son *« adhésion aux*

---

[17] Xavier de VILLEPIN, *op. cit.* p. 186.

[18] *Ibid.*, p. 190. Le sénateur Bertrand Delanoë critiquait une loi qui *« constituerait un risque militaire important pour les six ans à venir »,* parce qu'en raison des arbitrages relatifs aux capacités de la Marine Nationale, *« la France ne pourrait pas, pendant ces six années, jouer son rôle, notamment en Méditerranée ».*

[19] Compte rendu de la Commission des Affaires étrangères de la Défense nationale et des Forces armées, Dossier législatif : Programmation militaire

conclusions du rapporteur »[20], le sénateur Serge Vinçon. Ce dernier appelait à adopter cette programmation militaire constituant *« dans le contexte et les contraintes de l'heure, la meilleure réponse possible »*[21]. Ainsi, ces débats ayant eu lieu en commission lors de l'examen de la programmation militaire pour 2002 à 2008 prouvent deux choses : d'abord, plusieurs parlementaires ont regretté les arbitrages budgétaires au détriment des capacités militaires ; ensuite, malgré cette opposition de fond et face aux réalités des finances publiques, nombreux sont les parlementaires qui, faute d'alternatives crédibles, ont choisi, par leurs votes, la réduction capacitaire des armées aux lendemains de la Guerre froide.

B - L'avènement de la menace asymétrique dans les débats parlementaires

La disparition de l'ennemi potentiel soviétique, à la suite de la dissolution du pacte de Varsovie[22], et de la menace étatique plus généralement, n'a pas pour autant valu disparition des menaces pour la France. Les parlementaires ont ainsi rapidement identifié l'émergence d'une nouvelle menace non étatique (1) et proposé une adaptation du modèle d'armée française en *« corps expéditionnaire »* (2).

---

pour les années 2003 à 2008, prise de parole du sénateur Xavier de Villepin, Sénat, 8 janv. 2003.

[20] *Ibid.*

[21] Serge VINÇON, Commission des Affaires étrangères de la Défense nationale et des Forces armées, « *Rapport relatif au projet de loi, adopté par l'Assemblée nationale, relatif à la programmation militaire pour les années 2003 à 2008* », Sénat, 2003, p. 9.

[22] En janv. 1991, la Tchécoslovaquie, la Pologne et la Hongrie annoncent leur retrait du pacte de Varsovie pour juil. 1991. Le 1er juil. 1991 l'Union des républiques socialistes soviétiques annonce la dissolution officielle du pacte de Varsovie.

1 - L'identification de la menace non étatique dans les débats parlementaires

Dans son rapport soumis à la commission chargée de la défense nationale, le président et rapporteur à l'Assemblée nationale, le député Guy Teissier, faisait état d'une évolution de la menace prenant le relais de la menace symétrique. Il affirmait ainsi que *« les attentats du 11 septembre 2001 »* [...] *« ont rappelé combien des sociétés ouvertes aux échanges sont exposées à des menaces non étatiques, dites asymétriques »*[23]. Le rapporteur au Sénat, le sénateur Serge Vinçon, rappelait dans l'introduction de son rapport relatif la loi de programmation militaire 2003-2009, la *« vulnérabilité des Etats face aux menaces dites asymétriques et non étatiques »*[24]. En revanche, pour le rapporteur, l'avènement de la menace asymétrique n'est pas synonyme de disparition de la menace symétrique. Il a ainsi pu rappeler *« que les menaces nouvelles s'ajoutent, bien plus qu'elles ne se substituent, aux menaces plus traditionnelles »*[25]. Lors de l'examen en commission, les débats parlementaires ne concernaient pas tant la réalité de la menace asymétrique, faisant l'objet d'un consensus, que l'opportunité des choix arrêtés par le Gouvernement pour y répondre.

Les débats parlementaires relatifs à l'adoption de la loi de programmation militaire 2009-2014 s'inscrivent également dans le champ de la menace asymétrique. Lors des débats en commission relatifs à la dissuasion nucléaire, au sein du projet de loi de programmation militaire, le député Daniel Garrigue affirmait que *« la dissuasion traditionnelle, celle du faible au fort, ne correspond plus à la menace actuelle »*[26]. Au Sénat, les débats de la commission des Affaires étrangères, de la Défense

---

[23] Guy TEISSIER, *op. cit.*, p. 14.
[24] Serge VINÇON, *op. cit.*, p. 6.
[25] *Ibid.*, p. 93.
[26] *Ibid.*, pp. 112 et 113.

nationale et des Forces armées s'attachaient moins à la réalité de la menace non étatique qu'à sa singularité. Alors que le sénateur Didier Boulaud contestait « *la singularisation de la menace djihadiste* »[27], le sénateur Josselin de Rohan a souhaité rappeler que « *le terrorisme d'origine djihadiste était bien une réalité* »[28]. Cependant, la réalité de la menace asymétrique faisait largement consensus, appelant à une adaptation du modèle d'armée aux nouvelles menaces, comme en témoignent les propos du député Daniel Garrigue, affirmant ainsi que « *les menaces étant plus diffuses, la dissuasion ne constituait plus une réponse adéquate* »[29].

2 - Le choix du modèle d'armée réduit dans les débats parlementaires

En ce qui concerne les débats parlementaires relatifs à la programmation militaire pour les années 2009 à 2014, l'option d'un modèle d'armée réduit apparaît nettement. Dans leur rapport, fait au nom de l'Assemblée nationale, relatif au projet de loi de programmation militaire, les rapporteurs Patrick Beaudouin et Yves Fromion rappelaient que l'objectif fixé par le texte était bien « *une réduction d'effectifs de 54 000 postes, sur une durée de six à sept ans, soit à l'horizon 2016* »[30]. Ce vaste plan de réduction des effectifs a néanmoins suscité de vives émotions de la part des sénateurs, comme la sénatrice Michelle Demessine qui rappelait que ce plan « *traduisait aussi*

[27] Josselin de ROHAN, Commission des Affaires étrangères de la Défense nationale et des Forces armées, « *Rapport relatif à la programmation militaire pour les années 2009 à 2014 et portant diverses dispositions concernant la défense* », Sénat, 2009, p. 224.
[28] *Ibid.*
[29] Josselin de ROHAN, *op. cit.*, p. 222.
[30] Patrick BEAUDOIN et Yves FROMION, *op. cit.*, p. 139.

la logique comptable de la RGPP[31] *avec la suppression de 54 000 emplois »*[32]. Cependant, la réduction des capacités de l'armée française ne concernait pas que les effectifs. Le rapporteur au Sénat, Josselin de Rohan, rappelait que le projet de loi examiné ambitionnait de *« réduire d'un tiers de format de la composante aéroportée »*[33] de dissuasion. Malgré cela, la sénatrice Demessine « *a jugé trop importante la part faite au nucléaire* »[34], témoignant de l'aspiration de nombreux parlementaires à un modèle d'armée réduit. En dépit de ces nombreuses oppositions des sénateurs, le texte a été adopté par le Sénat, le 16 juillet 2009, validant la réduction complète du modèle d'armée.

§2 - Des débats parlementaires en période de menace conventionnelle de haute intensité

Le retour de la guerre en Europe le 24 février 2022, avec l'invasion russe de l'Ukraine et le réarmement des Etats qui s'ensuit, oblige la France à prendre la pleine mesure de l'hypothèse d'un conflit de haute intensité dans lequel ses armées seraient engagées. Les travaux parlementaires réalisés en commission traduisent, en opposition totale aux travaux étudiés précédemment, une prise en compte récente de la menace d'un conflit de haute intensité (A), suscitant quelques analyses critiques des parlementaires au regard de la résistance de la Nation face à un conflit de cette nature (B).

---

[31] La Révision Générale des Politiques Publiques (RGPP) est une réforme structurelle de l'Etat entreprise en 2007 visant, entre autres choses, en la réduction du nombre de fonctionnaires de l'Etat.
[32] *Ibid.*
[33] Josselin de ROHAN, *op. cit.*, p. 77.
[34] Comptes rendus des réunions de la Commission des Affaires étrangères de la Défense nationale et des Forces armées, « *Examen du rapport et du texte proposé par la commission relatif à la programmation militaire 2009 2014 (1ère lecture)* », prise de parole de la sénatrice Michelle Demessine, Sénat, session 2008-2009, 1er juil. 2009.

A - Une émergence récente de la haute intensité dans les travaux parlementaire

Si les missions d'information sont traditionnellement présentées comme des outils au service du seul contrôle parlementaire du Gouvernement, cette classification n'est pas satisfaisante. Ces missions s'inscrivent, en effet, tant dans le cadre du contrôle parlementaire que dans le temps de préparation de la législation militaire, en commission, relevant donc d'une logique de pré-législation. Ainsi, face à la « *probabilité ténue mais croissante* »[35] d'un conflit de haute intensité (1), les travaux parlementaires ont pu dénoncer les faiblesses d'un modèle « *d'armée échantillonaire* »[36] (2).

1 - La haute intensité comme « *probabilité ténue mais croissante* »

Les débats de la commission de la Défense nationale et des Forces armées de l'Assemblée nationale, relatifs au rapport d'information de la mission d'information sur la préparation à la haute intensité[37], ont pleinement intégré cette menace conventionnelle. Le député François Cormier-Bouligeon affirmait ainsi que « *l'évolution de la situation géopolitique nous fait craindre un retour à des conflits de haute intensité après plusieurs décennies de conflits asymétriques de basse à moyenne intensité* »[38]. Plus précisément, les députés Vincent

---

[35] Patricia MIRALLES et Jean-Louis THIERIOT, Commission de la Défense nationale et des Forces armées, « *Rapport d'information en conclusion des travaux d'une mission d'information sur la préparation à la haute intensité* », Assemblée nationale, 2022, p. 31.

[36] *Ibid.*, p. 61. La notion « *d'armée échantillonaire* » désigne une réduction de l'ensemble des capacités des armées, sans qu'un abandon capacitaire n'ait été décidé. L'objectif est de rationaliser les coûts sans perdre un savoir-faire militaire.

[37] Patricia MIRALLES et Jean-Louis THIERIOT, *op. cit.*

[38] *Ibid.*, p. 162.

Bru et Julien Raucoule[39] se sont intéressés aux nouveaux enjeux soulevés par le retour de la haute intensité en matière munitionnaire. En affirmant que *« la perspective de la haute intensité impose de disposer d'armements avec une puissance de feu importante pour percer des cibles durcies »*[40] ou que *« le retour de la haute intensité renouvelle les conditions de l'arbitrage entre rusticité et technologie »*[41], la commission chargée de la défense nationale de l'Assemblée nationale montre bien que, non seulement la menace de la haute intensité est pleinement intégrée, mais, qu'au surplus, une réflexion approfondie sur les enjeux qui en découlent y est menée.

Au-delà des enjeux soulevés par le retour de la haute intensité, les députés ont pu apprécier les conséquences concrètes de l'engagement de la France dans un conflit de cette nature : le retour d'un *« fort taux d'attrition »*[42] et la *« fin du confort opératif »*[43]. En ce qui concerne le taux d'attrition, *id est,* le nombre de pertes humaines ou matérielles au regard des effectifs engagés, les députés font le constat que la haute intensité impliquera un nombre considérable de pertes. Les rapporteurs de la mission d'information sur la haute intensité[44] rappelaient ainsi qu'au lendemain de *« décennies de guerre asymétrique, le retour de l'attrition aura des conséquences*

---

[39] Vincent BRU et Julien RANCOULE, Commission de la Défense nationale et des Forces armées, *« Rapport d'information déposé en conclusion des travaux d'une mission flash, constituée le 18 octobre 2022, sur les stocks de munitions »*, Assemblée nationale, 2023.

[40] *Ibid.,* p. 48.

[41] *Ibid.,* p. 49.

[42] Vincent BRU et Julien RANCOULE, *op. cit.,* p. 18. *Cf.* déf. taux d'attrition, note de bas de page n°65, p. 35.

[43] Patricia MIRALLES et Jean-Louis THIERIOT, *op. cit.*, p. 36. Cette expression désigne l'absence de contestation du champ aérien ou maritime lors d'un conflit asymétrique, permettant un relatif confort dans le déploiement d'une opération militaire, à la différence de l'hypothèse d'un conflit de haute intensité ou toutes les dimensions (aérienne, terrestre, maritime) sont contestées.

[44] *Ibid.*

psychologiques indéniables »[45]. En ce qui concerne la *« fin du confort opératif »*, l'idée avancée par les rapporteurs de la mission d'information est celle de la contestation des armées dans toutes les dimensions (terrestre, maritime, aérienne et spatial). Le « *modèle OPEX »*[46] s'inscrivait pleinement dans le champ du confort opératif, en ce sens que la contestation n'était que terrestre et que les espaces aérien, spatial ou maritime n'étaient pas ou peu contestés par un ennemi asymétrique[47]. L'avènement de la haute intensité aura pour effet de mettre *« fin à des années de relatif confort opératif pour les armées occidentales habituées à des conflits asymétriques depuis vingt ans »*[48].

2 - Une prise de conscience des faiblesses de *« l'armée échantillonaire »*

La notion d'« *armée échantillonaire »*[49], ou de modèle *« expéditionnaire »*[50] traduit l'idée que les armées françaises

---

[45] *Ibid.,* p. 39.

[46] Le « *modèle OPEX* » désigne un modèle d'armée calibré pour des « opérations de guerre » (Pierre de Villiers, interview *in* « Un monde, un regard », Public Sénat, 8 mars 2023), *id est,* des déploiements limités en homme et en matériel pour des combats de basse intensité face à des adversaires non étatiques.

[47] Des défenses sol-air ont pu être déployées lors de conflits asymétriques auxquels la France a pris part mais dans des proportions très faibles. Le dernier avion de chasse français abattu (Mirage 2000N-K2) l'a été le 30 août 1995, lors du bombardement de stocks de munitions des forces serbes de Bosnie. Depuis, malgré la multiplication des OPEX (Lybie, République centrafricaine, Mali, Irak, Syrie, *etc.*), aucun avion de chasse français n'a été abattu. La guerre d'Afghanistan (1979-1989) a montré que des acteurs non étatiques pouvaient disposer de moyens de défense sol-air en quantité suffisante pour imposer un fort taux d'attrition aux adversaires. Ce sont ainsi près de 800 avions et hélicoptères soviétiques qui ont été abattus par les moudjahidines, en raison du large soutien matériel des Etats-Unis.

[48] Patricia MIRALLES et Jean-Louis THIERIOT, *op. cit.,* p. 37.

[49] *Ibid.*, p. 61.

[50] *Ibid.,* p. 107. Les armées françaises sont calibrées pour des projections limitées en temps et en homme.

sont capables d'honorer l'ensemble des missions possibles, sans disposer de la masse nécessaire pour une guerre de haute intensité. En revanche, en se refusant aux abandons capacitaires contrairement aux Britanniques[51], et en favorisant une *« réduction homothétique »*[52] des moyens, le modèle d' « *armée échantillonaire* » [...] *« est prêt à croître à tout instant dans la direction voulue par les autorités politiques »*[53].

A la suite de la rédaction de ce rapport, la commission chargée de la défense nationale de l'Assemblée nationale a procédé à son examen. L'analyse des débats parlementaires au sein de la commission fait état d'un véritable consensus sur l'anachronisme du modèle d'armée « *échantillonnaire* ». En témoignent les propos du corapporteur Jean-Louis Thiériot, affirmant que *« face aux défis de la haute intensité nous devons sortir du modèle échantillonnaire »*[54] et *« ne devons pas renoncer à des capacités »*[55]. Il convient donc d'affirmer que l'hypothèse d'un conflit de haute intensité a largement été intégrée dans les débats parlementaires, au même titre que la nécessaire remontée en puissance de l'appareil de défense français[56].

---

[51] *Ibid.*, p. 171, *« L'armée britannique a fait le choix de réduire largement le périmètre de son armée de Terre »*.

[52] Cour des comptes, « *La loi de programmation militaire (LPM) 2019-2025 et les capacités des armées* », rapport public thématique, entité et politique publiques, mai 2022, p. 75.

[53] Patricia MIRALLES et Jean-Louis THIERIOT, *op. cit.*, p. 61.

[54] *Ibid.*, p. 171.

[55] *Ibid.*

[56] Cet effort budgétaire doit s'inscrire dans la durée pour renforcer les armées françaises dans l'hypothèse d'un conflit de haute intensité. Le choix de consacrer 413 milliards d'euros pour les armées dans le projet de LPM 2024-2030, présenté en conseil des ministres le 4 avril 2023, traduit pleinement qu'une prise de conscience a eu lieu quant aux faiblesses du modèle d' « *armée échantillonaire* ».

B - Une analyse critique de la résistance nationale face à un conflit de haute intensité

Outre la pleine intégration de la menace conventionnelle de haute intensité, les débats parlementaires se sont ensuite intéressés à la question de la résistance nationale lors d'un conflit de haute intensité (1), afin de contribuer aux travaux préparatoires relatifs à la prochaine loi de programmation militaire (2).

1 - Des débats parlementaires centrés sur la résistance nationale

Lors de la présentation de son rapport à la commission chargée de la défense nationale de l'Assemblée nationale, le corapporteur Jean-Louis Thieriot affirmait ainsi que *« la masse »* est absolument *« nécessaire »* [...] *« pour garantir la résilience face aux pertes »*[57]. Au regard de cette citation, ce député soulignait la pleine complémentarité des réflexions parlementaires sur les questions de renforcement des capacités, en vue d'un conflit de haute intensité, et sur les questions de résistance[58] de la Nation. Il affirmait, d'ailleurs, que *« l'épaisseur »*, c'est à dire *« le produit de la masse et de la résilience du soutien »* [...] *« en somme, notre aptitude à durer »* était bien *« trop faible aujourd'hui »*[59], par rapport aux armées de masse telles que les armées américaines, russes ou chinoises[60].

---

[57] Patricia MIRALLES et Jean-Louis THIERIOT, *op. cit.*, p. 159.

[58] Si les parlementaires évoquent le terme de résilience de la Nation, dont la paternité de l'anglicisme est attribuée à Jean-Claude Meslet, le terme de résistance de la Nation est plus approprié. Il désigne, en effet, l'ensemble des moyens mis en œuvre par la Nation afin de résister au choc d'une guerre de haute intensité (fort taux d'attrition, perturbation des approvisionnements, *etc.*).

[59] *Ibid.*

[60] Selon l'*international institute for strategic studies*, pour le seul exemple des chars de combat, en janv. 2022, la Russie disposait de 7073 unités, l'Inde de 4840, la Chine de 4800, les Etats-Unis de 2645 et la France de 212.

Cependant, outre la position des rapporteurs, c'est surtout l'analyse du débat des députés en commission qui importe, ici. Le député André Chassaigne s'étonnait, en effet, que les rapporteurs aient surtout pris en compte la résistance militaire en cas de haute intensité, et non la résistance de la population, tout aussi importante. Le député souhaitait ainsi souligner l'enjeux de la *« résilience de la population »* précisant qu'il évoquait là *« la population entière et pas seulement nos armées »*[61], puisqu' *« une guerre moderne de haute intensité »* [...] *« affecterait autant la population que des cibles militaires sur notre territoire »*[62]. Le député André Chassaigne souhaitait donc que les efforts budgétaires ne concernent pas seulement le renforcement des capacités militaires, mais également, le renforcement de la protection des chaînes d'approvisionnement alimentaires ou énergétiques.

2 - Des inquiétudes soulevées en vue de la prochaine programmation militaire

Si l'étude des débats en commission relatifs aux missions d'information relève de la fonction de législation et non du seul contrôle, c'est précisément parce que ces échanges sont conçus comme un *« travail sur la préparation de l'appareil de sécurité et de défense à la haute intensité, afin de contribuer par une modeste brique à l'édification de la prochaine loi de programmation militaire »*[63]. Il conviendra, d'ailleurs, de noter que cette nouvelle programmation, dévoilée par le Président de la République le 20 janvier 2023[64], et

[61] *Ibid.*, p. 166.
[62] *Ibid.*
[63] Patricia MIRALLES et Jean-Louis THIERIOT, *op. cit.*, pp. 154 et 155.
[64] Discours du Président de la République, Vœux aux armées 2023, Mont-de-Marsan, 20 janv. 2023. Le chef des armées affirmait que face *« à toutes les menaces qui peuvent toucher notre société et la déstabilisation que celles-ci pourraient engendrer, la résilience plus générale de notre société »* [...] *« est essentielle »*.

présentée en conseil des ministres le 3 avril 2023, va largement dans le sens des conclusions des débats parlementaires relatifs à la haute intensité. Rien n'affirme que le Président de la République s'est pleinement appuyé sur les travaux parlementaires pour fixer les contours de la future programmation militaire. Mais, force est de constater que les constats convergent.

L'intention de la commission était donc louable puisque l'objectif de ces débats était de *« contribuer à la réflexion collective par un travail transpartisan, dépourvu d'arrière-pensées »*[65], affirmant qu'il *« reviendra à nos successeurs d'en tirer les conclusions utiles »*[66]. Le travail se faisait l'écho de nombreuses inquiétudes parlementaires sur les facultés de résistance des armées comme des civils dans l'hypothèse d'un conflit de haute intensité. Face à ces constats, les parlementaires des deux commissions chargées de la défense nationale, à l'Assemblée nationale comme au Sénat, multiplient les initiatives législatives afin de renforcer au mieux l'appareil de défense français.

Section 2 - L'initiative des commissions parlementaires

Une fois la pleine prise en compte des nouvelles menaces suite aux débats réalisés au sein des commissions, les parlementaires qui souhaitent exercer pleinement leur « *fonction tribunitienne* »[67], font montre d'initiative afin de proposer des alternatives aux propositions du Gouvernement. Les commissions deviennent alors forces de propositions (*§1*) même si le travail parlementaire en commission se heurte à de nombreuses limites (*§2*).

---

[65] Patricia MIRALLES et Jean-Louis THIERIOT, *op. cit.*, p. 155.

[66] *Ibid.*

[67] Georges LAVAU, *A quoi sert le Parti communiste français ?*, Paris, coll. L'espace du politique, Fayard, 1981.

§1 - Des commissions parlementaires, forces de propositions

L'objectif des commissions chargées de la défense nationale est de répondre le plus concrètement possible aux besoins des armées au regard de la survenue de nouvelles menaces. Pour ce faire, les commissions s'appuient sur les auditions des responsables civils ou militaires connaissant les besoins des armées (A) afin de pouvoir proposer des améliorations de la législation militaire qui leur est soumise en commission (B).

A - L'importance des auditions des commissions parlementaires

Pour connaître au mieux les besoins des armées, les commissions parlementaires ont largement recours aux auditions. Qu'il s'agisse, du reste, des auditions des responsables civils (1), comme des responsables militaires (2), cette pratique tend à illustrer la volonté parlementaire de contribuer, au plus juste des besoins des armées, à la législation militaire.

1 - Les auditions des responsables civils

Les auditions dés responsables civils en commission à l'Assemblée nationale comme au Sénat sont de deux types : l'audition des responsables politiques, au premier lieu desquels, le ministre des Armées, ou l'audition des industriels de défense. Seules les auditions réalisées dans le cadre de l'examen d'un texte de législation militaire[68] seront étudiées, sans perdre de vue l'exemple de la préparation à la haute intensité qui sous-tend ces travaux.

---

[68] Tout ce qui relève de la fonction de contrôle exercée au sein des auditions parlementaires sera évoqué, *infra*, dans le Titre II, Chapitre 2, p. 225.

En ce qui concerne les auditions du ministre des Armées, l'objectif des parlementaires est que le ministre explique les choix du Gouvernement, qu'il s'agisse des choix budgétaires ou capacitaires. C'est ainsi que lors de l'audition du ministre des Armées, Sébastien Lecornu, par la commission en charge de la défense nationale au Sénat, le président Christian Cambon le questionnait sur la signification d'une *« augmentation budgétaire de 7 % lorsque l'inflation est estimée à 6,5 % pour 2022 »*[69], appelant à ce que le ministre fournisse des *« précisions »*[70] sur le *« sujet »*[71]. Le ministre répondra que *« sur la marche de 3 milliards d'euros dont nous disposons, on estime que l'inflation, à son rythme actuel, mange 1 milliard »*[72]. L'objectif de ces auditions est également de mettre en exergue les faiblesses des armées que les parlementaires devront combler lors de l'examen des textes de législation militaire. C'est ainsi que, par exemple, la sénatrice Hélène Conway-Mouret, constatant que *« le format Rafale à l'horizon 2025 souffre d'un décalage d'un an entre la commande et la livraison des appareils »*[73] a pu se demander si le Gouvernement envisageait *« d'acquérir des appareils étrangers pour combler cette sous-capacité »*[74]. Si le ministre n'a pas clairement répondu à la question, il a, néanmoins, avancé ne plus souhaiter *« que l'armée de l'Air et de l'Espace constitue le tampon*[75] *de nos différents exports »*[76].

---

[69] Compte rendu, Commission des Affaires étrangères de la Défense nationale et des Forces armées, audition de Sébastien Lecornu, ministre des Armées, sur le projet de loi de finances pour 2023, session 2022-2023, Sénat, 11 oct. 2022.
[70] *Ibid.*
[71] *Ibid.*
[72] *Ibid.*
[73] *Ibid.*
[74] *Ibid.*
[75] Par cette expression, le ministre des Armées souhaitait mettre fin à la pratique commerciale selon laquelle les effectifs de l'armée de l'Air et de l'Espace comblent les unités achetées par les pays étrangers, mais pas encore produites par l'industriel (notamment Dassault Aviation).
[76] *Ibid.*

En ce qui concerne les auditions des représentants d'industrie de défense, elles ne représentent qu'une infime partie des auditions menées par les commissions parlementaires. Au Sénat, depuis 2019, à peine 5 auditions pour 171, soit 3% des auditions consacrées aux industries de défense[77]. Concernant le délégué général de l'Armement, depuis 2006, il a été auditionné 20 fois sur les 833 auditions de la commission sénatoriale chargée de la défense nationale, soit 2,5% des auditions. L'objectif de ces auditions est d'orienter les différentes législations militaires, comme l'affirmait, en 2022, Christian Cambon qui rappelait, lors de l'audition du président directeur général de MBDA Eric Béranger, que son *« analyse nous sera utile pour l'actualisation de la LPM en cours et l'élaboration de la suivante »*[78].

Au cours de cette audition, l'industriel rappelait que la loi de programmation militaire 2019-2025 n'avait en rien prévu les conséquences du *« bouleversement géopolitique »* né de la guerre en Ukraine. Par conséquent, même s'il affirme qu'il ne lui *« revient pas d'en tirer des conséquences budgétaires »,* son *« devoir est de nous préparer au mieux aux conséquences qui pourraient en être tirées, par exemple l'accélération du complètement des stocks »*[79]. Il est impossible d'affirmer que la décision prise par le ministre des Armées lors de son audition devant les députés, de *« consacrer, en 2023, une somme exceptionnelle de 2 milliards, soit une progression de 500 millions par rapport à 2022 »* pour reconstituer le *« stock de*

---

[77] Sénat, *« Les auditions de la* Commission des Affaires étrangères de la Défense nationale et des Forces armées », sessions 2019-2020 à 2022-2023, *site officiel du Sénat*, senat.fr/commission/etr/auditions, consulté le 21 fév. 2023.

[78] Compte rendu n°27, Commission des Affaires étrangères de la Défense nationale et des Forces armées, *audition de M. Éric Béranger, président-directeur général de MBDA*, session 2021-2022, Sénat, 1er juin 2022.

[79] *Ibid.*

munitions »[80], est une réponse à l'audition parlementaire d'Eric Béranger. Cependant, force est de constater que les enjeux soulevés par l'audition parlementaire d'un industriel de défense ont trouvé un écho dans la législation militaire financière.

2 - Les auditions des responsables militaires

En ce qui concerne le budget des armées, les auditions des responsables militaires[81] font systématiquement écho à la nécessité de grands plans d'investissement. L'audition du chef d'état major des armées, Thierry Burkhard, devant l'Assemblée nationale ne manqua pas d'illustrer ce point. Pour lui, « l*a dissuasion nucléaire étant la clé de voûte de la défense »*[82], lorsque l'on affecte les budgets il est essentiel « *d'allouer la part nécessaire à la dissuasion »*[83]. D'un point de vue plus opérationnel, le chef d'état-major des armées poursuivait son audition en affirmant que *« nous devons investir dans les SNLE de troisième génération »* [...] *« car il en va, à terme, de la crédibilité de notre dissuasion »*[84]. Au regard de cet exemple, il apparaît que la finalité de cette audition, pour les parlementaires, est d'identifier les projets de financements prioritaires en vue des prochaines législations militaires financières.

---

[80] Compte rendu n°4, Commission de la Défense nationale et des Forces armées, *audition ouverte à la presse de M. Sébastien Lecornu, ministre des Armées, sur le projet de loi de finances 2023*, session ordinaire 2022-2023, Assemblée nationale, 5 oct. 2022, p. 5.

[81] Il s'agit des auditions des cinq chefs d'Etat-Major, le Chef-d'Etat Major des Armées, le Chef-d'Etat Major de l'armée de Terre, le Chef-d'Etat Major de l'armée de l'Air et de l'Espace, le Chef-d'Etat Major de la Marine nationale et le le Chef-d'Etat Major particulier du Président de la République.

[82] Compte Rendu n°31, Commission de la Défense nationale et des Forces armées, *audition, à huis clos, du général d'armée Thierry Burkhard, chef d'état-major des armées, sur la dissuasion nucléaire,* XVIe législature, session ordinaire de 2022-2023, 11 janv. 2023, p. 13.

[83] *Ibid.*

[84] *Ibid.*

Outre la question du financement à proprement parler, ces auditions parlementaires des responsables militaires ont, surtout, pour but d'identifier les faiblesses de l'appareil de défense afin que la législation militaire y réponde le plus efficacement. Le député Jean-Louis Thieriot demandait ainsi au général Milles[85] de lui *« dresser un tableau de l'état de la défense antiaérienne, à l'échelle française »*[86], avant que la députée Isabelle Santiago ne lui demande si, en matière de *« missiles, le PLF pour 2023 »* correspondait à ses *« attentes, ou si le stock »* était *« encore un peu juste ? »*[87]. La réponse du général Milles confirma les craintes des députés qui posaient ces questions à dessein, en sachant que ces faiblesses avaient déjà été identifiées par les parlementaires[88]. Le chef d'état major souhaitait ainsi que *« la loi de programmation militaire que nous sommes en train de construire »* [...] *« permette d'aller plus loin, en matière de défense sol-air »*[89]. Si seul le Premier ministre est « *responsable de la Défense nationale* »[90], en tout cas devant le Parlement, les auditions des responsables militaires ne répondent pas à cette logique politique, en ce sens qu'ils ne rendent pas de compte aux parlementaires du fait de leur qualité militaire, contrairement au Premier ministre et à son Gouvernement solidairement responsables devant le Parlement. Les auditions des responsables militaires permettent simplement aux parlementaires d'être au fait des besoins des armées, et d'y répondre, par une législation adaptée.

---

[85] Chef d'état major de l'armée de l'Air et de l'Espace depuis le 10 sept. 2021.

[86] Compte rendu n°12, Commission de la Défense nationale et des Forces armées, *audition, à huis clos, du général d'armée aérienne Stéphane Mille, chef d'état-major de l'armée de l'Air et de l'Espace, sur le projet de loi de finances 2023*, XVIe législature, session 2022-2023, 13 oct. 2022, p. 7.

[87] *Ibid.* p. 9.

[88] Patricia MIRALLES et Jean-Louis THIERIOT, *op. cit.*

[89] Compte rendu n°12, *op. cit.*, p. 11.

[90] Const. de 1958, art. 21.

B - Les propositions parlementaires pour enrichir les projets de lois

Afin d'enrichir la législation militaire, les parlementaires siégeant au sein des commissions spécialisées ont à leur disposition deux possibilités : ils peuvent enrichir les projets de lois d'initiative gouvernementale lors de travaux préparatoires à la législation militaire (1) mais ils peuvent également, à leur initiative, soumettre à l'examen du Parlement des propositions de lois en matière militaire (2).

1 - Les propositions des commissions dans le cadre des travaux préparatoires

En ce qui concerne la préparation des armées à la haute intensité, les parlementaires ont multiplié les travaux préparatoires qui serviront de socle au projet de loi de programmation militaire 2024-2030[91]. A ce titre, deux grands types de propositions peuvent être identifiés : les propositions concrètes et réalisables et les propositions abstraites. Afin d'illustrer cette affirmation seront étudiées les propositions des trois rapports d'information de la XVIe législature, en cours, de l'Assemblée nationale, issus de la commission chargée de la défense nationale qui s'inscrivent, tous, dans le champ de la préparation des armées à un conflit de haute intensité : un rapport relatif à la préparation opérationnelle[92], un autre aux stocks de munitions[93] et un dernier à la défense sol-air[94]. Selon

[91] *Cf.* note de bas de page n°14, p. 45.

[92] Brigitte LISO et Anna PIC, Commission de la Défense nationale et des Forces armées, « *Rapport d'information n°822 en conclusion des travaux d'une mission d'information sur la préparation opérationnelle* », Assemblée Nationale, XVIe législature, 8 fév. 2023.

[93] Vincent BRU et Julien RANCOULE, *op. cit.*

[94] Natalia POUZYREFF et Jean-Louis THIERIOT, Commission de la Défense nationale et des Forces armées, *« Rapport d'information n° 866 en conclusion*

la classification énoncée, ces propositions concrètes représentent 70%[95] des propositions avancées par les parlementaires. Les parlementaires ont ainsi proposé un *« recomplètement des stocks de munitions à des hypothèses d'engagement renouvelées »*[96] ou de *« reconsidérer une relocalisation de la filière du petit calibre au niveau français ou, à défaut, européen »*[97], on constate que ces propositions revêtent une acception très concrète. En ce qui concerne le *« recomplètement des stocks de munitions »,* le ministère des Armées avait pris la pleine mesure de ces remontées parlementaires. En ce qui concerne la *« relocalisation de la filière du petit calibre »,* l'enjeu avait déjà été identifié avec une intention portée par le ministre de la Défense Jean-Yves Le Drian - ministre de 2012 à 2017 - de reconstituer cette filière française. Néanmoins, le projet a été abandonné faute de soutenabilité financière[98].

En ce qui concerne les propositions parlementaires visant à préparer les débats relatifs à l'adoption d'une législation militaire, on constate que 30%[99] de ces propositions sont purement abstraites. Ainsi, lorsque les députées Brigitte Liso et Anna Pic proposent de *« sensibiliser et réfléchir aux modalités d'association de toutes les composantes de la Nation aux enjeux de la préparation opérationnelle dans une perspective de défense globale »*[100], il convient de dénoncer une proposition qui ne propose rien de concret pour renforcer les armées. De la

---

des travaux d'une mission flash sur la défense sol-air en France et en Europe », 15 fév. 2023.

[95] *Cf.* Annexe VII.

[96] Vincent BRU et Julien RANCOULE, *op. cit.*, p. 11.

[97] *Ibid.*

[98] Nicolas DUPONT-AIGNAN, Question écrite n°31428 à l'intention du Ministère des Armées, *« Désindustrialisation armes et munitions de la France calibre moins de 20 mm »,* rubrique industrie, XVe législature, Assemblée nationale, 2020.

[99] *Cf.* Annexe VII.

[100] Brigitte LISO et Anna PIC, *op. cit.*, p. 52.

même manière, lorsque ce même rapport appelle à *« continuer de rechercher une plus grande interopérabilité entre les trois armées »*[101], les parlementaires n'honorent pas leur charge qui est de proposer des moyens concrets pour des objectifs militaires.

2 - Les propositions de lois des commissions chargées de la défense nationale

Le rôle des parlementaires, siégeant dans les commissions chargées de la défense nationale, n'est pas qu'un rôle de réaction aux projets de lois du Gouvernement, ils disposent aussi d'un droit d'initiative en matière de législation militaire en vertu des propositions de lois, souvent prises dans le cadre de niches parlementaires[102]. Pour ce qui est des propositions de lois déposées ou examinées par les députés, il convient d'évoquer, d'abord, leur nombre relativement restreint. Ce sont, en effet, 13 propositions de lois sur les 1949 déposées sous la XIVe législature, 16 propositions de lois sur 2576 pour la XVe législature et à ce jour 5 propositions de lois sur 660 pour la XVIe législature en cours[103]. Les thèmes abordés ne sont pas corrélés aux enjeux de la haute intensité mais s'attachent plutôt à des questions annexes ; pour ce qui est de la XVIe législature peuvent être évoquées les propositions de lois visant à réhabiliter les fusillés pour l'exemple de la Première guerre

---

[101] *Ibid.,* p. 51.

[102] Const. de 1958, art. 48, al. 5, mod. en 2008. Les niches parlementaires sont des séances mensuelles réservées à un groupe parlementaire et non au Gouvernement. Lors de cette séance le groupe est maître de l'ordre du jour et peut ainsi soumettre au débat et au vote des députés ou des sénateurs, une proposition de loi portée par le groupe parlementaire.

[103] Assemblée nationale, archives : Propositions de loi XVIe, XVe et XIVe législature, *site officiel de l'Assemblée nationale*, 2.assemblee-nationale.fr/documents/liste/(type)/propositions-loi/(legis)/14, consulté le 25 mars 2023.

mondiale[104], à lutter contre le recrutement d'anciens militaires français[105], à remettre des drapeaux français et européens aux jeunes français en sortie de journées défense et citoyenneté[106] ou encore à intégrer une formation militaire à l'Institut National du Service Public[107]. Outre l'hétéroclisme de ces propositions de lois, rarement adoptées, elles n'entrent pas, pour la plupart, dans le domaine constitutionnel de la loi[108] et devraient donc relever du domaine réglementaire[109], ou du domaine de la résolution parlementaire[110].

Pour ce qui est des propositions de lois déposées ou examinées par les sénateurs, pour l'actuelle XVIe législature, 4 propositions de lois ont été déposées. Il s'agit de propositions de lois relatives au renforcement du lien Armée-Nation[111], à

---

[104] Bastien LACHAUD, Proposition de loi n°816, adoptée par l'Assemblée nationale, visant à réhabiliter les militaires *« fusillés pour l'exemple »* durant la Première Guerre mondiale, Assemblée nationale, déposée le 2 fév. 2023. Le 5 nov. 1998 à Craonne, le Premier ministre, Lionel Jospin, souhaitait déjà *« que ces soldats fusillés pour l'exemple »* [...] *« réintègrent aujourd'hui, pleinement notre mémoire nationale »*.

[105] Jean-Louis THIERIOT, Proposition de loi n°730 visant à lutter contre le recrutement par des entités étrangères d'anciens militaires de l'armée française, Assemblée nationale, déposée le mardi 17 janv. 2023.

[106] Antoine VERMOREL-MARQUES, Proposition de loi n°718 visant à remettre aux citoyens satisfaisant à leurs obligations militaires des drapeaux national et européen lors de la journée défense et citoyenneté, Assemblée nationale, déposée le 17 janv. 2023.

[107] Emmanuelle ANTHOINE, Emilie BONNIVARD, Jean-Louis THIERIOT, *Proposition de loi n°419 visant à intégrer une formation militaire à la scolarité des élèves de l'Institut national du service public,* Assemblée nationale, déposée le 2 nov. 2022.

[108] Const. de 1958, art. 34. En matière militaire, « *la loi détermine les principes fondamentaux de la Défense nationale »,* or, en l'espèce, ces propositions de loi ne répondent pas à cette disposition constitutionnelle.

[109] Const. de 1958, art. 37.

[110] Const. de 1958, art. 34-1 ajouté par la loi constitutionnelle de 2008. La réhabilitation des fusillées de la Première guerre mondiale, sauf à y engager les finances de l'Etat (ex. : indemnisation des familles), relève du champ de la résolution parlementaire et non du champ de la loi.

[111] Jocelyne GUIDEZ, Proposition de loi n°104 visant à renforcer le lien Armée-Nation, la mémoire et la reconnaissance à l'égard des combattants, toutes générations confondues, Sénat, déposée le 8 nov. 2022.

l'entretien des sépultures des soldats morts pour la France[112], au renforcement de la lutte anti terroriste[113] ou encore au contrôle du commerce des armes[114]. En revanche, les perspectives offertes à ces propositions de lois sont minimes. 3 parmi les 4 propositions n'ont pas même fait l'objet d'un examen au Sénat. En somme, si, en théorie, les commissions parlementaires sont bien forces de propositions, dans les faits, les pouvoirs de ces commissions sont bien limités.

§2 - Les limites des travaux des commissions parlementaires

Si les deux commissions chargées de la défense nationale sont au cœur de la relation liant le Parlement et les armées, il convient, néanmoins, de rappeler les limites de leurs travaux. Le seul levier dont disposent concrètement les députés en commission pour faire évoluer la législation militaire est l'exercice de leur droit d'amendement (A). Si l'initiative gouvernementale a été distinguée du droit d'amendement pour le Gouvernement, et non pour les parlementaires, cela s'explique par la faiblesse du Parlement en matière de législation militaire. C'est à ce titre que la véritable portée de l'amendement en commission doit être appréciée au regard du poids relatif des commissions parlementaires (B).

---

[112] Jean-Louis MASSON, Proposition de loi n°97 tendant à sauvegarder les tombes des combattants morts pour la France, Sénat, déposée le 2 nov. 2022.

[113] Philippe BAS, Michelle MERCIER, Bruno RETAILLEAU et François ZOCCHETTO, Proposition de loi n°280 tendant à renforcer l'efficacité de la lutte antiterroriste, Sénat, déposée le 17 déc. 2015.

[114] Michelle GREAUME et Pierre LAURENT, Proposition de loi n°878 visant à renforcer le contrôle sur le commerce des armes et relative à la violation des embargos, Sénat, déposée le 9 sept. 2022.

A - Le plein exercice du droit d'amendement en commission

Outre les propositions des parlementaires, hors phase d'examen d'un texte de législation militaire[115], c'est surtout dans le cadre de l'examen d'un texte que se manifeste la l'initiative parlementaire en commission au travers d'un outil : l'amendement parlementaire. Le droit d'amendement en commission permet aux parlementaires de convertir juridiquement leurs propositions (1) qui voient alors leur adoption, en commission comme en séance, conditionnée à l'absence d'avis défavorable de la commission (2).

1 - L'amendement, une conversion juridique des propositions parlementaires

L'amendement est pour le parlementaire le moyen de convertir une simple proposition énoncée, par exemple, dans un rapport d'information, en une disposition législative. Le rapport d'information des députés Isabelle Santiago et Jean-Marie Fiévet relatif à la transition écologique dans les armées[116], illustre ce point. Les députés font une liste de propositions parmi lesquelles *« sensibiliser davantage les armées aux enjeux de préservation de l'environnement par la menée de modules de formation spécifiques »*[117]. Lors de l'examen pour avis, en commission de la Défense nationale et des Forces armées de l'Assemblée nationale, du projet de loi de finances pour 2023, la députée Isabelle Santiago dépose un amendement visant à *« abonder ainsi les crédits en faveur de la formation, afin de*

---

[115] *Cf. supra*, p. 107, les propositions émises par les parlementaires dans le cadre des rapports d'information, en dehors de tout examen de texte législatif militaire.

[116] Jean-Marie FIEVET et Isabelle SANTIAGO, Commission de la Défense nationale et des Forces armées, *« Rapport d'information sur les enjeux de la transition écologique pour le ministère des Armées »*, Assemblée nationale, 2021.

[117] *Ibid.*, p. 111.

sensibiliser davantage les armées aux enjeux de préservation de l'environnement »[118]. On constate donc, au regard de cet exemple, que l'amendement des parlementaires en commission n'est autre que la transcription juridique de propositions, non juridiques, énoncées, le plus souvent, dans des rapports d'information. Cependant, pour être revêtu de portée normative, l'amendement doit être adopté. Or, d'un point de vue statistique, l'avis défavorable de la commission emporte toujours[119] rejet de l'amendement en séance publique.

2 - L'amendement, un sort conditionné à l'absence d'avis défavorable de la commission

Lorsqu'est étudié le rôle de l'avis de la commission dans la législation militaire, il faut distinguer deux étapes dans la conception de la loi : d'abord, l'examen du texte en commission ; ensuite, l'examen du texte en séance. Lors de l'examen du projet de loi de programmation militaire pour les années 2019 à 2025 au Sénat, en commission chargée de la défense nationale, 127 amendements ont été déposés pour 87 d'entre eux adoptés[120]. En séance publique au Sénat, l'examen de ce projet de loi de programmation militaire a conduit au dépôt de 157 amendements pour 52 adoptés. Parmi ces 52 amendements adoptés, aucun n'a fait l'objet d'un avis défavorable, 3 ont fait l'objet d'une décision *« sagesse du Sénat »*[121] et 49 d'un avis favorable de la commission. En

---

[118] Isabelle SANTIAGO, amdt. II-DN10 (rejeté), Assemblée nationale, 1ère lecture, loi n°2022-1726 du 30 déc. 2022 de finances pour 2023.
[119] *Cf.* Annexe V.
[120] Sénat, Recherche d'amendements, « *Dossier législatif : Programmation Militaire pour les années 2019 à 2025 (1ère lecture)* », Sélection des amendements : *« Amendements déposés en vue de l'élaboration du texte de la commission »* puis *« Amendements adoptés »*, XVe législature, *site officiel du Sénat*, consulté le 23 fév. 2023.
[121] Sénat, *« L'examen des textes en commission »*, Quatrième étape : intervention de la commission après l'examen du rapport, *site officiel du*

résumé, 94% des amendements adoptés en séance publique au Sénat l'ont été parce que la commission l'a voulu, quant aux 6% restants il ne s'agissait pas d'un avis défavorable mais d'un avis de sagesse[122].

Au regard de cette étude, le défaut d'avis défavorable de la commission est une condition *sine qua non* à l'adoption d'un amendement parlementaire, qu'il s'agisse de l'examen en commission ou en séance publique. Contrairement à ce qui pouvait être légitimement attendu, l'avis de la commission est bien plus suivi par les parlementaires que l'avis du Gouvernement. Cette même étude a en effet prouvé que 15%[123] des amendements adoptés par le Sénat en séance publique l'ont été malgré l'avis défavorable du Gouvernement. Cependant, si le rôle des commissions chargées de la défense nationale est prégnant, notamment en matière d'amendement, il convient de tempérer cette affirmation.

B - Une fonction tempérée par le poids relatif des commissions chargées de la défense nationale

Le droit d'amendement permet aux commissions chargées de la défense nationale de jouer un rôle d'importance en matière de législation militaire. Néanmoins, s'il est vrai que ces commissions ont vu leur rôle revalorisé par la révision constitutionnelle de 2008 (1), le poids de ces dernières demeure largement concurrencé par d'autres commissions (2).

Sénat, senat.fr/role/fiche/exam_com.html, consulté le 23 fév. 2023. *« En pratique, la commission au fond se prononce sur ces amendements sous forme assez laconique : favorable, défavorable ou « sagesse». Cette dernière formule signifie que la commission s'en remet, sur ce point, à « la sagesse » du Sénat (c'est-à-dire qu'elle laisse à chaque sénateur le soin de se déterminer en toute appréciation personnelle) ».*

[122] *Cf.* Annexe V.

[123] *Ibid.*

1 - Le renforcement des commissions chargées de la défense nationale par la révision constitutionnelle de 2008

Avant la révision constitutionnelle de 2008, l'article 42 de la Constitution disposait que *« la discussion des projets de loi porte, devant la première Assemblée saisie, sur le texte présenté par le Gouvernement ».* Concrètement, cette disposition privait les commissions du droit d'amender le texte gouvernemental dans la mesure où le droit d'amendement des parlementaires ne pouvait s'exercer qu'en séance publique. Dans un article au titre évocateur, *« A quoi sert la commission de la Défense nationale de l'Assemblée ? »*[124], Albert Volquin rappelait la procédure législative alors en vigueur avant 2008. Lorsque le projet de loi était examiné par la commission, un rapporteur était désigné et les conclusions de son rapport ne pouvaient être que de trois types : le rejet, l'adoption ou *« l'adoption d'un texte modifié par un certain nombre d'amendements »*[125]. Cependant, le texte examiné en séance publique était bien celui du Gouvernement et non le texte amendé par la commission. Charge était alors faite au rapporteur de *« défendre en séance publique »*[126] les amendements votés en commission[127].

---

[124] Albert VOILQUIN, « A quoi sert la commission de la défense nationale de l'assemblée ? », *Revue de la Défense nationale*, n°356, juin 1976, pp. 35-48. Albert Voilquin était député des Vosges de 1958 à 1977 et président de la Commission chargée de la défense nationale à l'Assemblée nationale de 1973 à 1976, puis sénateur de 1977 à 1995. Le titre de son article n'est pas son rappeler celui d'André Chandernagor « Un parlement, pour faire ? ». Les deux auteurs font le même constat, celui d'un Parlement largement rationalisé, voire marginalisé, tranchant avec les larges prérogatives du Parlement des IIIe et IVe républiques.

[125] *Ibid.*

[126] *Ibid.*

[127] Cela n'a pas empêché les parlementaires d'amender les projets de lois en matière militaire. Ainsi, Albert Voilquin rappelait que lors *« de la discussion du projet de loi modifiant le statut général des militaires »*, la commission chargée de la défense nationale, en réponse au projet du Gouvernement

Depuis la réforme constitutionnelle de 2008, l'article 42 de la Constitution dispose que *« la discussion des projets et des propositions de loi porte, en séance, sur le texte adopté par la commission saisie »*[128]. Ainsi, lorsque la commission chargée de la défense nationale est saisie au fond d'un projet de loi, le texte discuté en séance publique n'est plus le texte du Gouvernement, mais le texte du Gouvernement tel qu'amendé par la Commission. Il en va ainsi, par exemple, de l'examen des projets de loi de programmation militaire puisque la commission chargée de la défense nationale est saisie au fond. Un rapporteur de la commission est alors nommé pour éclairer les parlementaires sur le projet de loi soumis à l'examen de la commission. Les amendements des parlementaires, s'ils sont adoptés, viennent modifier le projet de loi qui sera alors discuté en séance publique. Le rapporteur ne doit donc plus défendre en séance publique les amendements adoptés par les commissions chargées de la défense nationale, comme avant la réforme. Désormais, il doit donner l'avis de la commission concernant les amendements défendus par les autres parlementaires et, notamment, par les commissions saisies pour avis, mais également par le Gouvernement.

2 - Les commissions chargées de la défense nationale concurrencées par les autres commissions

Qu'il s'agisse de l'Assemblée nationale ou du Sénat, le poids politique des commissions des Lois, des Finances, ou des Affaires étrangères (pour l'Assemblée nationale), saisies pour avis, est bien moindre que le poids des commissions chargées

---

prévoyant que le corps des majors comprenne deux grades, *« a obtenu que ce nouveau corps ne comprenne que le grade de major »*.

[128] Const. de 1958, art. 42, al. 2, mod. en 2008 : exception faite des *« projets de révision constitutionnelle, des projets de loi de finances et des projets de loi de financement de la sécurité sociale »*.

de la défense nationale. Il convient de rappeler, cependant, l'articulation du travail parlementaire des commissions saisies au fond et pour avis : le texte initial du Gouvernement, amendé par la commission saisie au fond *« lors d'une première réunion »*, servira de *« base à la discussion »*[129]. Les commissions saisies pour avis sont alors conduites à déposer *« des amendements destinés à être discutés en séance publique »*[130]. Au cours d'une *« deuxième réunion »*[131], la Commission saisie au fond examine l'ensemble des amendements des commissions saisies pour avis *« afin d'être en mesure de donner son avis sur chacun d'eux »*[132], lors de l'examen en séance publique. Lorsque la commission chargée de la défense nationale est saisie au fond, la concurrence des autres commissions est toute relative puisque les commissions saisies pour avis contribuent peu à la législation militaire. Lors de l'examen de la loi de programmation militaire 2019-2025, sur les 536 amendements déposés par les commissions saisies au fond et pour avis, 480 proviennent de la commission chargée de la défense nationale (90%), 23 de la commission des Finances (4%) , 20 de la commission des Affaires étrangères (3,5%) et 13 de la commission des Lois (2,5%)[133]. Le *ratio* est sensiblement le même en ce qui concerne les amendements adoptés[134].

Néanmoins, outre l'hypothèse des lois de programmation militaire, les cas où les commissions chargées

---

[129] Sénat, « La révision constitutionnelle du 23 juillet 2008 : un ample réaménagement des procédures parlementaires de la Ve république », *site officiel du Sénat*, senat.fr/role/fiche/reforme_constit_2008.html#4, consulté le 23 fév. 2023.

[130] *Ibid.*

[131] *Ibid.*

[132] *Ibid.*

[133] *Cf.* Annexe XVIII. Assemblée nationale, Recherche dans la base des amendements, « *Dossier législatif : Programmation Militaire 2019-2025* », Examen : première Lecture, Sort : Adoptés, XVe législature, *site officiel de l'Assemblée nationale*, consulté le 23 fév. 2023.

[134] *Ibid.*

de la défense nationale sont saisies au fond pour examiner un projet de loi, sont très restreints, elle est, dans la majorité des cas, saisie pour avis. Ainsi, 74%[135] des amendements au projet de loi de finances pour 2023 déposés, à l'Assemblée nationale, l'ont été par la commission des Finances saisie au fond. Quant aux commissions saisies pour avis, le *ratio* s'élève à 10% pour la commission des Affaires culturelles et de l'Education, 8% pour la commission développement durable, 3,5% pour la commission des Lois comme pour la commission des Affaires sociales, 1,5% pour la commission chargée de la défense nationale et 0,5% pour les deux commissions chargées des affaires économiques et des affaires étrangères. Cependant, l'étude des amendements adoptés est encore plus explicite pour illustrer la relégation de la commission chargée de la défense nationale. Avec 53 amendements déposés et aucun adopté (32 rejetés, 16 *« irrecevabilités article 40 »* et 5 retirés), la contribution de la commission chargée de la défense nationale, aux amendements du projet de loi de finances pour 2023 est nulle[136]. Ainsi, cela illustre parfaitement en 2023, ce qu'Albert Voilquin dénonçait en 1974, en ces termes : *« aussi la tentation est-elle grande pour »* [...] *« la Commission des Finances de traiter les problèmes militaires au fond et de se substituer à nous »* [...] *« alors qu'elle devrait se cantonner dans une analyse purement financière »*[137].

L'étude de la fonction de législation militaire a ainsi permis de souligner que le Parlement, s'il est un acteur de la législation militaire, n'est qu'un acteur secondaire. C'est, en effet, le Gouvernement qui est le coauteur principal de la législation militaire, et ce à double titre : d'abord, parce qu'il a seul la maîtrise de l'initiative des législations militaires d'importance ; ensuite, parce qu'en plus de l'initiative des lois,

---

[135] *Cf.* Annexe VIII.
[136] *ibid.*
[137] Albert VOILQUIN, *op. cit.*

il peut largement limiter le droit d'amendement des parlementaires. Cependant, si le Parlement est un acteur secondaire, cela ne doit pas porter l'illusion d'un Parlement exclu de la législation militaire. L'adjectif de secondaire traduit plus l'idée d'un Parlement qui agit en réaction à l'initiative du Gouvernement, que d'un Parlement qui est hors champ de la législation militaire. L'étude des débats parlementaires nourris, tant par les auditions que par les rapports d'information, permet ainsi aux parlementaires d'être au plus près des besoins des armées en intégrant pleinement les nouvelles menaces, en premier lieu, celle de la haute intensité. Grâce à ces travaux préparatoires à la législation militaire, les parlementaires peuvent ainsi retrouver l'initiative, notamment, au sein des commissions chargées de la défense nationale, au travers de leurs propositions de lois ou de leurs amendements. Mais, outre la fonction de législation militaire, c'est surtout au travers de sa fonction de contrôle que le Parlement pourra orienter les décisions de l'exécutif en matière militaire.

TITRE II

LE PARLEMENT AU CENTRE DE LA FONCTION DE CONTRÔLE MILITAIRE

La notion de fonction de contrôle militaire peut être abordée de deux façons différentes. Une définition négative serait de considérer que relève de la fonction de contrôle militaire toutes les activités parlementaires ne relevant pas de sa fonction de législation militaire. Une définition positive consisterait à appliquer, aux armées, la définition de la fonction de contrôle parlementaire. Ainsi la fonction de contrôle militaire peut se définir comme l'ensemble des procédures permettant aux parlementaires, d'examiner, de discuter, de surveiller et de sanctionner les actes du Gouvernement en matière militaire.

Dans l'hypothèse de la préparation des armées à un conflit de haute intensité, la fonction parlementaire de contrôle militaire vise, surtout, pour les parlementaires, à s'assurer que le Gouvernement prend la pleine mesure des nouveaux enjeux pour les armées françaises. D'un point de vue plus général, hors hypothèse de préparation à la haute intensité, la fonction de contrôle militaire a pour objet de contenir toute forme d'excès de la part de l'exécutif en matière militaire, notamment en ce qui concerne la décision, à la discrétion de l'exécutif, du déploiement des troupes françaises à l'étranger. Au regard de ce contre pouvoir parlementaire aux décisions militaires de l'exécutif, si le Parlement est au cœur de la fonction de contrôle militaire, c'est à double titre : d'abord, parce que le champ des objets du contrôle parlementaire est suffisamment large pour permettre aux parlementaires de contrôler les décisions militaires de l'exécutif (Chapitre 1) ; mais, surtout, parce que le Parlement dispose de nombreux moyens pour mener à bien sa fonction de contrôle militaire (Chapitre 2).

CHAPITRE 1

LES OBJETS DU CONTRÔLE PARLEMENTAIRE EN MATIÈRE MILITAIRE

Si le Parlement est en mesure d'orienter les décisions militaires de l'exécutif, c'est parce que sa fonction de contrôle couvre un large champ de la matière militaire. Le Parlement veut ainsi s'assurer que l'exécutif est à la hauteur des enjeux auxquels les armées françaises doivent pouvoir répondre, tout en contrôlant les éventuelles dérives de l'exécutif en matière militaire. Dans la plupart des régimes démocratiques[1], c'est précisément dans le contrôle parlementaire des opérations militaires à l'étranger que s'exerce pleinement les prérogatives du Parlement en matière militaire. En France, depuis la révision constitutionnelle de 2008[2], le Parlement a vu son rôle largement revalorisé au regard, notamment, de l'obligation d'information en cas d'intervention militaire à l'étranger ou de la nécessaire approbation du Parlement à toute prolongation d'une intervention militaire au-delà de quatre mois[3].

Cependant, outre cette disposition qui souligne une tendance au renforcement des prérogatives du Parlement en matière militaire, il convient de noter que les objets du contrôle

---

[1] *Cf.* Introduction générale, section 3, p. 28.

[2] Loi constitutionnelle n°2008-724 du 23 juil. 2008 de modernisation des institutions de la Ve République.

[3] Const. de 1958, art. 35, mod. en 2008 : *« Le Gouvernement informe le Parlement de sa décision de faire intervenir les forces armées à l'étranger »* [...] *« Lorsque la durée de l'intervention excède quatre mois, le Gouvernement soumet sa prolongation à l'autorisation du Parlement »*.

parlementaire ne sont pas limités au seul, et tardif[4], contrôle des opérations extérieures. Le Parlement est, en effet, conduit à contrôler le niveau de préparation des armées (Section 1), au même titre qu'il contrôle les relations militaires de la France avec l'étranger (Section 2).

Section 1 - Le contrôle de la préparation des armées

Lorsque le Parlement contrôle la préparation des armées, il contrôle en réalité les mesures prises par le Gouvernement en matière militaire pour faire coïncider l'appareil de défense français avec les enjeux militaires contemporains. C'est à ce titre que le Parlement va vouloir s'assurer que le Gouvernement a bien pris la pleine mesure de la menace d'un conflit de haute intensité (*§1*), au travers, notamment, du contrôle de l'exécution des dépenses affectées aux armées (*§2*).

§1 - La prise en compte de la haute intensité

Le contrôle parlementaire de la préparation des armées à un conflit de haute intensité consacre un déphasage entre l'émergence de cette nouvelle menace et la réponse politique du Gouvernement. Les parlementaires ont, en effet, constaté, des années durant, que les armées françaises étaient sous-dimensionnées pour participer à une hypothèse d'engagement militaire majeur (A), avant que le Gouvernement ne décide tardivement de s'adapter aux préconisations parlementaires (B).

---

[4] Avant la révision constitutionnelle du 23 juil. 2008, l'art. 35 de la Const. disposait seulement que : « *la déclaration de guerre est autorisée par le Parlement* ».

A - Le récurrent constat d'impréparation des armées à un conflit de haute intensité

Dans le cadre de leur mission de contrôle militaire, les parlementaires sont régulièrement conduits à faire un état des lieux du dispositif militaire français. Les parlementaires s'assurent, de la sorte, de ne pas dépendre du bon vouloir du Gouvernement pour obtenir les informations souhaitées. C'est ainsi que les parlementaires ont, par exemple, pu mettre en exergue un risque chronique de rupture capacitaire (1) résultante logique des arbitrages budgétaires du Gouvernement en matière militaire (2).

1 - Un Parlement dénonçant des risques chroniques de ruptures capacitaires

Depuis la fin de la conscription, les parlementaires n'ont cessé de constater un affaissement généralisé des capacités militaires françaises. L'exercice du contrôle militaire a ainsi pu souligner le taux critique de disponibilité des matériels militaires menaçant la France d'une rupture capacitaire[5]. En ce qui concerne l'indisponibilité chronique du matériel militaire, il s'agit d'une faiblesse identifiée très tôt par les parlementaires sans que le problème ne soit réellement pris en compte par le Gouvernement. Dès 2002, le député Gilbert Meyer dans un rapport d'information sur *« l'entretien du matériel des*

[5] La rupture capacitaire désigne le seuil à partir duquel les capacités militaires d'un Etat sont insuffisantes pour honorer l'ensemble de ses missions. Le trou capacitaire désigne, quant à lui, l'absence totale de capacité militaire dans un secteur donné, cette hypothèse est observable lorsque les armées voient leurs capacités non renouvelées suite à une diminution massive de stock (ex : le Danemark a cédé tous ses canons CAESAR à l'Ukraine).

armées »[6] alertait sur le niveau critique de la Disponibilité Technique Opérationnelle (DTO)[7].

Le député Gilbert Meyer rappelait que le contexte géostratégique des années 1990 *« exigeait de disposer d'une DTO de 100 % pour tous les parcs de matériels majeurs »*[8]. Cependant, à partir de la fin des années 1990, face à l'évolution du contexte géostratégique, l'armée de Terre va *« limiter la DTO des parcs majeurs à 80 % pour les matériels terrestres et à 70 % pour les matériels aériens »*[9], au point qu'au plus bas, la disponibilité technique opérationnelle des chars Leclerc sera, en 2001, de 31%. Ce constat sera confirmé chaque année par les missions d'information des parlementaires. En 2008, le sénateur Yves Fréville dénonçait, à son tour, un taux de disponibilité technique opérationnelle *« des aéronefs de la défense »* qui *« est désormais inférieur à 60 %. Concrètement, cela signifie qu'environ un aéronef sur deux ne peut pas être mis en état »*[10]. La conclusion du constat fait par les parlementaires est que *« les armées se trouvent donc sur le fil d'une rupture capacitaire »*[11] au lendemain de la Guerre froide.

---

[6] Gilbert MEYER, Commission de la Défense nationale et des Forces armées, « *Rapport d'information sur l'entretien du matériel des armées* », Assemblée nationale, 2002.

[7] *Ibid.*, *« La DTO est le rapport, exprimé en pourcentage, entre le nombre de matériels qui ont la capacité d'assurer les fonctions opérationnelles pour lesquelles ils ont été conçus et le nombre de matériels en service ».*

[8] *Ibid.* p. 7.

[9] *Ibid.*

[10] Yves FREVILLE, Commission des Finances, du contrôle budgétaire et des comptes économiques de la Nation, *« Rapport d'information fait sur la structure intégrée de maintien en condition opérationnelle des matériels aéronautiques du ministère de la défense (SIMMAD), et le maintien en condition opérationnelle des matériels aéronautiques du ministère de la défense »*, Sénat, 2008, p. 5.

[11] Gilbert MEYER, *op. cit.*, p. 17.

2 - Un Parlement dénonçant les arbitrages budgétaires du Gouvernement

Outre le contrôle des armées en tant que tel, la fonction de contrôle militaire désigne surtout le contrôle des arbitrages du Gouvernement en matière militaire. C'est ainsi que les parlementaires ont été conduits à dénoncer tout à la fois un niveau de crédit insuffisant et un mauvais usage de ces crédits. En ce qui concerne l'insuffisance des crédits consacrés à la défense au lendemain de la Guerre froide, celle-ci s'explique par le mythe pacifique des *« dividendes de la paix »*. Le député Gilbert Meyer a ainsi pu dénoncer le fait qu'au *« terme de l'exécution de la loi de programmation militaire 1997-2002, les crédits d'investissement en faveur des armées »* [...] *« n'ont pas été consommés dans leur totalité »*[12]. L'exemple de la loi de programmation militaire 1997-2002 illustre, en réalité, toute la pratique budgétaire jusqu'en 2015 en matière militaire. Ainsi, non seulement les programmations militaires n'ont cessé de consacrer des crédits toujours plus restreints, mais les lois de finances relatives aux armées ne consommaient pas tous les crédits programmés. Mis bout à bout, les parlementaires ont pu logiquement dénoncer une sous-budgétisation de la défense nationale.

La fonction de contrôle militaire des parlementaires s'est également manifestée en matière de choix budgétaires quant à l'utilisation des crédits disponibles. Les parlementaires ont, en effet, pu questionner l'opportunité des arbitrages budgétaires du Gouvernement. Historiquement, la variable d'ajustement des budgets militaires a toujours été trouvée au sein des crédits alloués à l'Entretien Programmé du Matériel[13].

---

[12] *Ibid.*, p. 24.

[13] Entretien réalisé avec le sénateur Olivier Cigolotti, sénateur de la Haute-Loire, vice-Président de la Commission des Affaires étrangères de la Défense nationale et des Forces armées du Sénat, 7 fév. 2023.

Pour le député Gilbert Meyer, ce choix budgétaire du Gouvernement est la source de la rupture capacitaire à laquelle les armées françaises s'exposent. Le député a ainsi affirmé que les *« crédits d'EPM ont été réduits de près de 50 % entre 1996 et 2001, alors même que le parc des matériels majeurs n'a été diminué que de 10 % sur cette même période »*[14]. En somme, dès le lendemain de la Guerre froide et de la disparition de la menace conventionnelle soviétique, les parlementaires ont alerté sur les dangers du *« désarmement budgétaire »*[15]. Malgré cela, le Gouvernement n'a pas agi en conséquence, prouvant, au demeurant, le poids relatif de la fonction de contrôle militaire du Parlement. Il faudra attendre les attentats de 2015 et la pleine prise de conscience des faiblesses structurelles des armées pour que le Gouvernement adopte les préconisations parlementaires en matière militaire.

B - L'adaptation tardive aux préconisations parlementaires

Le Gouvernement, pendant longtemps, n'a pas écouté les préconisations parlementaires alertant sur le désarmement massif de la France. Néanmoins, le retour des conflits de haute intensité oblige le Gouvernement à prendre la pleine mesure des préconisations parlementaires. C'est ainsi que le Gouvernement a annoncé de grands programmes de réarmement conformément aux préconisations des parlementaires (1) qui demeurent attentifs à l'exécution effective de ces annonces (2).

---

[14] Gilbert MEYER, *op. cit.*, p. 20.

[15] *« Contestant la thèse des « dividendes de la paix » M. Léotard estime qu'il y aurait un grave risque à se lancer dans un désarmement budgétaire », in* Le Monde, 10 sept. 1993.

1 - Les annonces gouvernementales en phase avec les préconisations parlementaires

Dans le cadre des travaux parlementaires sur la préparation des armées à un conflit de hautes intensité, les députés Patricia Mirallès et Jean-Louis Thieriot ont avancé 32 propositions pour que la France soit prête à un tel conflit. Afin d'illustrer que le Gouvernement est désormais en phase avec les préconisations parlementaires, seront étudiées deux propositions : le renforcement du stock de munitions et l'utilisation des réserves. En ce qui concerne l'appel des parlementaires en matière munitionnaire, les députés ont souhaité que l'Etat consente à *« un effort financier immédiat pour : la reconstitution des stocks de munitions »*[16]. C'est dans cette optique que le ministre de la Défense annonçait un effort historique en matière munitionnaire à hauteur de 500 millions d'euros pour l'année 2023[17] et la relocalisation de la production des poudres destinées aux obus de gros calibres en France[18]. En ce qui concerne l'utilisation des réserves dans le cadre d'un conflit de haute intensité, les députés ont appelé de leurs vœux au renouvellement de *« la défense opérationnelle du territoire en s'appuyant davantage sur les réserves »*[19]. L'idée défendue par les parlementaires était de s'assurer une densification des effectifs de la réserve militaire, ce qui sera suivi d'effets puisque dans un entretien à la presse le 4 septembre 2022, le ministre

---

[16] Patricia MIRALLES et Jean-Louis THIERIOT, Commission de la Défense nationale et des Forces armées, *« Rapport d'information en conclusion des travaux d'une mission d'information sur la préparation à la haute intensité »*, Assemblée nationale, 2022, p. 9.

[17] Compte-rendu n°4, audition du ministre des Armées M. Sébastien Lecornu devant la Commission de la Défense nationale et des Forces armées sur le projet de loi de finances 2023, 5 oct. 2022.

[18] Conférence de presse du ministre des Armées Sébastien Lecornu, « *Nous avons décidé de relocaliser une capacité de production de poudre de gros calibre à Bergerac sur un horizon assez court »*, 22 fév. 2023.

[19] Patricia MIRALLES et Jean-Louis THIERIOT, *op. cit.*, p. 12.

des Armées, Sébastien Lecornu, affirmait : *« Il nous faut doubler le nombre de réservistes »*[20].

Au regard de ces deux exemples, le Gouvernement a bien multiplié les annonces allant dans le sens d'un réarmement réel de la France. En revanche, il serait impossible d'affirmer que ces décisions sont motivées par la volonté de se conformer aux préconisations parlementaires. Ainsi, la décision de renforcer les stocks de munitions, qui était au cœur des préoccupations des députés comme des sénateurs, n'est pas plus une réponse du Gouvernement aux parlementaires, qu'une réponse au secrétaire général de l'OTAN appelant les Etats membres à reconstituer leurs stocks de munitions[21].

2 - Le contrôle parlementaire de l'effectivité des annonces gouvernementales

Le rôle des parlementaires exerçant leur fonction de contrôle militaire est de s'assurer que le Gouvernement dote les armées des moyens nécessaires pour répondre aux enjeux de la haute intensité. Les parlementaires se méfient ainsi des annonces politiquement porteuses, mais qui, dans les faits, ne se traduisent pas par un réel renforcement des capacités militaires. L'exemple de l'annonce de la reconstitution des stocks de munitions est, à cet égard, riche d'enseignements sur l'importance du contrôle militaire des parlementaires.

L'audition du ministre des Armées a permis de mettre en lumière que cette annonce gouvernementale serait en partie financée, à hauteur de 500 millions d'euros, par les *« crédits dédiés à l'EPM »*[22]. Ainsi, lorsque le ministre annonce en

[20] Nicolas BAROTTE, « Sébastien Lecornu: Il nous faut augmenter le nombre de réservistes », *in Le Figaro*, 4 sept. 2022.

[21] Thomas ROMANACCE, *« L'Otan n'arrive pas à fournir assez de munitions à l'Ukraine »*, *in* Capital, 15 fév. 2023.

[22] Olivier CIGOLOTTI et Michelle GREAUME, Commission des Affaires étrangères, de la Défense nationale et des Forces armées, *« Avis présenté sur*

audition commander *« 200 missiles de moyenne portée, 100 missiles Samp/T, 100 missiles air-air Mica ou des bombes air-sol »*[23], c'est en utilisant les crédits alloués à l'entretien programmé du matériel. Les sénateurs ont pu, logiquement, dénoncer une annonce partiellement honnête qui ne consistait pas à renforcer l'effort budgétaire pour les armées mais à réorganiser, en partie, les crédits au sein de la mission défense. Pour les sénateurs Olivier Cigolotti et Michelle Greaume, *« cela signifie qu'une fois de plus les crédits d'EPM financent des besoins non prévus par la LPM 2019-2025 »*[24]. Ainsi, l'étude du financement de l'effort munitionnaire, mis en lumière par le Sénat, montre que si le Gouvernement a bien pris en compte la menace de la haute intensité, certaines pratiques budgétaires nécessitent un contrôle approfondi des parlementaires.

§2 - Le contrôle de l'exécution des dépenses affectées aux armées

La fonction de contrôle militaire des parlementaires se manifeste surtout en matière budgétaire. La préparation des armées à un conflit de haute intensité nécessite un redimensionnement des armées conditionné à un effort budgétaire réel. Partant, les parlementaires ont pu dénoncer un déphasage chronique entre les programmations et l'exécution des budgets militaires jusqu'en 2015 (A), avant de constater un retour à l'exécution budgétaire des programmations militaires suite aux attentats de 2015 (B).

---

le projet de loi de finances, considéré comme adopté par l'Assemblée nationale en application de l'article 49, alinéa 3, de la Constitution, pour 2023 », Tome VI, Défense, Préparation et emploi des forces (Programme 178), Sénat, 2022, p. 12.

[23] *Ibid.*

[24] *Ibid.*

A - Un déphasage chronique entre programmation et exécution des budgets militaires jusqu'en 2015

Dans le cadre de leur fonction de contrôle militaire, les parlementaires ont dénoncé un déphasage chronique entre programmation et exécution des budgets militaires jusqu'en 2015. Cette fonction de contrôle s'exerce en deux temps : d'abord, les parlementaires contrôlent l'exécution de la programmation militaire par les lois de finances relatives aux armées (1) avant de contrôler l'exécution effective des crédits alloués par les lois de finances (2).

1 - Le contrôle de l'exécution de la programmation militaire par les lois de finances

A chaque fin de programmation militaire, les parlementaires font état, dans un rapport d'information sur l'exécution des lois de programmation militaire, de l'écart entre la programmation des crédits pour chaque année, faite par la loi de programmation militaire, et la prévision annuelle des crédits faite par les lois de finances initiales. Les parlementaires ont pu dénoncer l'inexécution chronique des programmations militaires aux effets considérables, notamment, pour les industriels de défense. Ainsi, depuis 1970 et jusqu'en 2015 aucune loi de programmation n'a été exécutée[25]. Sur cette même période, mise à part les années 1997 et 2008[26] qui ont vu des crédits votés en lois de finances initiales légèrement supérieurs à la

---

[25] François ANDRE et Joaquim PUEYO, Commission de la défense nationale et des forces armées, *« Rapport d'information déposé en conclusion des travaux d'une mission d'information sur l'exécution de la loi de programmation militaire 2014-2019 »*, Assemblée nationale, 2018, p. 12.

[26] *Cf.* Annexe X. Pour l'année 1997 les crédits de dépenses d'équipements pour les armées françaises inscrite en LPM étaient de 14,218 milliards d'euros contre 14,271 milliards d'euros pour les crédits inscrits en LFI. De même pour l'année 2008 avec près de 18 milliards d'euros (LPM) contre 17,9 milliards d'euros (LFI).

programmation militaire, toutes les autres années ont été caractérisées par une inexécution conséquente. Les députés François André et Joaquim Pueyo faisait état du déphasage le plus manifeste de l'histoire des programmations militaires françaises, celui de la loi de programmation militaire 1995-2000, la seule à avoir été inexécutée dès la première année au point qu'une nouvelle programmation, moins ambitieuse, dut être votée pour les années 1997 à 2002. Même revues à la baisse, les ambitions portées par la loi de programmation militaire n'ont pas été honorées par les lois de finances initiales. En comparant les crédits votés en loi de programmation militaire de 1997 à 2015, à ceux votés en lois de finances initiales, les résultats sont les suivants :

- pour les crédits d'équipements[27] prévus par la loi de programmation militaire 1997-2002, 93% seront effectivement votés en lois de finances initiales ;
- pour les crédits prévus par la loi de programmation militaire 2003-2008, 99% ont été votés en loi de finances[28]. Le sénateur Josselin de Rohan rappelait que *« cette loi de programmation militaire 2003-2008, à la différence de la précédente, a fait l'objet d'une exécution financière très satisfaisante »*[29] ;
- pour les crédits prévus par la loi de programmation militaire 2009-2014, en revanche, l'inexécution observée entre 1997 et 2002 s'est de nouveau

[27] La LPM 2009-2014 est la première LPM à englober l'ensemble des crédits de la mission défense. Les autres lois de programmations antérieures dont les LPM 1997-2002 et la LPM 2003-2008 ne concernaient que les crédits d'équipements.
[28] Josselin de ROHAN, Commission des Affaires étrangères, de la défense et des forces armées, *« Rapport d'information sur le projet de loi, adopté par l'assemblée nationale, relatif à la programmation militaire pour les années 2009 à 2014 et portant diverses dispositions concernant la défense »*, Sénat, 2009, p. 20.
[29] *ibid.*

manifestée, justifiée, selon les députés François André et Joaquim Pueyo, par *« la crise des finances publiques qui suivit la crise financière de l'été 2008 »*[30]. Néanmoins, les parlementaires ont souhaité rappeler la responsabilité du Gouvernement dans la manifestation d'un tel écart. Pour eux, la crise financière n'explique pas tout, et c'est bel et bien *« l'inadéquation de la ressource budgétaire avec les ambitions affichées »* qui *« est la cause principale des écarts »*[31]. En l'espèce, la somme des crédits votés en lois de finances initiales ne représentait que 93% des crédits programmés.

Au-delà de l'inexécution de ces crédits, les députés François André et Joaquim Pueyo dénonçaient, surtout, les conséquences de ces sous-exécutions pour l'industrie de défense et les finances de l'Etat. Cette pratique créant *« un environnement instable pour les industries de défense, privées de la visibilité nécessaire à leurs investissements »*[32], elle implique *« des surcoûts importants pour l'État, du fait des réductions de commandes »*[33].

2 - Le contrôle de l'exécution effective des crédits alloués aux armées par les lois de finances

La sous exécution des lois de finances initiales désigne la non consommation de l'ensemble des autorisations d'engagements votées par le Parlement. En d'autres termes, il

---

[30] François ANDRE et Joaquim PUEYO, *op. cit.*, p. 11.
[31] *Ibid.*
[32] *Ibid.*, p. 13.
[33] Le 7 nov. 2002, la France s'engage à commander 17 FREMM (frégates multi-missions) pour la somme de 6,5 milliards d'euros (382 millions d'euros l'unité). Le 9 oct. 2009, Hervé Morin, ministre de la Défense, annonce la révision du programme à 8 FREMM pour la somme de 7 milliards d'euros (636 millions d'euros l'unité), soit une augmentation de 166% du coût unitaire des FREMM du seul fait de la réduction de commande.

s'agit de l'écart entre ce que les armées perçoivent réellement et ce que les armées auraient dû percevoir si les crédits effectivement alloués en début d'année, par les lois de finances initiales, avaient été consommés en totalité. A la différence des lois de programmation militaire qui n'ont pas de force contraignante et n'engagent pas les finances de l'Etat[34], les lois de finances initiales sont contraignantes et donc sujettes à un contrôle plus approfondi des parlementaires, en ce sens que des dépenses vont être effectivement engagées par le Gouvernement si le texte est adopté. L'enjeu politique est de taille pour les parlementaire qui ont bien conscience que, *« s'ajoutent aux écarts entre LFI et LPM, les écarts entre LFI et exécution, dont l'ampleur témoigne »* [...] *« de la capacité du Gouvernement à élaborer un budget sincère et à gérer les aléas en cours d'année »*[35]. Pour les parlementaires l'enjeu est donc de mesurer la sincérité du Gouvernement en matière militaire.

Les parlementaires dénoncent régulièrement une surestimation des prévisions de recettes pour les armées, comme les recettes liées à la cession de fréquences radios ou de biens immeubles du ministère. Or, pour les parlementaires le risque est que cette *« non-réalisation »,* presque certaine, vienne *« ensuite fortement perturber l'exécution »*[36]. D'autres sources d'insincérités budgétaires du Gouvernement sont, chaque année, relevées par les parlementaires qui dénoncent régulièrement un *« dépassement des crédits »* lié aux *« surcoûts »* [...] *« des opérations extérieures, résultant pour partie d'une « sous-budgétisation » délibérée »*[37], comme l'a constaté la Cour des comptes dans un document à destination de la Commission des Finances du Sénat[38]. Ainsi, en comparant l'exécution des

---

[34] CC, déc. n°2012-658 DC, *op. cit.*

[35] François ANDRE et Joaquim PUEYO, *op. cit.*, p. 13.

[36] *Ibid.*, p. 13.

[37] *Ibid.*

[38] Cour des comptes, *« Les opérations extérieures de la France 2012-2015 »*, Communication à la Commission des Finances du Sénat, oct. 2016, p. 30.

lois de programmation militaire[39] de 1997 à 2014, date avant laquelle l'exécution des loi de programmation militaire devient effective, la loi de programmation militaire 1997-2002 est exécutée à hauteur de 90%, 98% pour la loi de programmation militaire 2003-2008 et 97% pour la loi de programmation militaire 2009-2014[40]. Si ces exécutions peuvent paraître élevées, il s'agit tout de même, respectivement, d'un décalage de près de 9 milliards d'euros, 1,5 milliards d'euros et 5 milliards d'euros pour les armées entre ce qui était programmé et ce qui a été effectivement exécuté en vertu de lois de finances initiales, elles-mêmes, sous-exécutées.

B - Une exécution des programmations militaires à partir de 2015

En contrôlant, là encore, l'exécution de la programmation militaire par les lois de finances relatives aux armées (1) puis l'exécution effective des crédits alloués par les lois de finances (2), les parlementaires ont ainsi constaté une tendance à l'exécution partielle puis totale des programmations militaires à partir de 2015.

1 - Le contrôle de l'exécution de la programmation militaire par les lois de finances

Les parlementaires ont contrôlé les écarts entre les lois de programmation militaire 2014-2019 et 2019-2024 vis-à-vis des lois de finances annuelles. C'est dans ce cadre que les députés François André et Joaquim Pueyo ont souligné qu'à

---

[39] Il s'agit de la somme des différences entre la LPM et les LFI puis, entre les LFI et les exécutions budgétaires.

[40] Jean-Louis CARRERE, Commission des affaires étrangères, de la défense et des forces armées, *« Rapport sur le projet de loi relatif à la programmation militaire pour les années 2014 à 2019 et portant diverses dispositions concernant la défense et la sécurité nationale »*, Sénat, 2013, p. 21.

« partir de 2016, les lois de finances se sont écartées significativement de la programmation, à la hausse, pour prendre en compte les modifications d'urgence décidées par le président de la République »[41], constatant, pour la première fois, une sur-exécution des programmations militaires. Comme le rappelle ce même rapport parlementaire, dès 2014, les lois de finances initiatives étaient supérieures à la programmation militaire, de sorte que la loi de programmation militaire 2014-2019 a été la première qui a connu des lois de finances initiatives supérieures à la programmation sur l'ensemble de l'exercice budgétaire concerné, et ce, même après le réévaluation de la programmation à la hausse en 2015[42]. Ainsi, entre 2014 et 2017, les lois de finances initiatives consacrent un budget légèrement supérieur à la programmation initiale, à hauteur de 100 millions d'euros, la tendance s'est renforcée pour les années 2018 et 2019, comme le rappellent les députés François André et Joaquim Pueyo[43].

En ce qui concerne la loi de programmation militaire 2019-2025, les parlementaires n'ont eu d'autres choix que de reconnaître au Gouvernement la pleine conformité des lois de finances initiales, jusqu'ici votées, comparées à la programmation militaire. Le président de la commission chargée de la défense nationale au Sénat, Christian Cambon, a, en effet, reconnu que *« les lois de finances initiales »* [...] *« permettent de donner acte de la conformité de l'exécution budgétaire aux engagements du président de la République »*[44]. Dans les faits, lorsque le Gouvernement honore parfaitement en

[41] François ANDRE et Joaquim PUEYO,, *op. cit.*, p. 39.

[42] Suite aux attentats de Charlie Hebdo (7 janv. 2015) et du Bataclan (13 nov. 2015), le Président de la République décide de renforcer l'effort de défense, une première depuis la fin de la Guerre froide, en 1991.

[43] François ANDRE et Joaquim PUEYO,, *op. cit.*, p. 12. *Cf.* Annexe X.

[44] Christian CAMBON, *et al.*, Commission des Affaires étrangères de la Défense nationale et des Forces armées, *« Rapport d'information sur l'actualisation de la loi de programmation militaire 2019-2025 »*, Sénat, 2021, p. 11.

lois de finances initiatives les crédits de programmation militaire, la fonction de contrôle militaire des parlementaires n'en est que restreinte. La différence entre loi de programmation militaire et lois de finances initiatives entre 2019 et 2022 s'élève à 280 millions d'euros pour 154 milliards d'euros de programmés soit une conformité quasi-totale[45].

2 - Le contrôle de l'exécution effective des crédits alloués aux armées par les lois de finances

Le rapport relatif à l'exécution de la programmation militaire pour les années 2014 à 2019 des députés François André et Joaquim Pueyo fait le constat que, si *« les crédits inscrits dans les lois de finances successives »* [...] *« correspondent exactement à la programmation »,* c'est *« l'exécution qui a souffert de la régulation budgétaire ».* Ainsi, *« il en résulte entre les dispositions de la loi de programmation militaire et les crédits effectivement versés entre 2014 et 2017, un déficit total de 2,1 milliards d'euros »*[46]. Les parlementaires ont donc le souci de contrôler les ressources dont disposent les armées en évaluant l'exécution effective des lois de programmation militaire. Les parlementaires ont ainsi pu constater qu'entre 2014 et 2018, malgré un écart positif de 800 millions d'euros entre la loi de programmation militaire et la loi de finances initiales en ce qui concerne *« l'agrégat équipements »,* l'écart entre la loi de programmation militaire et l'exécution budgétaire effective était négatif à hauteur de plus de 2 milliards d'euros[47]. Le simple contrôle parlementaire de la conformité des lois de finances à la programmation militaire

---

[45] *Cf.* Annexe XI. Entre 2019 et 2022 les crédits programmés en LPM ont été votés en LFI à hauteur de 99,9%.
[46] François ANDRE et Joaquim PUEYO, *op. cit.*, p. 33.
[47] *Cf.* Annexe XII.

aurait donc conclu à une sur-exécution alors que l'exécution réelle est négative à hauteur de plus de 2 milliards d'euros.

En ce qui concerne le contrôle parlementaire de l'exécution budgétaire de la loi de programmation militaire 2019-2025 qui est, pour l'heure[48], pleinement exécutée, les parlementaires ont voulu questionner les « *fragilités structurelles de la LPM* »[49]. Pour le Sénat, le risque est qu'après un « *rythme de progression annuelle des crédits* » en *« courbe douce (+1,7 milliards d'euros par an) jusqu'en 2022 »* [...] *« puis selon une pente plus prononcée (+3 milliards d'euros par an) à compter de 2023 jusqu'en 2025 »,* l'exécution budgétaire ne puisse suivre le rythme. Le sénateur Olivier Cigolotti affirmait que, *de facto*, *« la LPM est aujourd'hui pleinement exécutée »*. Autant d'inquiétudes injustifiées puisque l'exécution budgétaire de la loi de programmation militaire 2019-2025 s'élève, aujourd'hui, à près de 100% avec une sur-exécution de 120 millions d'euros pour 2021[50].

Ainsi, après avoir vu qu'un des objets de la fonction de contrôle militaire des parlementaires était la matière budgétaire, il convient désormais de s'intéresser à un autre objet de cette fonction de contrôle militaire, les relations de la France avec l'étranger. Qu'il s'agisse des relations de coopérations militaires, des interventions à l'étranger ou de la ratification des accords de défense, la Constitution garantit au Parlement une fonction de contrôle des actes de l'exécutif engageant la France et ses armées avec l'étranger.

---

[48] En mai 2023.

[49] Christian CAMBON et autres, Commission des Affaires étrangères de la Défense nationale et des Forces armées, *« Rapport d'information sur l'actualisation de la loi de programmation militaire 2019-2025 »*, Sénat, 2021, p. 10.

[50] *Cf.* Annexe XI.

Section 2 - Le contrôle des relations militaires avec l'étranger

En matière diplomatique et militaire, la pratique constitutionnelle a fait du Président de la République, dès les débuts de la Vème République, l'autorité garante de la place de la France dans le monde[51]. Néanmoins, parce que le Président de la République dispose d'un large pouvoir, le Parlement est tout à la fois conduit à exercer un contrôle des interventions militaires extérieures (*§1*) et des coopérations militaires avec l'étranger (*§2*). Cependant, si ces pouvoirs existent en droit, il conviendra de nuancer leur portée.

§1 - Le contrôle des interventions extérieures

Depuis la réforme constitutionnelle de 2008, le Parlement a vu son rôle renforcé en matière militaire, en vertu, notamment, du contrôle parlementaire des interventions à l'étranger. Ainsi, lorsque le Président de la République décide de l'envoi de troupes françaises à l'étranger, le Gouvernement est tenu d'en informer dans un délai de trois jours (A) le Parlement qui, seul, peut prolonger l'intervention au-delà de quatre mois (B).

---

[51] Olivier GOHIN, *Droit constitutionnel,* Paris, LexisNexis, 5e édition, 2022, pp. 764-766. La personnalité du général de Gaulle, attachant une importance centrale à la place de la France dans la monde, a fait du Président de la République « *la clef de voûte* » (Michel Debré, discours de présentation du projet de Constitution devant l'Assemblée générale du Conseil d'Etat, 27 août 1958) de la diplomatie française. Cependant, la théorie du *« domaine réservé »*, dont la paternité est attribuée à Jacques Chaban-Delmas (congrès de l'Union pour la Nouvelle République le 15 nov. 1959), « *n'a été admise par aucun chef de l'Etat, d'abord et surtout par le général de Gaulle* » comme il l'a affirmé dans sa conférence de presse à l'Elysée, le 31 janv. 1964.

A - L'obligation d'information du Parlement après trois jours

Lorsqu'une intervention militaire à l'étranger est déclenchée, la Constitution impose un délai maximal de trois jours à compter de l'opération, délai durant lequel le Gouvernement est, en théorie, tenu d'informer le Parlement du déclenchement de cette opération. Le Gouvernement doit alors préciser à la représentation nationale les objectifs poursuivis (1) et un débat sans vote peut alors s'engager (2).

1 - La précision des objectifs poursuivis

L'article 35 de la Constitution, tel que révisé en 2008, dispose que *« le Gouvernement informe le Parlement de sa décision de faire intervenir les forces armées à l'étranger, au plus tard trois jours après le début de l'intervention »*. Premièrement, il convient de préciser ce que la Constitution entend par *« étranger »*. L'étranger exclut le champ de la haute mer qui est l'extérieur et non l'étranger, ce qui, en matière de contrôle militaire, a des conséquences réelles. Ainsi, inclure la haute mer dans le champ de l'étranger reviendrait à inclure, *« dans le champ du contrôle parlementaire »*, les activités en haute-mer *« de la Marine nationale »*, à commencer par les patrouilles de la force océanique stratégique qui échappent, à raison, à tout contrôle parlementaire[52]. L'alinéa 2 de l'article 35 précise également que le Gouvernement *« précise les objectifs poursuivis »*, un dispositif, là encore, largement inspiré de la loi américaine sur les pouvoirs de guerre de 1973 (*Wars Power Acts)*[53] obligeant le Gouvernement américain à communiquer au

[52] Olivier GOHIN, « Le contrôle parlementaire des opérations extérieures des forces armées françaises », *in* Christian VALLAR et Xavier LATOUR (dir.), *Le droit de la sécurité et de la défense en 2013* (Actes du 1er colloque de l'AFDSD organisé à Nice, les 27 et 28 sept. 2013), Paris & Aix, PUAM, 2014, p. 72.
[53] *Cf.* Introduction générale, section 3, *§ 1*, p. 28.

Congrès tant, les motifs, l'étendue que les modalités de l'action entreprise au-delà de soixante jours. Ce dispositif s'est transformé, pour les parlementaires français, en une simple information quant aux *« objectifs poursuivis »* par le Gouvernement. C'est ainsi qu'après chaque déclenchement d'une opération militaire à l'étranger, le Premier ministre est tenu de s'exprimer devant les parlementaires pour présenter les objectifs poursuivis par l'intervention. Lors de la *« déclaration du Gouvernement sur l'engagement des forces françaises au Mali »*[54], le Premier ministre, Jean-Marc Ayrault, rappelait clairement les trois objectifs poursuivis devant les députés. Il affirmait ainsi que *« le premier objectif est d'arrêter l'avancée des groupes terroristes vers Bamako. Le deuxième consiste à préserver l'existence de l'État malien »* [...] *« le troisième est de favoriser l'application des résolutions internationales »*[55]. Néanmoins, cette déclaration du Gouvernement intervenue le 16 janvier 2013, alors que l'opération Serval avait été déclenchée le 11 janvier de la même année, prouve que ce délai, pourtant prévu par la Constitution, n'est pas respecté par le Gouvernement.

Si le projet de loi constitutionnelle du 23 avril 2008 proposait d'imposer une obligation d'information du Parlement dans « les *délais les plus brefs »*[56], la réforme constitutionnelle a retenu le délai, plus contraignant, en théorie seulement, de trois

---

[54] Assemblée nationale, *Déclaration du Gouvernement sur l'engagement des forces françaises au Mali et débat sur cette déclaration*, Session ordinaire de 2012-2013, Compte rendu intégral, XIVe législature, Première séance du mercredi 16 janv. 2013.

[55] *Ibid.*

[56] Projet de loi constitutionnelle *de* modernisation *des* institutions *de la* Ve République, n°820, 23 avril 2008, art. 13, *« L'article 35 de la Constitution est complété par trois alinéas ainsi rédigés : Le Gouvernement informe le Parlement des interventions des forces armées à l'étranger dans les délais les plus brefs. Cette information peut donner lieu à un débat qui n'est suivi d'aucun vote ».*

jours. Néanmoins, qu'il s'agisse de l'opération Harmattan[57], de l'opération Sangaris[58], de l'opération Serval[59] ou de l'opération Chammal[60], pour citer les grandes interventions militaires étrangères *post* réforme constitutionnelle de 2008, jamais le délai de trois jours n'a été respecté par le Gouvernement. Si le projet de loi constitutionnelle visait expressément dans son exposé des motifs, *« une restriction notable des prérogatives de l'exécutif et en particulier du Président de la République »* en matière militaire *« et corrélativement un renforcement souhaitable des pouvoirs du Parlement »*, il convient de nuancer la portée de la révision constitutionnelle en matière militaire au regard du respect de ce délai de trois jours. Ce dispositif ne prévoit, en effet, aucune *« réponse juridique »*[61] lorsque le Gouvernement ne respecte pas le délai constitutionnel de trois jours. Si, *de jure,* le Parlement a vu sa fonction de contrôle militaire renforcée, *de facto,* le Parlement demeure maintenu à distance de la matière militaire par l'exécutif, comme en témoigne l'hypothèse du débat sans vote.

---

[57] La déclaration de François Fillon, Premier ministre, sur l'engagement de la France dans la coalition internationale en Libye, à l'Assemblée nationale a lieu le 22 mars 2011. L'opération Harmattan a été déclenchée le samedi 19 mars dans l'après-midi.

[58] La déclaration de Jean-Marc Ayrault, Premier ministre, sur l'intervention de la France en Centrafrique sous l'égide des Nations-unies, à l'Assemblée nationale a lieu le 10 déc. 2013. L'opération Sangaris a été déclenchée le 5 déc. 2013.

[59] La déclaration de Jean-Marc Ayrault, Premier ministre, sur l'engagement des forces françaises au Mali à l'Assemblée nationale a lieu le 16 janv. 2013. L'opération Serval a été déclenchée le 11 janv. 2013.

[60] La Déclaration de Manuel Valls, Premier ministre, sur les objectifs et les modalités de l'intervention de la France en Irak avec l'opération Chammal et le projet de loi antiterroriste, à l'Assemblée nationale a lieu le 24 sept. 2014. L'opération Chammal a été déclenchée le 19 sept. 2014.

[61] Olivier GOHIN, *op. cit.*, p. 74.

2 - Le débat sans vote

L'alinéa 2 de l'article 35 de la Constitution se poursuit en ces termes : *« cette information peut donner lieu à un débat qui n'est suivi d'aucun vote ».* Expression affirmée du parlementarisme rationalisé, cette disposition vise à rappeler le monopole présidentiel à la décision de faire intervenir les armées françaises à l'étranger. Le règlement de l'Assemblée nationale précise que, *« dans les débats organisés pour l'application des articles 35 alinéa 2 »*, chaque groupe dispose, et à la condition que la Conférence des présidents ne s'y soit pas opposée, *« d'un temps de parole »* [...] *« de trente minutes »*[62]. Un temps de parole de dix minutes est en plus attribué *« au député n'appartenant à aucun groupe qui s'est fait inscrire le premier dans le débat »*[63]. Notons, du reste, que le Gouvernement est en droit de refuser le débat en ce sens que le texte constitutionnel, comme les règlements des assemblées, rappellent que la déclaration du Gouvernement peut être *« suivie ou non d'un débat »*[64]. Quoiqu'il advienne, que le Gouvernement décide, ou non, qu'un débat se tienne sur l'intervention militaire étrangère de la France, le règlement de l'Assemblée nationale rappelle qu' *« aucun vote, de quelque nature qu'il soit, ne peut avoir lieu à l'occasion du débat »*[65]. Le règlement du Sénat se contente, quant à lui, de rappeler le

---

[62] Art. 131, al. 2 RAN : *« Dans les débats organisés pour l'application des articles 35 et 36 de la Constitution, chaque groupe dispose, après l'intervention du Gouvernement, sauf décision contraire de la Conférence des présidents, d'un temps de parole d'une heure si le débat est organisé pour l'application des articles 35, alinéa 1, ou 36, alinéa 2, de la Constitution, et de trente minutes s'il est organisé pour l'application de l'article 35, alinéas 2 ou 3, de la Constitution ».*

[63] Art. 131, al. 2 RAN.

[64] Art. 131, al. 3 RAN : *« L'information prévue à l'article 35, alinéa 2, de la Constitution peut prendre la forme d'une déclaration suivie ou non d'un débat organisé dans les conditions définies ci-dessus ».*

[65] Art. 131, al. 4 RAN : « Aucun vote, de quelque nature qu'il soit, ne peut avoir lieu à l'occasion du débat décidé en application de l'alinéa précédent ».

dispositif constitutionnel en ces termes : *« cette information peut donner lieu à un débat sans vote »*[66].

Si ce dispositif visait, en théorie, à revaloriser la fonction de contrôle militaire du Parlement, en réalité, il ne permet pas aux parlementaires de s'opposer à une intervention étrangère. Expression, s'il en est, du parlementarisme rationalisé, le débat sans vote permet à l'exécutif d'associer le Parlement à sa politique militaire sans risquer de désaveux politique. C'est ainsi que depuis 1991 et jusqu'en 2008, le débat d'information au Parlement suivi d'aucun vote a été entrepris à neuf reprises[67]. Lorsque le dispositif de l'article 35 alinéa 2 de la Constitution n'existait pas, ces débats suivis d'aucun vote étaient réalisés sur le fondement de l'article 132 du règlement de l'assemblée nationale[68]. Depuis la réforme constitutionnelle de 2008, ce sont cinq opérations militaires étrangères qui ont fait l'objet d'un débat sans vote devant le Parlement[69].

B - L'obligation d'approbation du Parlement après quatre mois

Dans la droite ligne de la loi américaine de 1973 sur les pouvoirs de guerre, la révision constitutionnelle de 2008 a

---

[66] Art 73-1, al. 1 RS : *« L'information du Sénat prévue au deuxième alinéa de l'article 35 de la Constitution prend la forme d'une communication du Gouvernement portée à la connaissance des sénateurs. Cette information peut donner lieu à un débat sans vote ».*

[67] Olivier GOHIN, *op. cit.*, p. 74.

[68] Art. 132, al. 7 RAN : *« Le Gouvernement peut également demander à faire devant l'Assemblée une déclaration sans débat. Dans ce cas, après la déclaration du Gouvernement, le Président peut autoriser un seul orateur par groupe à lui répondre. Aucun vote, de quelque nature qu'il soit, ne peut avoir lieu ».*

[69] L'opération Harmattan (19 au 31 mars 2011) a fait l'objet d'un débat sans vote le 22 mars 2011. L'opération Sangaris (5 déc. 2013 au 31 oct. 2016) a fait l'objet d'un débat sans vote le 10 déc. 2013. L'opération Serval (11 janv. 2013 au 1er août 2014) puis Barkhane (1er août 2014 au 9 nov. 2022) a fait l'objet d'un débat sans vote le 16 janv. 2013. L'opération Chammal (19 sept. 2014 et toujours en place en mai 2023) a fait l'objet d'un débat sans vote le 24 sept. 2014.

également renforcé la fonction de contrôle militaire en matière de prolongation des interventions françaises à l'étranger. Le Gouvernement soumet donc la prolongation de l'opération à l'autorisation du Parlement au bout de quatre mois (1), unique approbation valant pour toute la durée de l'opération (2).

1 - Une prolongation autorisée par le Parlement

Le Projet de loi constitutionnelle du 23 avril 2008 proposait qu'au delà d'un *« délais de six mois »*[70], le Gouvernement doit soumettre la prolongation d'une intervention étrangère au Parlement. La réforme constitutionnelle de 2008 a réduit le délai à quatre mois. Le 28 janvier 2009, le Gouvernement, par la voix d'Hervé Morin, alors ministre de la Défense, soumettait au vote des parlementaires la prolongation de cinq opérations militaires à l'étranger. Qualifié par le ministre *« d'immense avancée démocratique »*, ce contrôle parlementaire devait *« exprimer le soutien de la représentation nationale à nos soldats »*[71].

Ainsi, depuis 2008, douze opérations ont fait l'objet d'une prolongation par le Parlement. La première a été l'intervention en Afghanistan[72], prolongée par les

[70] Projet de loi constitutionnelle de modernisation des institutions de la Ve République, n°820, 23 avril 2008, art. 13, al. 2 : *« Lorsque la durée de l'intervention excède six mois, le Gouvernement soumet sa prolongation à l'autorisation du Parlement. En cas de refus du Sénat, le Gouvernement peut demander à l'Assemblée nationale de statuer définitivement sur la prolongation de l'intervention »*.

[71] Déclaration de M. Hervé Morin, ministre de la défense, sur la prolongation de cinq interventions des forces armées à l'étranger, Assemblée nationale, le 28 janv. 2009.

[72] Le 3 avril 2008, les députés François Hollande et Jean-Marc Ayrault déposent une motion de censure sur le fondement de l'art. 49, al. 2 de la Constitution contre le Gouvernement de François Fillon suite à l'intervention militaire de la France en Afghanistan. La motion est rejetée après avoir été adoptée par 227 députés contre les 288 requis. La prolongation de l'opération est décidée suite au vote : Assemblée nationale : p/ : 343, c/ : 210, abst. : 10. Sénat : p/ : 209, c/ : 119, abst. : 0.

parlementaires le 22 septembre 2008, puis le 28 janvier 2009 les opérations Licorne[73] déclenchée en 2002 (Côte-d'Ivoire), la KFOR[74] déclenchée en 1999 (Kosovo), la FINUL[75] déclenchée en 1978 (Liban), la MINURCAT[76] déclenchée en 2008 (Tchad et République centrafricaine) et enfin les opérations Epervier de 1986 (Tchad) et Boali de 2007 (République centrafricaine) ont fait l'objet d'une autorisation de prolongation[77]. De même, le 12 juillet 2011 les parlementaires votent la prolongation de l'opération Harmattan[78] (Lybie) puis à l'unanimité, dans les deux chambres, les parlementaires votent le 22 avril 2013, la prolongation de l'opération Serval[79] (Mali). Le 25 février 2014, les parlementaires votent la prolongation de l'opération Sangaris (République centrafricaine) à la quasi unanimité[80]. Le 13 janvier 2015, les parlementaires votent la prolongation de l'opération Chammal, pour les frappes en Irak[81], et le 25 novembre 2015, pour les frappes en Syrie[82].

---

[73] Compte rendu intégral n°14 (AN), séance du mercredi 28 janvier 2008, session ordinaire 2008-2009, XIIIe législature, *in JORF*, p. 896. « *La prolongation de l'intervention des forces françaises en République de Côte d'Ivoire est autorisée.* ». Sénat : p/ : 225 , c/ : 0, abst. : 0.

[74] *Ibid.*, « *La prolongation de l'intervention des forces françaises au Kosovo est autorisée.* », *in JORF*, p. 896. Sénat : p/ : 198, c/ : 25, abst. : 0.

[75] *Ibid.*, « *La prolongation de l'intervention des forces françaises au Liban est autorisée.* », *in JORF*, p. 896. Sénat : p/ : 226, c/ : 0, abst. : 0.

[76] *Ibid.*, « *La prolongation de l'opération EUFOR est autorisée.* », *in JORF*, p. 896. Sénat : p/ : 200, c/ : 24, abst. : 0.

[77] *Ibid.*, « *La prolongation des opérations Boali et Épervier est autorisée.* », *in JORF*, p. 896. Sénat : p/ : 201, c/ : 24, abst. : 0.

[78] Assemblée nationale : p/ : 482, c/ : 27, abst. : 0. Sénat : p/ : 311, c/ : 24, abst. : 0.

[79] Assemblée nationale : p/ : 342, c/ : 0, abst. : 0. Sénat : p/ : 326, c/ : 0, abst. : 0.

[80] Assemblée nationale : p/ : 428, c/ : 14, abst. : 21. Sénat : p/ : 328, c/ : 3, abst. : 15.

[81] Assemblée nationale : p/ : 488, c/ : 1, abst. : 13. Sénat : p/ : 327, c/ : 0, abst. : 19.

[82] Assemblée nationale : p/ : 515, c/ : 4, abst. : 10. Sénat : p/ : 325, c/ : 0, abst. : 21.

Ainsi, jamais les parlementaires n'ont opposé leur improbation à une intervention militaire de la France. Survivance de l'union sacrée ou de la raison d'état, ces douze opérations approuvées par le Parlement soulignent que, si la fonction de contrôle militaire existe bien en matière de contrôle des opérations à l'étranger, elle ne s'est, pour l'heure, jamais manifestée par une opposition politique marquée, bien que l'opposition à l'intervention en Afghanistan était réelle[83]. Néanmoins, le Parlement a bien la possibilité de s'opposer, s'il le souhaite, à la prolongation d'une opération militaire, à tout le moins, en théorie, puisque l'alinéa 3 de l'article 35 précise que le Gouvernement *« peut demander à l'Assemblée nationale de décider en dernier ressort »,* ce qui, dans l'hypothèse du fait majoritaire, exclut l'opposition parlementaire à une intervention étrangère. Il convient également de noter que cette approbation parlementaire est donnée une seule fois : qu'importe la durée de l'opération dès lors qu'un vote a eu lieu après le délai de quatre mois.

2 - Une unique approbation valant pour toute la durée de l'opération

La particularité du dispositif de l'alinéa 3 de l'article 35 de la Constitution réside dans le fait que le Parlement approuve une fois, et une fois seulement, l'intervention militaire étrangère, et ce, pour toute la durée de l'opération qui est, au jour du vote, inconnue de tous. Cependant, conformément à la Constitution révisée en 2008, le Gouvernement a pu associer le Parlement à la prolongation d'une opération militaire étrangère. Le contrôle parlementaire de l'intervention étrangère est un contrôle qui se fait toujours, du fait du court délai de quatre mois, dans l'émotion d'une campagne militaire tout juste

[83] Assemblée nationale : p/ : 343, c/ : 210, abst. : 10. Sénat : p/ : 209, c/ : 119, abst. : 0.

entreprise. L'union sacrée souvent invoquée, à juste titre, par le Gouvernement lorsque des militaires français sont engagés et risquent leur vie dans un conflit lointain, rend donc, sans doute, pour les parlementaires, l'opposition politiquement impossible. Il est vrai que si le dispositif constitutionnel prévoyait un renouvellement annuel ou biannuel de l'approbation parlementaire, les risques politiques seraient tout autres. Les résultats de l'approbation parlementaire de 2008 quant à l'opération française menée en Afghanistan depuis 2001 en témoignent. L'Assemblée nationale a, en effet, voté contre le prolongement de l'opération à 40% contre 36% pour le Sénat. Cela témoigne du risque politique, pour le Gouvernement, s'il devait renouveler chaque année, devant le Parlement, l'approbation parlementaire obtenue l'année précédente, une pratique qui serait non seulement risquée politiquement mais surtout contraire à l'esprit de la Constitution, qui consacre, un parlementarisme rationalisé.

Afin de contourner cette mise à l'écart du Parlement qui, après le délai de quatre mois passé, n'est plus consulté, le Gouvernement peut, *« de sa propre initiative ou à la demande d'un groupe parlementaire »*[84] être amené à consulter les parlementaires par un débat, avec ou sans vote, sur le fondement de l'article 50-1 de la Constitution. Ainsi, cette disposition permet aux parlementaires de tirer les enseignements d'un conflit et donc de participer pleinement à leur fonction de contrôle militaire. Même si lors du débat sans vote, sur le fondement de l'article 50-1 de la Constitution, relatif à la situation au Sahel, le sénateur Guillaume Gontard s'est demandé *« à quoi bon débattre »* dans la mesure où *« un seul vote de la représentation nationale est intervenu depuis 2013 »* et que *« jamais le Parlement ne s'est prononcé*

[84] Const. de 1958, art. 50-1.

formellement »[85], le débat a permis au Sénat d'identifier les raisons de l'échec politique au Sahel. Ainsi, par exemple, pour le sénateur Bruno Retailleau, la junte malienne a vu, dans la décision du chef de l'Etat au sommet de Pau[86], un *« prétexte pour aller dans les bras de Wagner »*[87].

En somme, la fonction de contrôle militaire du Parlement en matière de relation avec l'étranger s'exprime, particulièrement, au regard du contrôle des opérations étrangères de la France. En revanche, si cette prérogative est sans doute la plus importante lorsque l'on évoque le Parlement et les armées, il convient de rappeler que le Parlement joue également un rôle en matière de coopération militaire avec l'étranger.

§2 - Le contrôle des coopérations militaires avec l'étranger

La fonction de contrôle parlementaire des relations avec l'étranger s'exerce également en matière de coopérations militaires. En d'autres termes, le Parlement contrôle également le volet diplomatique de la matière militaire bien que ces prérogatives demeurent largement limitées. Les accords de défense font ainsi l'objet d'une simple information du Parlement (A), quant aux traités d'alliance militaires, l'autorisation de ratification relève de la fonction de contrôle militaire des parlementaires (B).

---

[85] Louis MOLLIER-SABET, « Sahel : le Sénat essaye de tirer les leçons de l'opération Barkhane », *in Public Sénat*, 23 fév. 2022.

[86] Sommet de l'ancien G5 Sahel (Mali, Mauritanie, Niger, Tchad, Burkina Faso) réuni à Pau le 13 janv. 2020. Ce sommet visait à évoquer, entre les chefs d'Etats concernés, l'éventualité d'un retrait progessif des troupes françaises dans la bande sahélo-saharienne.

[87] *Ibid.*

A - Une simple information du Parlement en matière d'accords de défense

Le contrôle parlementaire des accords de défense a pendant longtemps été considéré comme l'angle mort de la fonction de contrôle militaire. Le Parlement a, en effet, été tenu largement hors champ de tout contrôle parlementaire de ces accords de défense jusqu'en 2009 (1), date à laquelle, pour la première fois, la loi prévoit une information du Parlement lorsqu'un accord de défense est conclu par la France (2).

1 - Les accords de défense : angle mort de la fonction de contrôle militaire jusqu'en 2009

Avant toute chose, il convient de définir ce qu'est un accord de défense. Dans la réponse du ministère des Affaires étrangères à la question du sénateur Louis Longequeue en 1986, le ministre répond que les accords de défense désignent les accords *« qui peuvent entraîner la participation des forces armées d'un pays à la défense d'un autre pays »*[88]. Ainsi, avant 2009, ces accords de défense étaient largement hors champ du contrôle parlementaire. N'étant pas des accords internationaux au sens de l'article 53 de la Constitution[89] listant l'ensemble des *« traités ou accords »* qui ne peuvent être *« ratifiés ou approuvés qu'en vertu d'une loi »*, il faut comprendre, en creux, que l'ensemble des traités internationaux qui ne répondent pas de la définition de l'article 53 n'ont pas besoin d'être approuvés

---

[88] Louis LONGEQUEUE, question écrite n°461, publiée dans le journal officiel du Sénat, Sénat, 8e législature, 24 avril 1986, p. 621.

[89] Const. de 1958, art. 53 : « *Les traités de paix, les traités de commerce, les traités ou accords relatifs à l'organisation internationale, ceux qui engagent les finances de l'Etat, ceux qui modifient des dispositions de nature législative, ceux qui sont relatifs à l'état des personnes, ceux qui comportent cession, échange ou adjonction de territoire, ne peuvent être ratifiés ou approuvés qu'en vertu d'une loi* ».

par le Parlement. Dans la réponse du ministère des Affaires étrangères à la question du sénateur Louis Longequeue, le ministre affirme qu' *« en ce qui concerne les accords »* [...] *« de défense »* [...] *« ils sont aussi soumis à l'examen du Parlement dans les conditions prévues à l'article 53 de la Constitution »*[90]. Il faut nuancer cette affirmation car rien n'obligeait, avant 2009, le Gouvernement à soumettre de tels accords au Parlement.

Il n'existe qu'une hypothèse qui aurait pu rendre la soumission de certains accords de défense obligatoire. L'article 53 évoque une soumission obligatoire des *« traités engageant les finances de l'Etat »*[91]. Or, un accord de défense, parce qu'il prévoit, notamment, l'engagement de troupes françaises à l'étranger, aurait pu appartenir à cette catégorie. Néanmoins, pour appartenir à la catégorie mentionnée, une circulaire adoptée le 30 mai 1997 considère que les dépenses doivent être certaines[92], ce qui n'est pas le cas pour un accord de défense. En revanche, si des dépenses sont effectivement réalisées dans le cadre de cet accord de défense, alors le vote d'une loi de finances rectificatives engageant les dépenses vaut approbation parlementaire de l'accord[93]. Le député François Lamy dénonçait cette jurisprudence ayant pour effet que *« le vote de ces dépenses en loi de finances rectificatives vaudra approbation parlementaire de l'accord...même si le contenu de celui-ci n'est*

---

[90] Louis LONGEQUEUE, *op. cit.*

[91] Cette disposition est ancienne et plusieurs textes constitutionnels y faisaient référence avant 1958 : l'art. 8 de la loi constitutionnelle du 16 juil. 1875 et l'art. 27 de la Const. du 27 oct. 1946.

[92] Circulaire relative à l'élaboration et à la conclusion des accords internationaux adoptée le 30 mai 1997 par le Premier ministre : « *les accords édictant une obligation financière directe et certaine sont considérés comme engageant les finances de l'État* », *in JORF*, 31 mai 1997, p. 8419.

[93] CC, déc. n°75-60 DC, 30 déc. 1975, *Loi de finances pour 1976.*

pas connu des parlementaires ! »[94]. Au regard de la situation faisant des accords de défense le véritable angle mort de la fonction de contrôle militaire, les parlementaires ont proposé plusieurs pistes de réforme :

- d'abord, la modification du champ de l'article 53, mais le député François Lamy redoutait que cela conduise à *« un engorgement d'un ordre du jour déjà très chargé »*[95], ce qui peut-être, de prime abord, étonnant au regard du nombre limité des accords de défense *stricto sensu*[96] ;
- ensuite, l'autre option envisagée et défendue par le député François Lamy était la création de *« délégations parlementaires restreintes »*[97] au sein des commissions chargées de la défense nationale. Autant de pistes de réformes qui aboutiront, en 2009, à un droit d'information des parlementaires en matière d'accords de défense.

2 - Les accords de défense : un droit d'information parlementaire limité à partir de 2009

Le 17 juin 2008, le Président de la République Nicolas Sarkozy annonce ce qui devait être un grand tournant en matière de contrôle des accords de défense, en ces termes : *« j'ai donc décidé de rendre publics tous nos accords de défense »*[98]. La

---

[94] François LAMY, Commission de la Défense nationale et des Forces armées, *« Rapport d'information sur le contrôle parlementaire des opérations extérieures »*, Assemblée nationale, 2000, p. 54.
[95] *Ibid.*
[96] *Cf. infra,* p. 156. La France n'est liée que par huit accords de défense.
[97] François LAMY, *op. cit.*, p. 56.
[98] Discours de Nicolas Sarkozy, Président de la République, *« Déclaration sur la nouvelle politique de défense, notamment la réforme des armées et la réintégration de la France dans le commandement militaire de l'OTAN »*, Paris, 17 juin 2008.

traduction législative de cet engagement eut lieu dans la loi de programmation militaire 2009-2014 qui dispose que *« la liste des accords de défense a été rendue publique. Le Parlement sera désormais informé de la conclusion et des orientations de ces accords »*[99]. En conséquence, le Parlement a eu à connaître, des huit accords de défense liant la France avec le Togo, le Cameroun, le Gabon, la République centrafricaine, l'Union des Comores, Djibouti, la Côte d'Ivoire et le Sénégal[100].

Cependant, à la question de savoir si la réforme de 2009 sur les accords de défense avait revalorisé le rôle du Parlement, le sénateur Olivier Cigolotti a répondu que, dans les faits, rien n'avait véritablement changé[101]. D'abord, parce que les dispositions du rapport annexé de la LPM 2009-2014 ne permettent pas au Parlement d'approuver ou non les accords de défense ; est reconnu, tout au plus, un droit à l'information des parlementaires. Il s'agissait, d'ailleurs, de la volonté du député François Lamy qui appelait de ses vœux à ce que les commission soient *« informées au moins de l'existence d'un accord et de ses grandes lignes par le Gouvernement plutôt que par la presse »*[102]. Cependant, il serait faux d'affirmer que la réforme de 2009 n'a rien changé. Depuis 2009 les huit accords de défense liant la France ont été révisés[103]. Le sénateur Daniel

---

[99] Loi n°2009-928 du 29 juil. 2009 relative à la programmation militaire pour les années 2009 à 2014 et portant diverses dispositions concernant la défense.

[100] Claude NOUGEIN, Commission des Affaires étrangères, de la Défense et des Forces armées, *« Rapport d'information sur le projet de loi autorisant la ratification du traité de coopération en matière de défense entre la République française et la République du Mali »*, Sénat, 2016, p. 19.

[101] Entretien réalisé avec le sénateur Olivier Cigolotti, sénateur de la Haute-Loire, vice-président de la Commission des Affaires étrangères de la Défense nationale et des Forces armées du Sénat, 7 fév. 2023.

[102] François LAMY, *op. cit.*, p. 55.

[103] PAUL Philippe, Commission des Affaires étrangères, de la Défense nationale et des Forces armées, *« Rapport sur le le projet de loi autorisant l'approbation de l'accord entre le Gouvernement de la République française et le Gouvernement de la République centrafricaine instituant un partenariat de défense et sur le projet de loi autorisant la ratification du traité instituant*

Reiner, lors de l'examen des accords de défense liant la France à la République centrafricaine, se félicitait ainsi que ces nouveaux accords de défense remplacent *« des textes datant de près de cinquante ans, qui comportaient des clauses secrètes et n'avaient pas été soumis au Parlement »*[104]. Néanmoins, outre les accords de défense à proprement parler, la fonction de contrôle de la diplomatie militaire s'étend également aux traités d'alliances militaires nécessitant, quant à eux, une autorisation parlementaire de ratification.

B - L'autorisation parlementaire de ratification des traités d'alliances militaires

Contrairement aux accords de défense qui font l'objet d'une simple information au Parlement, les traités d'alliances militaires, quant à eux, en ce qu'ils sont des traités au sens de l'article 53 de la Constitution, nécessitent une approbation parlementaire. La fonction de contrôle des parlementaires en matière de traités d'alliances militaires s'exerce ainsi en deux temps : d'abord, lors de l'examen au fond, en commission, visant à éclairer les parlementaires sur la portée du traité (1) ; ensuite, lors du vote valant autorisation ou non de ratification du traité d'alliances militaires (2).

1 - Le contrôle des traités d'alliances militaires lors de l'examen en commission

Le contexte de la préparation des armées à un conflit de haute intensité est propice au développement d'une diplomatie militaire à laquelle le Parlement entend participer par sa fonction de contrôle du Gouvernement. En matière de traité de

un partenariat de défense entre la République française et la République gabonaise », Sénat, 2011, p. 19.
[104] *Ibid.*

coopération militaire multilatérale, le 20 juillet 2022 le Sénat publiait un rapport[105] sur le *« projet de loi autorisant la ratification du protocole au Traité de l'Atlantique Nord »*, consacrant l'élargissement de l'Alliance atlantique à la Suède et à la Finlande. Le rapport du Sénat soulignait, d'abord, les aspects positifs de ce traité, pour l'OTAN et la France[106], dans l'hypothèse d'un conflit de haute intensité, pleinement intégrée par les parlementaires[107]. Cependant, la fonction de contrôle militaire oblige les parlementaires à soulever les points d'achoppement du traité. Ce sont, en effet, les parlementaires qui ont dénoncé un accord prévoyant que la Finlande et la Suède s'engagent à *« empêcher les activités non seulement du Parti des travailleurs du Kurdistan (PKK), mais aussi du PYD*[108] *et des YPG*[109] *»* mais également à *« améliorer les extraditions de ressortissants turcs »* et encore à *« à soutenir la participation de la Turquie aux initiatives de la politique de sécurité et de défense commune (PSDC) »*[110], condition *sine qua non* pour Ankara à l'adhésion des deux Etats baltes. Autant de conditions qui ont suscité des réserves de la part de la commission chargée de la défense nationale du Sénat en ce que cela *« pose un problème de compatibilité de valeurs »*[111].

---

105 Christian CAMBON, *et al.*, Commission des Affaires étrangères, de la Défense et des Forces armées, *« Rapport sur le projet de loi autorisant la ratification du protocole au Traité de l'Atlantique Nord sur l'accession de la République de Finlande et la ratification du protocole au Traité de l'Atlantique Nord sur l'accession du Royaume de Suède »*, Sénat, 2022.
106 *Ibid.*, p. 8. Le rapport fait état de l' *« apport de profondeur stratégique qui permet de renforcer la posture de défense et de dissuasion du flanc oriental de l'OTAN »*.
107 Patricia MIRALLES et Jean-Louis THIERIOT, *op. cit.*
108 PYD pour *« Partiya Yekîtiya Demokra »* en kurde. Traduit en « *Parti de l'union démocratique* » en français, il est la branche syrienne du PKK en Turquie.
109 YPG pour « *Yekîneyên Parastina Gel* » en kurde. Traduit en « *Unités de protection du peuple* » en français, il est le bras armé du PYD.
110 Christian CAMBON, *op. cit.*, p. 12.
111 *Ibid.*

Néanmoins, si le contrôle parlementaire de la diplomatie militaire permet de souligner les points d'achoppement du traité, il convient de noter que ce contrôle parlementaire au fond du traité est limité. Le cadre de l'examen en commission d'un traité d'alliance militaire est celui de la procédure accélérée de l'article 45 de la Constitution[112] qui permet au Gouvernement de réunir une commission mixte paritaire après une seule lecture dans les deux chambres si un désaccord persiste. La procédure accélérée est la règle en matière d'examen des traités, corollaire d'une diplomatie relevant du domaine réservé du chef de l'Etat. Cependant, certains parlementaires ont dénoncé une mise à l'écart du Parlement par le recours à cette procédure. Le sénateur Pierre Laurent, lors de l'examen en commission du projet de loi de ratification relatif à l'adhésion de la Finlande et de la Suède à l'Otan, dénonçait un texte ajouté *« à l'ordre du jour de nos travaux, pour une ratification cinq jours plus tard. Ce ne sont pas des conditions sérieuses d'examen »*[113]. Certains parlementaires ont même souhaité un examen selon une procédure normale comme lors de l'examen du projet de loi de ratification du traité du Quirinal entre l'Italie et la France, en 2021. Le sénateur Guillaume Gontard affirmant qu'un débat lui semblait nécessaire, s'est demandé s'il ne faudrait pas *« examiner ce texte en séance selon la procédure normale ? »*[114]. Cependant, si le contrôle au fond en commission

---

112 Const. de 1958, art. 45, al. 2 : *« si le Gouvernement a décidé d'engager la procédure accélérée sans que les Conférences des présidents s'y soient conjointement opposées, après une seule lecture par chacune d'entre elles, le Premier ministre ou, pour une proposition de loi, les présidents des deux assemblées agissant conjointement, ont la faculté de provoquer la réunion d'une commission mixte paritaire chargée de proposer un texte sur les dispositions restant en discussion ».*

113 Christian CAMBON, *et al.*, *op. cit.*, pp. 18 et 19.

114 Gilbert BOUCHET, Commission des Affaires étrangères, de la Défense et des Forces armées, « *Rapport sur le projet de loi, adopté par l'Assemblée nationale après engagement de la procédure accélérée, autorisant la*

permet aux parlementaires d'exercer, *nolens volens,* leur fonction de contrôle de la diplomatie militaire, c'est surtout lors du vote en séance que les parlementaires peuvent manifester concrètement leur opposition à la ratification d'un traité.

2 - Le contrôle des traités d'alliances militaires lors du vote en séance publique

La fonction de contrôle de la diplomatie militaire s'exerce également durant le vote en séance aboutissant, dans la majorité des cas, à l'autorisation de ratification. Notons, néanmoins, que lorsque le parlement vote une loi d'autorisation de ratification, le Président de la République n'est pas tenu de ratifier le traité, en revanche, lorsque le Parlement refuse d'autoriser la ratification du traité, alors, le Président de la République ne peut le ratifier. Les cas d'autorisations de ratification d'un traité de coopération militaire sont nombreux, qu'il s'agisse du traité autorisant la ratification de l'adhésion de la Finlande et de la Suède à l'OTAN (2022)[115] ou du traité renforçant la coopération bilatérale entre la France et l'Italie notamment en matière militaire (2021)[116], les exemples d'approbation parlementaire à la ratification de traités de coopération militaire ne manquent pas. En revanche, rares sont les exemples de refus d'autorisation parlementaire, tel le traité instituant la communauté européenne de défense.

S'il est un exemple de l'effectivité du contrôle parlementaire en matière de diplomatie militaire, c'est bien le

---

ratification du traité entre la République française et la République italienne pour une coopération bilatérale renforcée », Sénat, 2022, p. 8.

[115] Loi n°2022-1124 du 5 août 2022 autorisant la ratification du protocole au Traité de l'Atlantique Nord sur l'accession de la République de Finlande et la ratification du protocole au Traité de l'Atlantique Nord sur l'accession du Royaume de Suède.

[116] Loi n°2022-1384 du 31 oct. 2022 autorisant la ratification du Traité entre la République française et la République italienne pour une coopération bilatérale renforcée.

rejet, le 30 août 1954 par l'Assemblée nationale, du traité instituant la communauté européenne de défense. Le 24 octobre 1950, René Pleven, alors président du Conseil de la IVe République, présente devant l'Assemblée nationale le projet de traité visant à instituer *« une armée européenne rattachée à des institutions politiques de l'Europe unie »*[117], un projet largement approuvé par l'Assemblée nationale[118]. Cependant, l'opposition politique grandissant[119], le traité sera modifié avant d'être déposé, le 29 août 1954, sur le bureau de l'Assemblée nationale. Le projet de loi d'autorisation de ratification de la communauté européenne de défense ne sera pas même examiné au fond, en raison de la question préalable posée par le député Adolphe Aumerman[120]. La question préalable était, en 1954, une procédure permettant, devant l'Assemblée nationale et le Sénat, *« de faire décider qu'il n'y a pas lieu à délibérer »*[121]. Son adoption entraînait alors *« le rejet du texte à l'encontre duquel elle a été soulevée »*[122,123]. La question préalable du député

[117] Marion GAILLARD, « Chapitre 4. 1950-1954 : l'aventure avortée de la CED, la France face à ses contradictions », *in* Gaillard Marion (dir.), *France-Europe. Politique européenne de la France de 1950 à nos jours*, De Boeck Supérieur, 2010, pp. 51-63.

[118] Résultat du vote : p/ : 343, c/ : 225.

[119] Michel DEBRE, *Républiques pour une France,* Mémoires, Tome II, Albin Michel, 1988, pp. 161-163 et 177. L'auteur déclare que *« le traité est illisible et si riche d'arrière-pensées qu'il faut se prendre la tête à deux mains pour saisir le sens de certaines phrases ».*

[120] Adolphe Léon Gustave Aumerman (1887-1980), député du département d'Alger (ancien département français d'Algérie) de 1946 à 1955. Ancien général de Brigade s'étant notamment illustré durant la campagne d'Italie, il est décoré de la croix de guerre 1914-1918 et de la croix de guerre 1939-1945.

[121] Art. 91, al. 4 RAN (à jour de 1954) : *« Il ne peut ensuite être mis en discussion et aux voix qu'une seule exception d'irrecevabilité dont l'objet est de faire reconnaître que le texte proposé est contraire à une ou plusieurs dispositions constitutionnelles et une seule question préalable, dont l'objet est de faire décider qu'il n'y a pas lieu à délibérer. L'adoption de l'une ou l'autre de ces propositions entraîne le rejet du texte à l'encontre duquel elle a été soulevée ».*

[122] *Ibid.*

[123] Aujourd'hui, seul le Sénat a conservé la question préalable, à l'art. 44, al. 3 de son règlement, *« La question préalable, dont l'objet est de faire décider*

Adolphe Aumerman examinée en Commission des Affaires étrangères recommanda, de justesse[124], la transmission de la question à l'Assemblée nationale. Les députés se sont alors saisis de la question préalable, l'ont adopté à 55%[125] et, sans examen au fond du traité instituant la communauté européenne de défense, ont rejeté, par la même occasion, le texte du traité. Ainsi, le Parlement a pu, par le passé, être un acteur actif du contrôle de la diplomatie militaire. Si, aujourd'hui, les exemples de refus d'approbation de lois de ratification de traités de coopérations militaires se font rares, le Parlement peut encore s'opposer à la ratification d'un tel traité, a moins que l'exécutif ne préfère se tourner vers le pouvoir constituant[126].

Ainsi, l'étude des objets de la fonction de contrôle militaire des parlementaires fait apparaître un large champ dans lequel les parlementaires peuvent, tout à la fois, contrôler la préparation des armées à l'hypothèse d'un engagement majeur, contrôler l'intervention des armées à l'étranger ou contrôler l'exercice de la diplomatie militaire. Malgré ce pouvoir reconnu aux assemblées, de nombreuses limites sont opposées au travail des parlementaires, comme en témoignent les recommandations des commissions en matière de préparation des forces, non suivies par le Gouvernement des décennies durant, ou les limites procédurales au contrôle parlementaire de la diplomatie militaire.

---

soit que le Sénat s'oppose à l'ensemble du texte, soit qu'il n'y a pas lieu de poursuivre la délibération ». L'Assemblée nationale a abandonné, en 2009, la *« question préalable »* de l'art. 91, al. 4 de son règlement pour la remplacer par une *« motion de rejet préalable »* à l'art. 91, al. 5 regroupant la question préalable et l'exception d'irrecevabilité. Ainsi, selon l'art. 91, al. 5 RAN : « *Il ne peut ensuite être mis en discussion et aux voix qu'une seule motion de rejet préalable, dont l'objet est de faire reconnaître que le texte proposé est contraire à une ou plusieurs dispositions constitutionnelles ou de faire décider qu'il n'y a pas lieu à délibérer ».*

[124] Résultats du vote : p/ : 24, c/ : 20.

[125] Résultats du vote : p/ : 319, c/ : 264.

[126] Const. de 1958, art. 11.

CHAPITRE 2

LES MOYENS DU CONTRÔLE PARLEMENTAIRE EN MATIÈRE MILITAIRE

Afin de remplir sa fonction de contrôle militaire, le Parlement dispose de nombreux moyens garantis tant par la Constitution que par les règlements des assemblées. Ces moyens du contrôle parlementaire permettent de rendre effectif le contrôle de l'action du Gouvernement en matière militaire, garanti à l'article 24 de la Constitution[1]. Si cette fonction de contrôle s'exerce surtout au sein des commissions chargées de la défense nationale, durant, notamment, les auditions du ministre des Armées, la fonction de contrôle militaire peut également s'exercer en séance publique, au travers, par exemple, des questions au Gouvernement.

Les moyens du contrôle parlementaire en matière militaire doivent être distingués selon leur portée. Dans un premier temps, le contrôle militaire s'attachant à la seule information ou investigation des parlementaires permet à ces derniers de disposer des éléments d'information nécessaires pour exercer pleinement leur fonction de contrôle militaire. Dans un second temps, le contrôle militaire exercé par les parlementaires vise à prendre acte politiquement des faits mis en lumière par les parlementaires : c'est un contrôle politique dont l'objet est de sanctionner les manquements du Gouvernement en matière militaire. Ce contrôle politique sanctionné peut prendre tout à la fois la forme traditionnelle de la censure parlementaire, ou une forme de sanction différente

---

[1] Const. de 1958, art. 24, al. 1, mod. en 2008 : *« Le Parlement vote la loi. Il contrôle l'action du Gouvernement. Il évalue les politiques publiques ».*

rendue possible par le recours à des acteurs extérieurs tels que la Cour des comptes ou les médias.

En somme, la fonction de contrôle militaire des parlementaires s'apparente à une fonction de contrôle à double détente avec, dans un premier temps, un contrôle hors sanction (Section 1) qui peut, éventuellement, aboutir à un contrôle sanctionné (Section 2).

Section 1 - Le contrôle parlementaire hors sanction

Le contrôle parlementaire hors sanction désigne l'ensemble des moyens de contrôle dont dispose le Parlement mais ne pouvant aboutir à la mise en jeu de la responsabilité du Gouvernement. L'objet du contrôle parlementaire hors sanction est de permettre aux parlementaires de contrôler l'action du Gouvernement, en vue, peut-être, de le sanctionner ultérieurement. Plusieurs moyens sont à disposition des parlementaires, qu'il s'agisse des moyens d'information (*§1*) ou d'investigation (*§2*) en matière militaire.

§1 - Les procédures au service de l'information des parlementaires en matière militaire

Les procédures parlementaires au service de l'information du Parlement en matière militaire regroupent l'ensemble des moyens permettant d'interroger la politique de défense du Gouvernement. Ces procédures prennent la forme de questions au Gouvernement (A) et laissent transparaître un déséquilibre d'intérêt certain pour l'armée de Terre (B).

A - L'usage de questions au gouvernement en matière militaire

En matière militaire, les questions au Gouvernement peuvent prendre la forme de questions orales (1) ou écrites (2).

Cette première catégorie appelle plutôt à une réponse succincte alors que cette deuxième catégorie, souvent des questions plus techniques, appelle à une réponse précise et détaillée sur un élément de la politique de défense du Gouvernement.

1 - Les questions orales

La Constitution consacre, en son article 48, la possibilité pour les parlementaires de questionner le Gouvernement sur sa politique de défense, puisqu' « *une séance par semaine au moins* » [...] « *est réservée par priorité aux questions des membres du Parlement et aux réponses du Gouvernement* ». Il existe plusieurs types de questions orales : les questions au Gouvernement *stricto sensu* et les questions orales avec ou sans débat. A la suite du message au Parlement du Président de la République Valéry Giscard d'Estaing, le 30 mai 1974[2], et sans modification du règlement des assemblées[3], les questions au Gouvernement sont instituées en remplacement des questions d'actualité crées en 1970[4]. Les questions orales, avec ou sans débat, désignent, quant à elles, des questions posées individuellement par les parlementaires à un ministre sur un sujet d'intérêt local. Les articles 48 et et 134 du règlement de l'Assemblée nationale ont abandonné la question orale avec

---

[2] Message au Parlement du Président de la République Valéry Giscard d'Estaing, 30 mai 1974 : *« si l'Assemblée nationale en décidait ainsi, elle pourrait aménager son règlement de manière à réserver chaque mercredi, en début d'après-midi, une heure pour des questions d'actualité, qui seraient posées à égalité de temps, et suivant une procédure à définir, par la majorité et par l'opposition. Je demanderais alors au Premier ministre et à l'ensemble des ministres d'être présents à cette séance du mercredi, afin de répondre personnellement et directement aux questions ».*

[3] Patrick NGUYEN HUU, « L'évolution des questions parlementaires depuis 1958 », *Revue française de sciences politiques*, 31e année, n°1, 1981. p. 179. *« l'Assemblée nationale n'aménagea pas son règlement et le président Edgar Faure, avec l'accord du Premier ministre, fit en sorte que l'expérience »* [des questions au Gouvernement] *« soit tentée dès le 12 juin 1974 ».*

[4] Art. 138 RAN modifié par la résolution n°146 du 23 oct. 1969.

débat au profit de la seule question orale sans débat. Mais, cette procédure existe encore au Sénat[5].

En matière militaire, les questions au Gouvernement ne concernent pas seulement le Premier ministre ou le ministre des Armées. D'autres ministères sont régulièrement sollicités, en matière militaire, par les parlementaires : dans le cadre de la XVIe législature en cours, le ministre de la Justice, le ministre des Affaires étrangères ou le ministre chargé de la Jeunesse ont été interrogés sur des questions touchant à la matière militaire. Les ministres ont été respectivement interrogés sur le dispositif d' *« encadrement militaire par décision de justice »*[6], sur les *« mesures prises par la France à l'encontre de la Russie »*[7] dans le cadre de la guerre en Ukraine ou sur l'avenir du *« Service national universel »*[8]. En ce qui concerne les questions orales au ministre, l'objectif pour les parlementaires est de porter, auprès du ministre, une problématique de défense locale. Quelques exemples permettent d'illustrer l'acception locale de ces questions orales, à la différence des questions au Gouvernement, comme, par exemple, une question relative à la « *reconversion du terrain militaire de Gondreville »*[9], ou à

---

[5] Art. 77 RS : *« À la demande de trente sénateurs dont la présence est constatée par appel nominal, une question orale à laquelle il vient d'être répondu peut être transformée, sur décision du Sénat, en débat d'initiative sénatoriale ».*

[6] Blandine BROCARD, Question au Gouvernement (QG) n°274 à l'intention du ministre de la Justice, *« Encadrement militaire par décision de justice »*, rubrique justice, XVIe législature, Assemblée nationale, 2022.

[7] Nicole LE PEIH, QG n°382 à l'intention du ministère de l'Europe et des Affaires étrangères, *« Mesures à l'encontre de la Russie »*, rubrique politique extérieure, XVIe législature, Assemblée nationale, 2022.

[8] Josy POUEYTO, QG n°51 à l'intention du ministère de la jeunesse, « *Service national universel* », rubrique jeunesse, XVIe législature, Assemblée nationale, 2022.

[9] Thomas MENAGE, Question orale sans débat (QOSD) n° 126 à l'intention du ministère des Armées, « *aménagement du territoire - Reconversion du terrain militaire de Gondreville »*, rubrique défense, XVIe législature, 2023.

l' *« ouverture d'une caserne du service militaire volontaire dans les Hauts-de-France »*[10].

2 - Les questions écrites

Les questions écrites permettent aux parlementaires d'interroger un ministre sur une question précise et, souvent, d'ordre plus technique que les questions orales. Il s'agit d'une procédure ancienne dont le député Georges Graux[11] a été le premier promoteur, en 1898, avant que ne soit adoptée, en 1909, la résolution du député Charles de Hault de Pressensé prévoyant la possibilité pour les députés de soumettre une question écrite à un ministre[12]. Aujourd'hui, la procédure est prévue à l'article 135 du règlement de l'Assemblée nationale, et à l'article 74 du règlement du Sénat. Les contraintes opposées aux parlementaires sont limitées, tout juste doivent-elles être *« sommairement rédigées »*[13] et ne comporter *« aucune imputation d'ordre personnel »*[14]. A ces limites s'ajoute celle du secret de la défense nationale qui peut également être opposé à un parlementaire par le ministre, comme ce put être le cas en 2009 dans une question relative à Philippe de Dieuleveult,

---

[10] Brigitte LISO, QOSD n°57 à l'intention du ministère des Anciens combattants et de la mémoire, *« Ouverture d'une caserne du service militaire volontaire dans les Hauts-de-France »*, rubrique défense, XVIe législature, Assemblée nationale, 2023.

[11] Georges GRAUX, projet de résolution n°103, Assemblée nationale, 23 juin 1898.

[12] La résolution Pressensé était inscrite à l'article 48 du RAN en ces termes : *« Les questions écrites sommairement rédigées, sont remises au Président de la Chambre. Dans les huit jours qui suivent leur dépôt, elles doivent être imprimées avec les réponses faites par les ministres. Les ministres ont la faculté de déclarer, par écrit, que l'intérêt public leur interdit de répondre ou, à titre exceptionnel, qu'ils réclament un délai pour rassembler les éléments de leur réponse »*.

[13] Art. 135 RAN et art. 74 RS.

[14] *Ibid.*

disparu au Zaïre en 1985[15], au sujet de ses liens avec la Direction Générale de la Sécurité Extérieure.

L'analyse des questions écrites en matière militaire, depuis vingt ans, fait apparaître une tendance d'intérêt décroissante pour les parlementaires. L'émergence de la nouvelle menace de la haute intensité ne s'est pas traduite par un accroissement des questions écrites sur les sujets militaires. Ainsi, en comparant le *ratio* des questions écrites relatives à la défense et aux anciens combattants par rapport à l'ensemble des questions écrites depuis la XIIe législature, la tendance est la baisse constante. Si 3% des questions écrites posées sous la XIIe législature (2002-2007) concernaient la matière militaire, ce n'est plus que 2,5% pour la XIIIe législature (2007-2012), 2% pour la XIVe législature (2012-2017), 2% pour la XVe législature (2017-2022) et moins de 2% pour la législature en cours (en mars 2023)[16]. Au-delà de l'intérêt décroissant des parlementaires pour les questions écrites, il convient de constater un déséquilibre d'intérêt des parlementaires au profit de l'armée de Terre.

B - Un déséquilibre d'intérêt parlementaire au profit de l'armée de Terre

L'étude des questions au Gouvernement en matière militaire laisse apparaître que, parmi les trois armées, c'est l'armée de Terre qui est l'objet de plus d'égards de la part des parlementaires (1). Cependant, les industries de défense représentent également une part importante des questions parlementaires (2).

---

[15] Jacques REMILLER, Question écrite (QE) n° 34305 à l'intention du ministère de la Défense, *« Secret défense. disparition de Philippe de Dieuleveult »*, rubrique sureté de l'Etat, XIIIe législature, Assemblée nationale, 2009. Réponse du ministre de la défense publiée au JOAN le 10 fév. 2009, p. 1323.

[16] *Cf.* Annexe XIII.

1 - Un intérêt majeur pour l'armée de Terre

L'étude des questions orales comme écrites[17], au Sénat[18] et à l'Assemblée nationale[19] sur une période couvrant près de vingt ans (2002-2023), laisse apparaître un déséquilibre d'intérêt pour l'armée de Terre :

- en ce qui concerne les questions orales relatives aux trois armées, 43% des questions concerne l'armée de Terre, 32% concerne l'armée de l'Air et de l'Espace et 25% concerne la Marine Nationale[20] ;
- en ce qui concerne les questions écrites, 41% sont relatives à l'armée de Terre, 32% à la Marine Nationale et 27% à l'armée de l'Air et de l'Espace[21] ;
- les questions au Gouvernement font, quant à elles, apparaître une tendance inverse avec 40% des questions relatives à la Marine Nationale, 33% à l'armée de l'Air et de l'Espace et seulement 27% à l'armée de Terre[22].

---

[17] A partir de la base de données des questions au Gouvernement, des questions écrites et des questions orales au Sénat et à l'Assemblée nationale, la recherche avancée a consisté à rechercher dans le corps des questions posées au Gouvernement les termes « *Marine Nationale* », « *armée de Terre* », « *armée de l'Air et de l'Espace* »,« *industries de défense* » ou « *base industrielle technologique de défense* ». Est considérée comme une question parlementaire relative à l'armée de Terre, une question faisant apparaître dans le corps du texte le terme « armée de Terre », de même pour les autres armées.

[18] Sénat, Base de recherche des questions, votre recherche : « *Marine Nationale* », « *armée de Terre* », « *armée de l'Air et de l'Espace* », « *industries de défense* » ou « *BITD* », nature de la question : *« question écrite [QE] », « question orale [QOSD] », « question d'actualité au Gouvernement [QG] », site officiel du sénat*, consulté le 9 mars 2023.

[19] Assemblée nationale, Recherche avancée des questions, votre recherche : « *Marine Nationale* », « *armée de Terre* », « *armée de l'Air et de l'Espace* », « *industries de défense* » ou « *BITD* », nature de la question : *« question écrite », « question orale », « question au Gouvernement », site officiel de l'Assemblée nationale*, consulté le 6 mars 2023.

[20] *Cf.* Annexe XV.

[21] *Cf.* Annexe XVI.

[22] *Cf.* Annexe XIV.

En compilant l'ensemble des questions soumises au Gouvernement et concernant les trois armées, 41% sont relatives à l'armée de Terre, 31% à la Marine Nationale et 28% à l'armée de l'Air et de l'Espace. Pour le sénateur Olivier Cigolotti[23], à qui cette étude à été transmise, le déséquilibre d'intérêt au profit de l'armée de Terre s'explique par la qualité des matériels des trois armées. Ainsi, c'est parce que « *l'armée de terre est mal dotée* » et qu'elle dispose d'un « *matériel performant mais vieillissant* », que les parlementaires seraient particulièrement attentifs. L'autre argument avancé est celui du « *contexte actuel* » qui justifie « *que l'armée de terre revient plus souvent dans les questions* ». Néanmoins, ce constat doit être nuancé au regard de l'étude des questions des XVe et XVIe législatures qui font plutôt apparaître un intérêt nouveau pour la Marine Nationale, largement concernée, elle aussi, par le retour des conflits de haute intensité.

2 - Un intérêt marqué pour les industries de défense

Si les industries de défense dépassent la seule notion d'armées *stricto sensu,* elles sont, néanmoins, largement au centre des préoccupations des parlementaires en matière militaire. Les enjeux soulevés par l'hypothèse d'une guerre de haute intensité justifient un renforcement des industries de défense alors que le Président de la République souhaite faire entrer la France dans une « *économie de guerre* »[24]. Ainsi, pour les questions au Gouvernement, 53% des questions orales posées en matière militaire ont trait aux industries de défense, contre 18% pour les questions écrites. En compilant l'ensemble

---

[23] Entretien réalisé avec le sénateur Olivier Cigolotti, sénateur de la Haute-Loire, vice-président de la Commission des Affaires étrangères de la Défense nationale et des Forces armées du Sénat, 7 fév. 2023.

[24] Anne BAUER, *« Macron : l'industrie de la défense doit rentrer dans une économie de guerre », in Les Echos,* 13 juin 2022.

des questions, cela représente un taux de 21%[25] de questions portant sur les industries de défense, 22% pour l'armée de l'Air et de l'Espace, 24% pour la Marine Nationale contre 33% pour l'armée de Terre.

Dans le contexte de la préparation des armées à la haute intensité, les parlementaires ont pu s'inquiéter d'une faiblesse stratégique identifiée dans tous les rapports parlementaires récents[26] : le manque d'une filière nationale de munitions de petits calibres. Suite à un rapport parlementaire[27], le ministre de la Défense, Jean-Yves le Drian, a décidé, en 2016, la réimplantation d'une industrie du petit calibre, avant que la décision d'abandonner le projet lors de la rédaction de la revue stratégique de 2017 ne soit prise quelques mois plus tard[28]. Cependant, depuis la pleine intégration de la menace symétrique par les parlementaires, ces derniers multiplient les questions relatives à la relocalisation d'une industrie du petit calibre en France. A l'Assemblée nationale, la question a émergé au cours de la XVe législature avec des questions des

---

[25] Ce taux s'explique par le poids des questions écrites avec un effectif de 912 pour les industries de défense contre 1196 pour l'armée de l'Air et de l'Espace, 1327 pour la Marine Nationale et 1779 pour l'armée de Terre.

[26] Patricia MIRALLES et Jean-Louis THIERIOT, Commission de la Défense nationale et des Forces armées, *« Rapport d'information en conclusion des travaux d'une mission d'information sur la préparation à la haute intensité »*, Assemblée nationale, 2022.

[27] Nicolas BAYS et Nicolas DUHUICQ, Commission de la Défense nationale et des Forces armées, *« Rapport d'information en conclusion des travaux d'une mission d'information sur la filière munitions »*, Assemblée nationale, XVIe législature, 2015.

[28] Sophie BOURDEAU, « Démantèlement de l'industrie de munitions petit calibre : une faille dans notre système de défense nationale », *Ecole de Guerre Economique*, mis en ligne le 13 oct. 2022, *ege.fr/info guerre/demantelement-de-lindustrie-de-munitions-petit-calibre-une-faille-dan s-notre-systeme-de-defense-nationale*, consulté le 13 déc. 2022.

députés Joachim Son-Forget[29], Olivier Becht[30] ou Nicolas Dupont-Aignan[31]. Au Sénat, la sénatrice Hélène Conway-Mouret pour qui, « *la résilience de nos armées paraît plus sûrement garantie quand l'usine n'est pas bien loin du régiment* », a appelé le ministre des Armées à « *reconsidérer* » le projet de la relocalisation d'un telle industrie[32], mais le ministre l'a écarté[33]. Cependant, lorsque les moyens d'information ne suffisent pas pour exercer pleinement leur fonction de contrôle militaire, les parlementaires peuvent avoir recours à des moyens d'investigation.

§2 - Les procédures au service de l'investigation des parlementaires en matière militaire

Dans le cadre de leur fonction de contrôle militaire hors sanction, les parlementaires peuvent entreprendre des investigations. Ces investigations visent à mettre en lumière les éventuels manquements du Gouvernement en matière militaire, lorsque les procédures d'information sont apparues insuffisantes, qu'il s'agisse de moyens d'investigation touchant à la matière militaire dans son ensemble (A), ou à des domaines particuliers de la matière militaire tels que les finances ou le renseignement (B).

---

[29] Joachim SON-FORGET, QE n°1084 à l'intention du ministre des Armées, « *Consortium Manhurin* », rubrique défense, XVe législature, Assemblée nationale, 2017.
[30] Olivier BECHT, Question écrite n°2223 à l'intention du ministre de la Défense, « *Développement de la filière munitionnaire* », rubrique défense, XVe législature, Assemblée nationale, 2017.
[31] Nicolas DUPONT-AIGNAN, QE n°31428 à l'intention du ministre des Armées, « *Désindustrialisation armes et munitions de la France calibre moins de 20 mm* », rubrique défense, XVe législature, Assemblée nationale, 2017.
[32] Helène CONWAY-MOURET, QE n°18455 à l'intention du ministre des Armées, « *Relocalisation en France de la production de munitions de petit calibre* », rubrique défense, XVe législature, Sénat, 2020.
[33] *Ibid.*

A - L'usage de moyens d'investigation généraux en matière militaire

En matière militaire, les moyens d'investigation dont disposent les parlementaires peuvent être regroupés en deux catégories : les moyens d'investigation non prévus par la Constitution (1) et les moyens d'investigation disposant d'une assise constitutionnelle (2).

1 - Les moyens d'investigation non constitutionnels

Il existe deux types de moyens d'investigation ne disposant pas d'assise constitutionnelle en matière militaire, les missions d'évaluation et les missions d'information. En ce qui concerne les missions et les rapports d'évaluation, ils sont réalisés par le comité d'évaluation et de contrôle des politiques publiques. Ce comité a été créé à la suite de la révision constitutionnelle du 23 juillet 2008 modifiant l'article 24 de la Constitution et institué à l'article 146-2 du règlement de l'Assemblée nationale. Ce comité s'intéresse peu à la matière militaire : tout juste est mentionné, en 2015, le nécessaire renforcement des journées défense et citoyenneté pour *« conforter le lien armée-nation »*[34], dans une *« mission d'évaluation des politiques publiques en faveur de la mobilité sociale des jeunes »*.

En ce qui concerne les missions d'information, elles participent tout autant d'une fonction de pré-législation militaire[35], que d'une fonction de contrôle militaire. Le recours aux missions d'information en matière militaire est différent

---

[34] Compte rendu n°5, Comité d'évaluation et de contrôle des politiques publiques, *« Suivi de l'évaluation des politiques publiques en faveur de la mobilité sociale des jeunes : examen du rapport »*, Assemblée nationale, XIVe législature, 29 janv. 2015.

[35] *Cf.* Titre I, Chapitre 2, Section 1, *§ 2*, A, p. 95.

selon les assemblées. Ainsi, durant les vingt dernières années (2002-2023), 560 rapports d'informations sur les 2359 concernaient la matière militaire au Sénat, soit 24% des rapports d'information[36]. A l'Assemblée nationale, sur cette même période, seuls 96 rapports d'information sur les 1543 concernaient la matière militaire, soit 6% des rapports d'information[37].

2 - Les moyens d'investigation constitutionnels

L'objectif de ces missions d'information et d'évaluation est d'offrir aux parlementaires les informations nécessaires pour, s'il le faut, créer une commission d'enquête et exercer pleinement la fonction de contrôle militaire des parlementaires. Depuis la révision constitutionnelle de 2008, l'article 51-2 de la Constitution dispose que « *des commissions d'enquête peuvent être créées au sein de chaque assemblée pour recueillir, dans les conditions prévues par la loi, des éléments d'information* ». Cependant, sur les 115 commissions d'enquête ayant eu lieu à l'Assemblée nationale depuis le début de la Ve République, seules deux concernaient les armées : une commission d'enquête de 2021, relative à la présence militaire face à l'orpaillage illégal en Guyane[38], et une commission d'enquête de 2013, relative au fonctionnement des services de renseignement[39].

En ce qui concerne les commissions d'enquête sénatoriales en matière militaire, aucune ne concerne la matière

---

[36] Sénat, « Recherche de rapports d'information *», site officiel du Sénat,* senat.fr/basile/recherche Rapport.do, consulté le 9 mars 2023.

[37] *Cf.* Annexe XVII. Assemblée nationale, « base de données des rapports d'information *», site officiel de l'Assemblée nationale*, consulté le 9 mars 2023.

[38] Lénaïck ADAM (près.), Commission d'enquête sur la lutte contre l'orpaillage illégal en Guyane, Assemblée nationale, XVe législature, 2021.

[39] Christophe CAVARD (près.), Commission d'enquête sur le fonctionnement des services de renseignement français dans le suivi et la surveillance des mouvements radicaux armés, Assemblée nationale, XIVe législature, 2013.

militaire malgré de nombreuses propositions de résolutions visant à la création de commissions d'enquête en la matière. Les sénateurs ont ainsi pu proposer en 2021, une « *commission d'enquête sur la situation des personnels contractuels recrutés locaux de l'armée française en Afghanistan* »[40], en 2016 une « *commission d'enquête sur l'action conduite par les représentants de la France, qu'ils appartiennent à l'armée, la police ou la diplomatie en 2008 à N'djamena* »[41], ou en 1970 une « *commission d'enquête sur les conditions de l'intervention militaire française au Tchad* »[42]. Malgré ces propositions de résolution tendant à la création de commissions d'enquête, aucune n'a pu aboutir. Outre ces moyens d'investigation généralistes, les parlementaires peuvent également s'attacher à contrôler le Gouvernement en matière militaire, dans des domaines plus spécifiques.

B - L'usage de moyens d'investigation dans des domaines spécifiques de la matière militaire

Si les moyens d'investigation s'intéressent à la matière militaire dans sa globalité, certains moyens sont propres à des domaines militaires spécifiques, tels que : le domaine du renseignement militaire (1) et le domaine du budget militaire (2).

---

[40] Nathalie GOULET, texte n°870, « Proposition de résolution tendant à la création d'une commission d'enquête sur la situation des personnels contractuels recrutés locaux de l'armée française en Afghanistan et les conditions de leur rapatriement », Sénat, déposé le 28 août 2021.

[41] Gaëtan GORCE, texte n°67, « Proposition de résolution tendant à la création d'une commission d'enquête sur l'action conduite par les représentants de la France, qu'ils appartiennent à l'armée, la police ou la diplomatie, lors des journées des 30 janv., 1er, 2, 3 et 4 fév. 2008 à N'djamena, capitale du Tchad », Sénat, déposé le 24 oct. 2016.

[42] Serge BOUCHENY, Jacques DUCLOS et Raymond GUYOT, texte n°28, « Proposition de résolution tendant à créer une commission d'enquête sur les conditions de l'intervention militaire française au Tchad », Sénat, déposé le 20 oct. 1970.

1 - Les moyens d'investigation propres au renseignement militaire

La délégation parlementaire au renseignement a été créée en 2007[43], elle est composée de quatre sénateurs et quatre députés, qui peuvent auditionner le Premier ministre ou le ministre des Armées[44], afin de suivre l'activité générale des services de renseignement. Elle contrôle, notamment, les fonds spéciaux entrés dans le champ de contrôle parlementaire en 2001 avec la création de la commission des fonds spéciaux[45], absorbée par la délégation parlementaire au renseignement suite à la loi de programmation militaire 2014-2019[46] . Cette commission des fonds spéciaux existe toujours mais en tant que formation spécialisée de la délégation parlementaire au renseignement composée de deux sénateurs et de deux députés.

Néanmoins, cette délégation a été conçue, à l'origine, avec des pouvoirs très limités puisqu' elle *« était dépourvue de pouvoir de contrôle, son rôle étant circonscrit au suivi des services de renseignement »* et « *ne pouvait solliciter la communication de documents* »[47]. La loi du 31 juillet 2021[48] est, néanmoins, venue renforcer les prérogatives de la délégation parlementaire au renseignement avec la possibilité de *« mener des travaux en prise avec l'actualité, en usant de droit d'accès à des informations classifiées »*. Si cette disposition renforce les

---

[43] Loi n°2007-1443, 9 oct. 2007, portant création d'une délégation parlementaire au renseignement.

[44] Ordonnance n° 58-1100, 17 nov. 1958, relative au fonctionnement des assemblées parlementaires.

[45] Loi n°2001-1275, 28 déc. 2001, de finances pour 2002, art. 154.

[46] Loi n°2013-1168, 18 déc. 2013, relative à la programmation militaire pour les années 2014 à 2019. L'art. 13 a intégré la commission de vérification des fonds spéciaux à la délégation parlementaire au renseignement.

[47] François-Noël BUFFET, membre de la délégation parlementaire au renseignement, rapport relatif à l'activité de la délégation parlementaire au renseignement pour l'année 2021-2022, fév. 2022, p. 13.

[48] Loi n°2021-998, 30 juil. 2021, relative à la prévention d'actes de terrorisme et au renseignement.

prérogatives du contrôle parlementaire en matière de renseignement, il faut tempérer la portée de cette avancée. L'article 21 de la loi rappelle que les documents demandés par la délégation parlementaire *« ne peuvent porter ni sur les opérations en cours »* [...] *« ni sur les instructions données par les pouvoirs publics »* [...] *« ni sur les procédures et méthodes opérationnelles, ni sur les échanges avec des services étrangers »*[49].

2 - Les moyens d'investigation propres aux budgets militaires

Les moyens d'investigation spécialisés en matière financière sont incarnés par les rapporteurs spéciaux de la Commission des Finances à l'Assemblée nationale[50] et au Sénat[51]. Ces rapporteurs ont une double mission : dans un premier temps, ils examinent « *les crédits regroupés au sein d'une mission et présentent en commission puis en séance un rapport sur ces crédits* » ; dans un second temps, et *« à titre permanent »*, ils « *suivent et contrôlent leur emploi »*[52].

Depuis de nombreuses années, les rapporteurs spéciaux de la Commission des Finances au Sénat ou à l'Assemblée nationale dénoncent la mauvaise gestion des surcoûts relatifs aux opérations extérieures. Dominique de Legge, sénateur et rapporteur spécial de la mission défense de la loi de finances pour 2021, dénonçait ainsi une *« sous-budgétisation des OPEX »* [...] *« systématiquement compensée intégralement au sein de la mission défense »*[53]. La mission du rapporteur spécial

---

[49] Ordonnance n°58-1100, *op. cit.,* art. 6 nonies.

[50] Art. 146, RAN.

[51] Art. 15 bis, al. 5, RS.

[52] Assemblée nationale, « *Fiche de synthèse n°48 : Le rôle des commissions permanentes en matière de contrôle du Gouvernement* », *site officiel de l'Assemblée nationale,* consulté le 9 mars 2023.

[53] Dominique de LEGGE, Commission des Finances, « Rapport général sur le projet de loi de finances, adopté par l'Assemblée nationale, pour 2022 »,

de la mission défense est donc de contrôler si les crédits votés par le Parlement sont effectivement affectés. En l'espèce, le rapporteur spécial dénonçait la conséquence première de cette sous-budgétisation, à savoir, la nécessaire annulation de crédits destinés à d'autres programmes, notamment au programme 146 « *équipement des forces* », pour financer ces surcoûts[54].

Néanmoins, suivant cette logique de progressivité de la fonction de contrôle militaire, lorsque les moyens d'investigation font état d'un manquement grave du Gouvernement en matière militaire, les parlementaires peuvent avoir recours au contrôle parlementaire sanctionné. L'objectif des parlementaires est alors de prendre acte juridiquement et politiquement des manquements du Gouvernement en matière militaire.

Section 2 - Le contrôle parlementaire sanctionné

Le contrôle parlementaire sanctionné traduit un déséquilibre institutionnel marqué au profit de l'Assemblée nationale. Seuls les députés peuvent, en effet, sanctionner le Gouvernement sur le fondement d'une procédure parlementaire (*§1*), même s'il existe un contrôle sanctionné par des recours extérieurs ouverts tant aux députés qu'aux sénateurs (*§2*).

§1 - Le contrôle parlementaire sanctionné par une procédure parlementaire

La possibilité reconnue à l'Assemblée nationale de sanctionner le Gouvernement en matière militaire prend la forme juridique du vote de confiance ou de la motion de censure. Ainsi, les députés peuvent sanctionner la politique

Tome III, les moyens des politiques publiques et dispositions spéciales, annexe n°9, mission défense, p. 11.
[54] *Ibid.*

militaire du Gouvernement, en engageant sa responsabilité tant de façon provoquée (A), que de façon spontanée (B).

A - L'engagement de responsabilité provoqué en matière militaire

L'engagement de responsabilité provoqué en matière militaire désigne l'hypothèse dans laquelle le Gouvernement met en jeu, de lui-même, sa responsabilité. Le Gouvernement peut engager sa responsabilité, soit sur le fondement d'une déclaration en sollicitant la confiance des députés (1), soit sur le fondement d'un texte de législation militaire (2).

1 - L'engagement de responsabilité par un vote de confiance provoqué

L'article 49 alinéa 1er de la Constitution dispose que *« le Premier ministre, après délibération du Conseil des ministres, engage devant l'Assemblée nationale la responsabilité du Gouvernement sur son programme ou éventuellement sur une déclaration de politique générale »*. L'article 50 de la Constitution complète ce dispositif en rappelant que *« lorsque l'Assemblée nationale »* [...] *« désapprouve le programme ou une déclaration de politique générale du Gouvernement, le Premier ministre doit remettre au Président de la République la démission du Gouvernement »*. Il convient de noter qu'en vertu de l'article 49 alinéa 4 *« le Premier ministre a la faculté de demander au Sénat l'approbation d'une déclaration de politique générale »*, mais si cette procédure se manifeste par un vote au Sénat, un vote négatif ne saurait aboutir à une mise en jeu de la responsabilité du Gouvernement devant les sénateurs. Ainsi, la rédaction de l'article 49 alinéa premier appelle deux remarques :

- le terme « *engage* » a pu être sujet à controverse. Selon qu'il est interprété comme étant à l'impératif ou à l'indicatif, la portée de cet article s'en trouve largement modifiée. A l'impératif cela implique une obligation pour le Gouvernement d'engager sa responsabilité, à l'indicatif il ne s'agit plus que d'une simple faculté. La pratique constitutionnelle a, cependant, retenu la simple faculté, et non l'obligation[55], pour le Premier ministre, de mettre en jeu la responsabilité de son Gouvernement sur le fondement de l'article 49 alinéa premier ;
- les termes de « *programme* » et de *« déclaration de politique générale »* ont également pu être sujets à controverse : il convient donc de clarifier la distinction. Le Premier ministre engage la responsabilité de son Gouvernement *sur « son programme »* - au début de son mandat - c'est l'hypothèse de l'investiture. Le Premier ministre engage la responsabilité de son Gouvernement sur le fondement d'une *« déclaration de politique générale »* - en cours de mandat - c'est l'hypothèse de la « *question de confiance* »[56].

C'est donc sur le fondement de l'article 49 alinéa 1er de la Constitution, que le Premier ministre, Michel Rocard, a engagé la responsabilité de son Gouvernement pour légitimer l'intervention française durant la première guerre du Golfe en 1991. En assimilant, par « *un détournement* » [...] « *de*

---

[55] Elisabeth Borne (6 juil. 2022), Michel Rocard (29 juin 1988), Edith Cresson (7 fév. 1992), Pierre Bérégovoy (8 avril 1992) et Maurice Couve de Murville (17 juil. 1968) ont prononcé leurs discours de politique générale sans solliciter la confiance des députés.

[56] La Const. de 1958 n'évoque plus le terme de « *question de confiance* » qui était inscrit à l'art. 49 de la Const. de 1946 : « *La question de confiance ne peut être posée qu'après délibération du Conseil des ministres* ». Néanmoins, le terme, bien que désuet, est toujours employé pour désigner l'hypothèse dans laquelle le Gouvernement sollicite la confiance des députés en cours de mandat sur le fondement de l'art. 49 de la Const. de 1958.

procédure »[57], une déclaration sur la « *politique au Moyen-Orient* » du Gouvernement à une « *déclaration de politique générale* » au sens de l'article susmentionné, le Premier ministre a donc engagé sa responsabilité pour une intervention militaire à l'étranger, offrant au Parlement la possibilité de s'opposer à une intervention étrangère par un vote de défiance, ce que, l'article 35 alinéa 2 de la Constitution ne permet pas. Cependant, la révision constitutionnelle du 23 juillet 2008 a créé un article 50-1 disposant « *que sur un sujet déterminé* », le Gouvernement pouvait prononcer « *une déclaration qui donne lieu à débat* » et [...] « *s'il le décide, faire l'objet d'un vote sans engager sa responsabilité* ». Cette disposition appelle, là encore, deux remarques :

- d'abord, la décision d'une intervention militaire à l'étranger ne saurait être assimilée à un « *programme* » ou à une « *déclaration de politique générale* » au sens de l'article 49 alinéa 1er de la Constitution, mais à une déclaration sur « *un sujet déterminé* » au sens de l'article 50-1 de la Constitution, en réponse à l'expérience de 1991 ;
- par conséquent, lorsqu'une intervention militaire à l'étranger est décidée, le Gouvernement ne peut plus engager sa responsabilité sur le fondement de l'article 49 alinéa 1er de la Constitution. Tout juste peut-il organiser un débat suivi, s'il le veut, d'un vote, sans engager sa responsabilité. Cette option a été retenue par le Premier

[57] Olivier GOHIN , « Le contrôle parlementaire des opérations extérieures des forces armées françaises », *in* Christian VALLAR et Xavier LATOUR (dir.), *Le droit de la sécurité et de la défense en 2013* (Actes du 1er colloque de l'AFDSD organisé à Nice, les 27 et 28 sept. 2013), Paris & Aix, PUAM, 2014, p. 75. Il y a « *détournement* » [...] « *de procédure* » puisque le Premier ministre engage la responsabilité de son Gouvernement en vertu de l'art. 49, al. 1er de la Const de 1958 - en cours de mandat - et donc, sur le fondement d'une « *déclaration de politique générale* ». Or, rien ne permet d'assimiler une « *déclaration de politique générale* » à une déclaration sur la « *politique au Moyen-Orient* ».

ministre, Jean Castex, lors d'un débat, sans vote, sur l'engagement de la France au Sahel, le 22 février 2022 devant l'Assemblée nationale[58] et le lendemain, devant le Sénat[59].

2 - L'engagement de responsabilité par une motion de censure provoquée

En vertu de l'article 49 alinéa 3 de la Constitution, *« le Premier ministre peut, après délibération du Conseil des ministres, engager la responsabilité du Gouvernement devant l'Assemblée nationale sur le vote d'un texte ».* Ce texte est alors adopté à moins que ne soit « *déposée dans les vingt-quatre heures* » [...] *« une motion de censure ».* L'alinéa précédent précise que la motion de censure ne peut être *« adoptée qu'à la majorité des membres composant l'Assemblée ».* Dans cette hypothèse, et en vertu de l'article 50 de la Constitution, « *le Premier ministre doit remettre au Président de la République la démission du Gouvernement ».* Dans son discours devant le Conseil d'Etat le 27 août 1958[60], Michel Debré défendait l'esprit d'une telle disposition en ces termes : *« l'expérience a conduit à prévoir en outre une disposition quelque peu exceptionnelle pour assurer, malgré les manœuvres, le vote d'un texte indispensable ».* Il convient de noter que l'engagement, par le Premier ministre, de la responsabilité de son Gouvernement ne s'accompagne pas systématiquement d'une motion de censure provoquée. Ainsi, sur les cent engagements de responsabilité du

---

[58] Compte rendu intégral n°31 (AN), séances du mardi 22 fév. 2022, session ordinaire de 2021-2022, *in JORF,* Assemblée nationale, mercredi 23 fév. 2022, p. 1998.
[59] Compte rendu intégral n°25 (S.), séance du mercredi 23 fév. 2022 (62e jour de séance de la session), session ordinaire de 2021-2022, *in JORF*, Sénat, jeudi 24 fév. 2022, p. 2034.
[60] Michel DEBRE, discours devant le Conseil d'État, « Documents pour servir l'histoire de l'élaboration de la Constitution du 4 octobre 1958 », Paris, La Documentation française, 1991, vol. III, p. 261.

Gouvernement - d'octobre 1958 à mai 2023 - sur le fondement de l'article 49 alinéa 3 de la Constitution, seules 67 motions de censure ont été déposées[61], et aucune n'a abouti à la démission du Gouvernement.

En matière militaire, l'engagement de responsabilité du Gouvernement par une motion de censure provoquée ne s'est attachée qu'à la législation militaire financière au travers de deux types de textes : les lois de finances (engageant, entre autres choses, les dépenses militaires pour l'année) et les lois de programmation militaire. En matière de lois de finances, depuis 1958, dix-huit[62] motions de censure ont été déposées suite au recours à l'article 49 alinéa 3 de la Constitution. La loi de finances pour 2023, traduisant la remontée en puissance de l'appareil de défense en vue d'un conflit de haute intensité, grâce, notamment, à un effort budgétaire de près de trois milliards d'euros par rapport à 2022, a été adoptée suite à l'échec des trois motions de censure déposées sur le texte[63]. En matière de lois de programmation militaire, deux premier ministres ont engagé la responsabilité de leur Gouvernement :

---

[61] Assemblée nationale, « motions de censure depuis 1958 », application de l'art. 49, al. 3 de la Constitution, *site officiel de l'Assemblée national*, consulté le 1e avril 2023.

[62] 1° Le 25 nov. 1959 contre le Gouvernement (ci-après, Gvt.) Debré. 2° Le 12 juil. 1962 contre le Gvt. Pompidou. 3° Le 15 oct. 1976 contre le Gvt. Barre. 4° Le 18 nov. 1979 contre le Gvt. Barre. 5° Le 14 déc. 1979 contre le Gvt. Barre. 6° Le 7 janv. 1980 contre le Gvt. Barre. 7° Le 9 janv. 1980 contre le Gvt. Barre. 8° Le 29 mai 1986 contre le Gvt. Chirac. 9° Le 23 oct. 1989 contre le Gvt. Rocard. 10° Le 17 nov. 1989 contre le Gvt. Rocard. 11° Le 16 nov. 1990 contre le Gvt. Rocard. 12° Le 16 nov. 1991 contre le Gvt. Rocard. 13° Le 19 nov. 1992 contre le Gvt. Bérégovoy. 14° Le 20 oct. 2022 contre le Gvt. Borne. 15° Le 2 nov. 2022 contre le Gvt. Borne. 16° Le 9 nov. 2022 contre le Gvt. Borne. 17° Le 11 déc. 2022 contre le Gvt. Borne. 18° Le 15 déc. 2022 contre le Gvt. Borne. Étude réalisée en mars 2023.

[63] La motion de censure du 2 nov. 2022 a recueilli 188 suffrages contre les 289 nécessaires. Celle du 9 déc. 2022, 78 suffrages contre les 289 nécessaires. Celle du 11 déc. 2022, 102 suffrages contre les 289 nécessaires.

- Michel Debré a engagé la responsabilité de son Gouvernement à trois reprises afin que soit adoptée la première loi de programme militaire de l'histoire pour les années 1960 à 1964[64]. Suite à l'engagement de la responsabilité de son Gouvernement, trois motions de censure provoquées ont été déposées le 20 octobre 1960[65] (1ère lecture), le 18 novembre 1960[66] (2ème lecture) et le 2 décembre 1960[67] (3ème lecture), toutes rejetées ;
- Michel Rocard a engagé la responsabilité de son Gouvernement à trois reprises afin que soit adoptée la loi de programmation militaire pour les années 1990 à 1993. Suite à l'engagement de la responsabilité du Gouvernement devant l'Assemblée nationale, une seule motion de censure provoquée a été déposée le 5 octobre 1989 et rejetée trois jours plus tard[68], lors de l'examen du texte en première lecture.

Néanmoins, lorsque le Gouvernement n'engage pas sa responsabilité, que ce soit sur le fondement des alinéa premier ou troisième de l'article 49 de la Constitution, les parlementaires peuvent engager la responsabilité du Gouvernement de leur propre chef, c'est l'hypothèse de la motion de censure spontanée.

---

[64] Loi de programme n° 60-1305 relative à certains équipements militaires, 8 déc. 1960.

[65] La motion de censure du 20 oct. 1960 ne recueille que 207 suffrages contre les 277 requis.

[66] La motion de censure du 18 nov. 1960 ne recueille que 214 suffrages contre les 277 requis.

[67] La motion de censure du 2 déc. 1960 ne recueille que 215 suffrages contre les 277 requis.

[68] La motion de censure du 5 oct. 1989 ne recueille que 159 suffrages contre les 288 requis.

B - L'engagement de responsabilité spontané en matière militaire

La motion de censure spontanée en matière militaire désigne l'hypothèse où le Parlement, par un acte politique offensif[69], met en jeu la responsabilité du Gouvernement. La motion de censure spontanée a pu être prise en réaction à la marginalisation du Parlement (1) comme à une intervention militaire de la France à l'étranger (2).

1 - La motion de censure spontanée contre la marginalisation du Parlement

Depuis 1958, sur les soixante[70] motions de censure spontanées déposées, seules trois ont été prises en matière militaire[71]. L'article 49 alinéa 2 de la Constitution dispose que *« l'Assemblée nationale met en cause la responsabilité du Gouvernement par le vote d'une motion de censure »*. Afin d'engager la responsabilité du Gouvernement, deux conditions sont rappelées par la Constitution : d'abord, la motion de censure n'est recevable que si *« elle est signée par un dixième au moins des membres de l'Assemblée nationale » ;* ensuite, elle doit être *« adoptée »* [...] *« à la majorité des membres composant l'Assemblée »*. Sur les trois motions de censure

---

[69] Le terme de motion de censure « *offensive* » est parfois préféré à celui de motion censure *« spontanée »*.

[70] Assemblée nationale, « motions de censure depuis 1958 », application de l'art. 49, al. 2 de la Const., *site officiel de l'Assemblée national,* consulté le 10 mars 2023.

[71] La motion de censure spontanée du député Maurice Andrieux (adoptée par 85 députés) déposée contre le Gouvernement de Raymond Barre le 18 déc. 1979 (rejetée). La motion de censure spontanée du député Jean-Claude Gaudin (adoptée par 61 députés) déposée contre le Gouvernement de Pierre Mauroy le 19 nov. 1982 (rejetée). La motion de censure spontanée des députés François Hollande et Jean-Marc Ayrault (adoptée par 226 députés) déposée contre le Gouvernement de François Fillon le 3 avril 2008 (rejetée).

spontanées en matière militaire, déposées depuis 1958, deux sont des réponses directes à la marginalisation du Parlement :

- la motion de censure spontanée du député Maurice Andrieux (adoptée par 85 députés) déposée contre le Gouvernement de Raymond Barre le 18 décembre 1979 ;
- la motion de censure spontanée du député Jean-Claude Gaudin (adoptée par 61 députés) déposée contre le Gouvernement de Pierre Mauroy le 19 novembre 1982.

En 1979, dans le cadre du déploiement de missiles nucléaires américains en Europe, les parlementaires se sont inquiétés d'une *« escalade redoutable dans la course aux armements »*[72]. Le député Maurice Andrieux a déposé une motion de censure spontanée sur le fondement de l'article 49 alinéa 2 de la Constitution pour sanctionner, à double titre l'action militaire du Gouvernement : en premier lieu, parce que *« le Gouvernement français, membre de l'alliance atlantique, porte une grande responsabilité dans la situation ainsi créée »*[73], en second lieu, parce que le Gouvernement *« s'est refusé à ouvrir un débat à l'Assemblée nationale sur ces problèmes »*[74].

En 1982 une nouvelle motion de censure spontanée est déposée après que les parlementaires ont contrôlé l'exécution effective des crédits alloués à la défense nationale. Le Premier ministre, Pierre Mauroy, décide de *« l'annulation des 3,2 milliards de francs de crédits de paiement »* pour *« le budget de la défense »*[75]. En réponse, le député Jean-Claude Gaudin,

---

[72] Compte rendu intégral, 123e séance, 2e séance du mardi 18 déc. 1979, Assemblée nationale, VIe législature, première session ordinaire de 1979-1980. p. 12200.

[73] *Ibid.*

[74] *Ibid.*

[75] Discours de Pierre Mauroy, Premier ministre, sur le budget de la défense, Assemblée nationale, 24 nov. 1982.

« constatant que le Gouvernement a amputé les crédits de la défense » [...] *« de 13,4 milliards d'autorisation de programme, 3,2 milliards de crédits de paiement sans en informer au préalable le Parlement »*[76], dépose une motion de censure sur le fondement de l'article 49 alinéa 2 de la Constitution. Malgré son rejet[77], cette motion de censure aura permis aux parlementaires d'exercer pleinement leur fonction de contrôle en matière militaire.

2 - La motion de censure spontanée contre une intervention militaire

Les motions de censure spontanée peuvent s'attacher à contester la décision d'une intervention militaire à l'étranger. Le 1er avril 2008, lors de la déclaration du Gouvernement à l'Assemblée nationale, le Premier ministre François Fillon s'est exprimé « *sur l'action de la France en Afghanistan et l'annonce du renforcement militaire français dans l'Est afghan* »[78] dans le cadre d'un débat, sans vote[79], sur le renforcement du dispositif militaire français en Afghanistan. Le 3 avril 2008, est déposée une motion de censure par le groupe socialiste qui défend le 8 avril, par le truchement du député François Hollande, que « *dans toute démocratie digne de ce nom, de tels arbitrages*

---

[76] Compte-rendu intégral, 84e séance, 2e séance du vendredi 19 nov. 1982, Assemblée nationale, VIIe législature, première session ordinaire de 1982-1983, p. 7480.

[77] 154 suffrages en faveur de la motion de censure contre les 246 nécessaires.

[78] Déclaration de M. François Fillon, Premier ministre, sur l'action de la France en Afghanistan et l'annonce du renforcement militaire français dans l'Est afghan, à l'Assemblée nationale le 1er avril 2008.

[79] Le débat sans vote à l'assemblée nationale était prévu à l'article 132 RAN avant sa modification par la résolution n°292 du 27 mai 2009. En date du 1er avril 2008, l'article disposait que : « *en dehors des déclarations prévues à l'article 49 de la Constitution, le Gouvernement peut demander à faire devant l'Assemblée des déclarations avec ou sans débat* » [...] « *aucun vote, de quelque nature qu'il soit, ne peut avoir lieu à l'occasion des déclarations prévues au présent article* ».

auraient été rendus après un vaste débat dans le pays, et un vote solennel au Parlement »[80]. Si la motion de censure a été rejetée[81], elle aura, néanmoins, permis aux parlementaires de pouvoir entamer un débat, puis un vote, sur la question d'une intervention militaire à l'étranger, ce que la procédure de l'article 132 du règlement de l'Assemblée nationale - en date du 3 avril 2008 - ne permettait pas.

Ainsi, les députés peuvent, s'ils l'estiment opportun, s'opposer à tout instant à une décision de faire intervenir les armées à l'étranger sur le fondement de l'article 49 alinéa 2 de la Constitution. Ce dispositif constitutionnel permet de tempérer la mise à l'écart du Parlement en matière d'intervention militaire étrangère. Si celui-ci n'est qu'informé dans un délai de trois jours, sans que cette information ne puisse donner lieu à un vote en vertu de l'article 35 de la Constitution, la motion de censure spontanée permet aux parlementaires de provoquer un vote sur la question de l'intervention militaire à l'étranger. Il est également possible de provoquer un vote sur le fondement de l'article 50-1[82] de la Constitution auquel renvoie l'article 132 modifié[83] du règlement de l'Assemblée nationale, mais ce vote n'est pas susceptible d'engager la responsabilité du Gouvernement, à la différence d'un vote pris le fondement de l'article 49 alinéa 2 de la Constitution.

Outre les hypothèses de contrôle sanctionné par des procédures parlementaires, qu'il s'agisse de l'engagement

---

[80] François Hollande, alors Président de la République, refusera pourtant de soumettre au vote du Parlement sa décision de faire intervenir les armées françaises en Syrie suite à l'attaque chimique menée par le régime de Bachar al-Assad le 21 août 2013 à Douma.

[81] 227 suffrages en faveur de la motion de censure contre les 288 nécessaires.

[82] *Cf.* p. 151.

[83] Art. 132 RAN, mod. le 27 mai 2009 : « *le Gouvernement peut faire une déclaration devant l'Assemblée sur le fondement de l'article 50-1 de la Constitution, le cas échéant à la demande d'un groupe. Une telle déclaration donne lieu à un débat et peut faire l'objet d'un vote si le Gouvernement le décide, sans que ce vote engage sa responsabilité* ».

provoqué de la responsabilité du Gouvernement - alinéas premier et troisième de l'article 49 de la Constitution - ou d'un engagement spontané de responsabilité - alinéa deuxième du même article - les parlementaires peuvent également exercer une fonction de contrôle militaire sanctionnée par un recours extérieur.

§2 - Le contrôle parlementaire sanctionné par un recours extérieur

La fonction de contrôle militaire des parlementaires peut s'appuyer sur des acteurs extérieurs aux assemblées, qui disposent, ou non, d'une assise constitutionnelle. Il en est ainsi du contrôle parlementaire assisté par la Cour des comptes (A), à la différence du contrôle parlementaire renforcé par le recours au média (B).

A - Le contrôle parlementaire assisté par la Cour des comptes

La Constitution, telle que révisée en 2008, garantit au Parlement l'assistance de la Cour des comptes dans le cadre de sa fonction de contrôle militaire. La juridiction financière réalise, avec le Parlement, un double contrôle conjoint : d'abord, un contrôle de l'action du Gouvernement en matière militaire (1) ; ensuite, un contrôle de l'exécution des lois de finances relatives aux armées (2).

1 - Un contrôle conjoint de l'action du Gouvernement en matière militaire

En vertu de l'article 47-2 de la Constitution[84], *« la Cour des comptes assiste le Parlement dans le contrôle de l'action du*

[84] L'art. 47-2 de la Const. a été ajouté à la Const. de 1958 par la loi constitutionnelle du 23 juil. 2008.

Gouvernement » et *« dans l'évaluation des politiques publiques ».* Plus précisément, c'est la quatrième chambre de la Cour des comptes, compétente sur les questions de défense, qui assiste le Parlement dans sa fonction de contrôle des politiques publiques menées par le Gouvernement en matière militaire. Ce contrôle peut être présenté en deux grandes catégories : un contrôle de la gestion interne du ministère des Armées et un contrôle budgétaire des armées.

En ce qui concerne le contrôle de la gestion interne du ministère des Armées, la Cour des comptes veille à évaluer la réalisation des objectifs votés par le Parlement, tout en s'assurant de la bonne gestion budgétaire du ministère. Ainsi, dans un rapport relatif au bilan des cessions immobilières du ministère des Armées[85], la Cour des comptes a constaté qu'alors que la loi de programmation militaire 2009-2014 prévoyait que les recettes de cessions immobilières représentent *« 60 % des recettes exceptionnelles attendues, sur un total de 3,7 milliards d'euros »*[86], à la fin de l'exercice, en 2014, *« seules 42 % de ces recettes avaient été réalisées »*[87]. En matière de gestion interne au ministère des Armées, dans un rapport sur sa politique muséale[88], la Cour des comptes a constaté une gestion budgétaire des musées du ministère, trop dépendante des subventions publiques[89].

En ce qui concerne l'assistance au Parlement dans le contrôle budgétaire des armées, la Cour des comptes cherche à évaluer la pertinence des dépenses publiques en matière

---

[85] Cour des comptes, « *Bilan des cessions immobilières du ministère des Armées, les cessions parisiennes* », exercices 2008-2020, quatrième chambre, mai 2022.

[86] *Ibid.*, p. 103.

[87] *Ibid.*

[88] Cour des comptes, « *La politique muséale du ministère des Armées* », exercices 2014-2021, quatrième chambre, sept. 2022.

[89] *Ibid.* p. 70. La Cour des comptes a ainsi dénoncé des *« subventions pour charges de service public »* des musées du ministère qui *« sont passées de 18,16 millions d'euros en 2014 à 21,96 millions d'euros en 2019 ».*

militaire. Dans un rapport relatif à l'opération sentinelle, la Cour des comptes a dénoncé « *les surcoûts de l'opération »*[90], tout en estimant que cette mission n'est plus pertinente à double titre : d'abord, parce que les forces de sécurité ont vu leurs moyens « *significativement renforcés pour leur permettre de faire face à la menace terroriste »*[91] ; ensuite, parce que les armées doivent se concentrer *« sur l'hypothèse d'un engagement majeur dans une opération de coercition de haute intensité »*[92]. Dans un rapport parlementaire de 2022, le député Emeric Salmon affirmait rejoindre « *la recommandation de la Cour des comptes au sujet du transfert progressif de l'opération Sentinelle aux forces de sécurité intérieure »*[93], témoignant d'un contrôle conjoint du Gouvernement, entre le Parlement et la Cour des comptes. La Cour des comptes s'est également intéressée à un budget de la défense, « *de plus en plus ardu à soutenir »*[94]. En réponse à ce constat, elle propose trois options : confirmer « *l'ambition 2030* » et donc « *poursuivre les efforts budgétaires »*[95] ; *entamer une « nouvelle réduction homothétique des capacités des armées* »[96] ; ou, faire des choix capacitaires et donc réduire l'effort de défense. En réponse à ces trois options, le député Emeric Salmon, bien que « *conscient des contraintes budgétaires actuelles »*[97], affirme « *que la défense de la Nation et l'indépendance de la France sur la scène internationale ont un coût certain qu'il est nécessaire*

---

[90] Cour des comptes, « *L'opération sentinelle »,* exercices 2015-2021, quatrième chambre, sept. 2022, p. 7.
[91] *Ibid.,* p. 5.
[92] *Ibid.*
[93] Emeric SALMON, Commission des Finances, de l'Economie générale et du Contrôle budgétaire, « Rapport sur le projet de loi de finances pour 2023 », Assemblée nationale, 2022, p. 29.
[94] Cour des comptes, « *La loi de programmation militaire (LPM) 2019-2025 et les capacités des armées »,* rapport public thématique, mai 2022, p. 62.
[95] *Ibid.* p. 73.
[96] *Ibid.* Il s'agit de conserver un modèle d'armée échantillonnaire sans perte de savoir-faire.
[97] Emeric SALMON, *op. cit.*, p. 27.

d'assumer »[98], demandant la poursuite de l'effort budgétaire pour les armées.

2 - Un contrôle conjoint de l'exécution des lois de finances relatives aux armées

En vertu de l'article 47-2 de la Constitution, *« la Cour des comptes assiste le Parlement dans le contrôle de l'action du Gouvernement »*. Ainsi, la Cour des comptes est tenue d'assister « *le président et le rapporteur général de la commission chargée des finances de chaque assemblée »*[99], grâce à deux instruments : les enquêtes soumises aux parlementaires « *dans un délais de huit mois »*[100] et les rapports relatifs à la « *certification de la régularité, de la sincérité et de la fidélité des comptes de l'Etat »*[101], traduisant les « *résultats de l'exécution de l'exercice antérieur »*[102]. Ces rapports constituent la base des *« lois de règlement »*[103], rebaptisées en 2021, *« lois relatives aux résultats de la gestion et portant approbation des comptes de l'année »*[104].

En matière d' « *enquête demandée par les commissions de l'Assemblée nationale et du Sénat chargées des finances »*[105], sous la XVe législature précèdente (2017-2022), deux enquêtes concernent la matière militaire : une sur « *les externalisations*

---

[98] *Ibid.*
[99] LOLF, art. 58, al. 2.
[100] LOLF, art. 58, al. 3.
[101] LOLF, art. 58, al. 6.
[102] LOLF, art. 58, al. 5.
[103] LOLF, art. 37.
[104] Loi organique n° 2021-1836 du 28 déc. 2021 relative à la modernisation de la gestion des finances publiques, art. 2 codifié à l'art. LO 132-1 du code des juridictions financières : *« les mots : « de règlement » sont remplacés par les mots : « relative aux résultats de la gestion et portant approbation des comptes de l'année » ».*
[105] LOLF, art. 58, al. 2.

du soutien des forces en opérations extérieures »[106] et une autre sur « *les moyens affectés à la lutte contre le terrorisme* »[107]. Le premier rapport a chiffré pour la Commission en charges des finances à l'Assemblée nationale le coût des « *externalisations du soutien des forces en OPEX* » [...] « *de 2014 à 2017* » à « *861,6 millions d'euros* »[108], une information qui servira de base au rapport d'information sur l'externalisation du soutien aux forces en opérations extérieures, du député François Cornut-Gentille[109].

En matière de « *certification de la régularité, de la sincérité et de la fidélité des comptes de l'Etat* »[110], la Cour des comptes publie chaque année, en vertu de l'article 58 de la loi organique relative aux lois de finances, l'acte de certification des comptes de l'Etat, attaché aux projets de loi de règlement. La Cour des comptes a alors quatre possibilités : certifier les comptes de l'état sans réserve[111] ; les certifier avec réserve(s)[112] ;

---

[106] Cour des comptes, « *Les externalisations du soutien des forces en opérations extérieures* », communication à la Commission des Finances, de l'Economie générale et du Contrôle budgétaire de l'Assemblée nationale, janv. 2019.

[107] Cour des comptes, « *Les moyens de la lutte contre le terrorisme* », communication à la Commission des Finances, de l'Economie générale et du Contrôle budgétaire de l'Assemblée nationale, exercices 2015-2019, mai 2020.

[108] Cour des comptes, « *Les externalisations du soutien des forces en opérations extérieures* », *op. cit.*, p. 19.

[109] François CORNUT-GENTILLE, Commission des Finances, de l'Economie générale et du Contrôle budgétaire, « Rapport d'information sur l'externalisation du soutien aux forces en opérations extérieures », Assemblée nationale, 2019.

[110] LOLF, art. 58, al. 5.

[111] Dans cette hypothèse, le certificateur des comptes de l'Etat estime qu'il n'existe pas de limitation dans son audit, de désaccords significatifs ou de désaccord, tout court, entre les comptes de l'Etat affichés et les comptes de l'Etat vérifiés.

[112] Dans cette hypothèse, le certificateur des comptes de l'Etat estime qu'il existe des limitations dans son audit ou des désaccords qui ne suffisent pas, néanmoins, à l'empêcher d'émettre une opinion ou de conclure à l'insincérité ou l'irrégularité des comptes de l'Etat.

conclure à l'impossibilité d'une certification[113] ou refuser la certification[114]. Le compte général de l'Etat pour 2021 a ainsi été certifié, avec cinq « *anomalies significatives* »[115] et six « *risques d'anomalies significatives* »[116]. Sur les cinq « *anomalies* », une concernait la matière militaire, énoncée en ces termes « *les matériels militaires sont surévalués d'au moins 3 milliards d'euros (sur 41 milliards)* »[117]. Sur les six « *risques d'anomalies* », une concernait également la matière militaire, énoncée en ces termes : « *l'absence d'éléments probants pour fonder une opinion sur la valeur* » [...] « *des actifs liés aux programmes d'armement et des stocks militaires* »[118]. Outre le contrôle conjoint du Gouvernement, entre le Parlement et la Cour des comptes, les parlementaires peuvent également avoir recours au média, un autre acteur extérieur renforçant le contrôle parlementaire du Gouvernement en matière militaire.

B - Le contrôle parlementaire renforcé par le recours au média

La fonction de contrôle militaire renforcée par le recours au média s'apparente à une fonction d'alerte des citoyens, en vue d'une sanction politique. Les parlementaires, soucieux de protéger l'appareil de défense français, vont avoir recours au média pour poursuivre deux objectifs : transformer la portée politique du contrôle parlementaire hors sanction (1) et renforcer la portée politique du contrôle sanctionné (2).

---

[113] Dans cette hypothèse, le certificateur des comptes de l'Etat estime que les limitations sont trop importantes pour émettre une opinion sur la sincérité, la régularité et la fidélité des comptes de l'Etat.

[114] Dans cette hypothèse, le certificateur des comptes de l'Etat estime qu'il y a atteinte à la sincérité, la fidélité et la régularité des comptes de l'Etat.

[115] Cour des comptes, « *Certification des comptes de l'Etat* », exercice 2021, finances et comptes publics, mai 2022, p. 29.

[116] *Ibid.*

[117] *Ibid.*, p. 14.

[118] *Ibid.*, pp. 21 et 22.

1 - La transformation du contrôle parlementaire hors sanction, en contrôle sanctionné

Le recours des parlementaires au média vise à transformer le contrôle hors sanction des parlementaires en un contrôle sanctionné par les citoyens. En d'autres termes, en portant à la connaissance des citoyens les conclusions du contrôle parlementaire hors sanction du Gouvernement en matière militaire, les parlementaires espèrent que les citoyens sanctionneront, positivement ou négativement le Gouvernement. En matière de sanction positive du Gouvernement, les parlementaires de la majorité vont chercher, par recours au média, à transformer les conclusions du contrôle parlementaire hors sanction en une sanction positive de l'action du Gouvernement en matière militaire. Le député du Var Yannick Chenevard, corapporteur de la mission d'information sur la loi de programmation militaire 2019-2025[119], défendait, dans les colonnes de *Nice-Matin*, le bilan du Gouvernement au travers de l'exécution de l'actuelle loi de programmation militaire, *« une LPM 2019-2025 exécutée à l'euro près »*[120]. Le député se félicitait également de l'effort « *assez exceptionnel* »[121] que représente le projet de loi de programmation militaire pour les années 2024 à 2025[122].

---

[119] Yannick CHENEVARD et Laurent JACOBELLI, Commission de la Défense nationale et des Forces armées, « Mission d'information sur le bilan de la LPM 2019-2025 », Assemblée nationale, 2023.

[120] Pierre-Louis PAGES, « Le député Yannick Chenevard salue un budget des armées assez exceptionnel », *in Nice-Matin,* 21 janv. 2023.

[121] *Ibid.*

[122] Le projet de LPM 2024-2030 a été présenté en conseil des ministres le 4 avril 2023. Suite à une saisine du Conseil constitutionnel au regard du grief d' *« insincérité de l'étude d'impact »*, son inscription à l'ordre du jour de l'Assemblée nationale a été suspendue. Le 20 avril 2023, (CC, n°2023-13 FNR, 20 avril 2023, *Présentation du projet de loi relatif à la programmation militaire pour les années 2024 à 2030 et portant diverses dispositions intéressant la défense),* le Conseil constitutionnel a conclu à une non méconnaissance de la loi organique.

Cependant, grâce au média, les parlementaires d'opposition vont, quant à eux, chercher à sanctionner négativement la politique militaire du Gouvernement. Le président de la Commission des Affaires étrangères, de la Défense nationale et des Forces armées du Sénat, Christian Cambon, s'il a pu saluer les ambitions militaires portées par le chef de l'Etat dans une interview pour la chaîne *Public Sénat*[123], il a surtout porté, dans le débat public, la question de la préparation des armées à l'hypothèse d'un conflit de haute intensité. Dans une autre interview à cette même chaîne parlementaire, le président Christian Cambon a estimé qu'il manquait *« 9 milliards d'euros »*[124] par an pour redimensionner les armées, tout en estimant qu' *« au bout de 15 jours, on commencerait à avoir de vraies difficultés, peut-être avant sur certains équipements »*[125]. Mais, c'est surtout sur la question des stocks de munitions que l'intervention du sénateur a pu revêtir une véritable portée politique quant à leur insuffisance au delà d'une durée de *« trois à quatre jours »*[126] de conflits de haute intensité. Reprise par de nombreux journalistes[127], cette affirmation a suscité, trois jours plus tard, sur les réseaux

[123] Simon BARBARIT, *« Loi de programmation militaire : « On ne peut être que satisfaits du montant de 400 milliards », réagit Christian Cambon », in Public Sénat,* 20 janv. 2023.

[124] François VIGNAL, *« Munitions, drones, Rafale : en cas de guerre, la France pourrait manquer de moyens « au bout de 15 jours », alerte Christian Cambon », in Public Sénat,* 3 mars 2022.

[125] *Ibid.*

[126] Christian CAMBON, interview donnée à Radio France Internationale, 15 mars 2022.

[127] Benjamin DARD, *« La France n'aurait-elle que « trois jours de munitions » en cas de guerre « de haute intensité » ? », in tf1 info,* 10 mars 2022. Nicolas TUCAT, « *En cas de guerre, la France pourrait manquer de munitions «au bout de 3 à 4 jours», selon le président de la commission de la défense au sénat »*, *in Cnews*, 15 mars 2022. Pascal SAMAMA, « *En cas de conflit, la France sera-t-elle vraiment à court de munitions en quelques jours ? »*, *in BFMTV,* 18 mars 2022.

sociaux[128], une réaction du ministère des Armées, affirmant que le Gouvernement a bien consenti à un « *effort massif* »[129] en matière munitionnaire. Le recours au média peut donc transformer le contrôle parlementaire hors sanction en un contrôle parlementaire sanctionné par l'opinion publique, comme il peut, du reste, renforcer la portée politique du contrôle parlementaire sanctionné.

2 - Le renforcement du contrôle parlementaire sanctionné

Le contrôle parlementaire sanctionné prend la forme juridique d'un vote de confiance[130] ou d'une motion de censure (spontanée ou provoquée)[131]. Le recours au média permet alors de renforcer leur portée politique. Ainsi, lors du dépôt, par le député François Hollande, d'une motion de censure contre le Gouvernement Fillon suite au renforcement du dispositif français en Afghanistan[132], le député de la Corrèze a pu affirmer à la presse que *« la motion de censure ne portera pas seulement sur la politique extérieure elle sera sur l'ensemble de la politique gouvernementale et présidentielle »*[133].

Le recours au média permet également de renforcer la portée politique du refus, de la part du Gouvernement, de solliciter l'accord du Parlement en matière militaire. Suite au

---

[128] Hervé GRANDJEAN, porte-parole du ministère des Armées, *in Twitter*, 18 mars 2022.
[129] *Ibid.*
[130] L'expression n'existe plus en droit positif, elle était consacrée à l'art. 49 de la Const. de 1946. Il convient, néanmoins, de noter que l'engagement de responsabilité du Gouvernement sur une « *déclaration de politique générale* » (Const. de 1958, art. 49, al. 1er) correspond à la logique du vote de confiance.
[131] Const. de 1958, art. 49, al. 2 (motion de censure spontanée) et 3 (motion de censure provoquée).
[132] Motion de censure spontanée des députés François Hollande et Jean-Marc Ayrault (adoptée par 226 députés) déposée contre le Gouvernement de François Fillon le 3 avril 2008.
[133] Karine YANIV, interview de François Hollande suite au dépôt d'une motion de censure sur l'Afghanistan, *in LaTéléLibre*, 8 avril 2008.

bombardement chimique du gouvernement de Bachar al-Assad en 2013[134], le Président de la République François Hollande hésite à demander l'accord du Parlement français, alors qu'anglais[135] et américains[136] y ont recours. L'option retenue sera un débat sans vote, justifiant l'ire des députés d'opposition. Dans les colonnes du journal *Le Point*, le député Christian Jacob rappelait les conditions de son groupe à l'intervention française en Syrie[137]. A défaut, le député demanderait, au nom de son groupe, *« un vote devant la représentation nationale, soit au titre de l'article 49 de la Constitution avec engagement de la responsabilité du gouvernement, soit au titre de l'article 50-1 avec débat suivi d'un vote »*[138]. Le recours au média permet donc d'élever le débat, jusqu'alors circonscrit aux seules assemblées, pour le porter à la connaissance de l'opinion publique. L'objectif poursuivi est alors de renforcer le contrôle sanctionné des parlementaires par la prise à partie de l'opinion publique, seule capable de décider, dans les urnes, d'une sanction politique du Gouvernement pour ses manquements en matière militaire.

---

[134] Le 21 août 2013, le Gouvernement de Bachar al-Assad bombarde à l'arme chimique (gaz sarin), dans la région de la Ghouta, l'armée syrienne libre opposée au Gouvernement.

[135] David Cameron présente à la Chambre des communes une résolution visant à intervenir militairement en Syrie, elle est rejetée le 29 août 2013 entraînant le Premier ministre à renoncer à cette intervention.

[136] Barack Obama annonce sa volonté de consulter le Congrès le 9 sept. 2013, à la surprise générale, avant toute intervention américaine en Syrie.

[137] Christian JACOB (interview), *« Syrie : l'UMP exigera un vote si Hollande intervient sans l'appui de l'ONU »*, *in Le Point*, 3 sept. 2013. Les deux conditions étaient : *« la publication du rapport d'experts des Nations unies »* et le vote d'une *« résolution des Nations unies »*.

[138] *Ibid.*

CONCLUSION GENERALE

A la question de savoir si le Parlement peut réellement parvenir à orienter les décisions du Gouvernement en matière militaire, il convient de distinguer deux aspects du travail parlementaire pour y répondre : la fonction de législation militaire et la fonction de contrôle militaire des parlementaires.

En ce qui concerne la fonction de législation militaire, le Parlement est un acteur tenu en marge par le Gouvernement, de sorte qu'il ne peut pas orienter pleinement ses décisions en matière militaire. C'est, en effet, le Gouvernement qui est le coauteur principal de la législation militaire. Il dispose de l'initiative des textes de législation militaire mais il est également au cœur du droit d'amendement. Si le Gouvernement dépose peu d'amendements, il dispose de plusieurs moyens pour limiter le droit des parlementaires d'amender son texte : l'avis du Gouvernement suivi, en principe, par la majorité parlementaire, l'impossible aggravation des charges publiques par voie d'amendement, le vote bloqué ou l'engagement de sa responsabilité sur un texte de législation militaire. Cependant, le Parlement, bien que marginalisé, demeure acteur de la législation militaire, il en est ainsi, le coauteur secondaire. Ce sont les commissions parlementaires chargées de la défense nationale, qui sont au centre de la matière militaire au Parlement. Ces commissions ont ainsi pu s'emparer des enjeux nés de l'émergence des conflits de haute intensité appelant à un redimensionnement de l'appareil de défense français[1]. Cependant, ces commissions, bien que renforcées par la réforme

---

[1] Patricia MIRALLES et Jean-Louis THIERIOT, Commission de la Défense nationale et des Forces armées, *« Rapport d'information en conclusion des travaux d'une mission d'information sur la préparation à la haute intensité »*, Assemblée nationale, 2022.

de 2008[2], sont concurrencées, notamment, par les commissions chargées des finances, alors que la matière financière est, précisément, le cœur stratégique de la matière militaire.

En ce qui concerne la fonction de contrôle militaire, le Parlement retrouve une place centrale lui permettant d'orienter les décisions du Gouvernement en matière militaire. Il contrôle ainsi l'état de préparation des armées et donc, les éventuels manquement du Gouvernement dans sa réponse politique à l'avènement de nouvelles menaces. Il contrôle, surtout, les relations militaires de la France avec l'étranger. L'article 35 de la Constitution révisé en 2008, revalorise le rôle du Parlement en matière de contrôle des interventions étrangères. Bien que l'autorisation du Parlement à une intervention étrangère n'est pas nécessaire, tout au plus l'est elle après quatre mois d'opération et pour une durée infinie, certains moyens du contrôle parlementaire sanctionné permettent au Parlement de s'opposer à une opération. Un groupe parlementaire peut, ainsi, demander[3] un vote sur l'intervention militaire sans que cela ne puisse engager la responsabilité du Gouvernement. Le Parlement peut également, par une motion de censure spontanée, provoquer un vote sur une intervention militaire étrangère et engager la responsabilité du Gouvernement[4]. En vertu de ces moyens constitutionnels, le Parlement est donc pleinement capable d'orienter les décisions militaires du Gouvernement. Pour renforcer son contrôle, il peut également s'appuyer sur des acteurs extérieurs : la Cour des comptes, pour l'aspect financier ; ou les médias, pour extraire le débat de la seule enceinte parlementaire et le porter à la connaissance des citoyens qui sont, du reste, les mieux à même de sanctionner le Gouvernement pour sa politique de défense.

---

[2] Loi constitutionnelle n°2008-724 du 23 juil. 2008 de modernisation des institutions de la Ve République.
[3] Const. de 1958, art. 50-1, ajouté par la réforme constitutionnelle de 2008.
[4] Const. de 1958, art. 49, al. 2.

Dans l'hypothèse d'un conflit de haute intensité engageant la France, le Parlement serait alors le témoin privilégié d'une menace étatique qu'il croyait disparue, des décennies durant[5]. Les gouvernements successifs, s'appuyant sur une collaboration active des parlementaires, ont ainsi dangereusement réduit l'appareil de défense français, l'exposant à la menace toujours plus croissante d'une *« rupture capacitaire »*[6]. Grand serait le risque, alors, de voir se reproduire les erreurs du passé. Le député Paul Raynaud[7], de retour d'Allemagne en 1937, affirmait que la France était « *dans une première zone, celle de la guerre non sanglante »*[8] face au *« développement prodigieux »*[9] de l'industrie militaire allemande. Il faudra, pourtant, encore une année pour qu'en 1938, le Parlement adopte la « *loi sur l'organisation générale pour le temps de guerre »*[10], avant qu'il autorise la déclaration de guerre[11], un an plus tard, à une Allemagne réarmée et prête, quant à elle, à la guerre.

---

[5] Le rapport d'information des députés Patricia Mirallès et Jean-Louis Thieriot de 2022 est le premier rapport d'information spécialement consacré à la haute intensité, terme, jusqu'alors, absent des débats parlementaires.

[6] Gilbert MEYER, Commission de la Défense nationale et des Forces armées, *« Rapport d'information sur l'entretien du matériel des armées »,* Assemblée nationale, 2002.

[7] Paul Raynaud était député des Basses-Alpes (1919 à 1924), de la Seine (1928 à 1940) et du Nord (1946 à 1962) et ministre sous les IIIe et IVe République. Il est surtout connu pour avoir été le dernier Président du Conseil de la IIIe République, du 22 mars au 16 juin 1940, date à laquelle il est remplacé par le Maréchal Pétain.

[8] Thibault TELLIER, *« Paul Reynaud et la zone non sanglante de la guerre »*, *in Synergies Royaume-Uni et Irlande*, n°4, 2011 pp. 129-137.

[9] *Ibid.*

[10] Loi du 11 juil. 1938 sur l'organisation générale de la nation pour le temps de guerre. Il convient de noter que le Parlement vote, dès le 15 juin 1935, une loi faisant passer le service militaire de un à deux ans. Néanmoins, cette législation n'était pas tant dûe au réarmement allemand qu'à l'arrivée des « *classes creuses* » correspondant à la génération née durant la Première guerre mondiale. Un choc démographique qui exposait le contingent français à une chute de ses effectifs de 230 000 hommes en 1935 à 118 000 en 1936.

[11] Const. de 1875, art. 9 : « *Le Président de la République ne peut déclarer la guerre sans l'assentiment préalable des deux chambres* ».

TABLE DES ANNEXES

ANNEXE I

Tableau détaillé de la militarité des circonscriptions et départements des députés composant la Commission de la Défense nationale et des Forces armées de l'Assemblée nationale (XVIe législature en cours)

Nom	Circonscription	Présence militaire dans la circonscription	Présence militaire dans le département *
M. Christian Girard	Alpes-de-Haute-Provence 1re	**Néant**	**Néant**
Mme Christelle D'Intorni	Alpes-Maritimes 5e	Service historique de la défense	/
Mme Alexandra Martin	Alpes-Maritimes 8e	**Néant**	**Néant**
M. Laurent Panifous	Ariège 2e	1e RCP	/
Mme Valérie Bazin-Malgras	Aube 2e	Effectifs de la DMD	5e RD à Mailly le Camp
M. Julien Rancoule	Aude 3e	4e RE Castelnaudary	/
M. Emmanuel Fernandes	Bas-Rhin 2e	Illkirch Siège de la 2e DB	/
M. Bruno Studer	Bas-Rhin 3e	Centre de formation interarmé au renseignement Siège du gouverneur militaire de strasbourg	/
M. José Gonzalez	Bouches-du-Rhône 10e	Néant	Marseille EM ZTSud et EM 3e Division BA 701 Salon-de-Provence
M. Lionel Royer-Perreaut	Bouches-du-Rhône 6e	Néant	Marseille EM ZTSud et EM 3e Division BA 701 Salon-de-Provence
M. Christophe Blanchet	Calvados 4e	Néant	Direction régionale des anciens combattants et victimes de guerre
Mme Caroline Colombier	Charente 3e	Néant	GSBDD Angoulême, 1e RIMA Angoulême, CFIM 9e BIMA, 515 RT à la Braconne, BA 709 Cognac
M. Jean-Philippe Ardouin	Charente-Maritime 3e	BA 722 Saintes et Ecole d'enseignement technique de l'armée de l'air	/

M. François Cormier-Bouligeon	Cher 1re	Ecole Militaire de Bourges (Bourges II IV V) MBDA et Nexter	/
M. Loïc Kervran	Cher 3e	Ecole Militaire de Bourges (Bourges III) MBDA et Nexter	/
M. Benoît Bordat	Côte-d'Or 2e	511e Régiment Train Auxonne	/
M. Hubert Brigand	Côte-d'Or 4e	Néant	511e Régiment Train Auxonne
Mme Murielle Lepvraud	Côtes-d'Armor 4e	**Néant**	**Néant**
M. Jean-Marie Fiévet	Deux-Sèvres 3e	Néant	Saint-Maixant
Mme Pascale Martin	Dordogne 1re	BA 276 Saint-Astier	/
M. Jean-Pierre Cubertafon	Dordogne 3e	Néant	BA 276 Saint-Astier
M. Olivier Marleix	Eure-et-Loir 2e	Ancienne base de Dreux (fermée en 2005)	BA de Chartres et châteaudun fermées
M. Jean-Charles Larsonneur	Finistère 2e	Base navale de Brest	/
Mme Mélanie Thomin	Finistère 6e	île-longue des SNLE (ville de Crozon)	/
Mme Anne Genetet	FRANÇAIS ÉTABLIS HORS DE FRANCE 11e	Pas de présence permanente	/
Mme Charlotte Goetschy-Bolognese	Haut-Rhin 5e	Administration de la défense et des anciens combattants (Mulhouse)	Régiment de marche du Tchad à Meyenheim
Mme Corinne Vignon	Haute-Garonne 3e	14e RISLP (Toulouse II, VIII IX)	/
M. François Piquemal	Haute-Garonne 4e	14e RISLP (Toulouse I III XII)	/
M. Christophe Bex	Haute-Garonne 7e	Néant	14 e RISLP
M. Aurélien Saintoul	Hauts-de-Seine 11e	Service de contre ingérence du Ministères des armées au Fort de Vanves	/
M. Philippe Sorez	Hérault 1re	**Néant**	**Néant**
Mme Stéphanie	Hérault 5e	**Néant**	**Néant**

Galzy			
M. Frédéric Mathieu	Ille-et-Vilaine 1re	GSBdD Rennes	Safran electronic
Mme Sabine Thillaye	Indre-et-Loire 5e	DRHAT Tours	/
Mme Cyrielle Chatelain	Isère 2e	Néant	27e BIM VARCES
M. Fabien Lainé	Landes 1re	BA Mont-de-Marsan	/
M. Mounir Belhamiti	Loire-Atlantique 1re	Néant	Chantiers navals de l'Atlantique
M. Pierre Morel-À-L'Huissi er	Lozère 1re	**Néant**	**Néant**
Mme Anna Pic	Manche 4e	Base navale de Cherbourg	/
M. Yannick Favennec-Bécot	Mayenne 3e	**Néant**	**Néant**
Mme Martine Etienne	Meurthe-et-Moselle 3e	Néant	53e RT, GSBdD Nancy
Mme Anne Le Hénanff	Morbihan 1re	3e RIMA Vannes	/
Mme Lysiane Métayer	Morbihan 5e	Ecole des fusiliers marins de Lorient	Oui 3eRIMA et Lorient
M. Jean-Michel Jacques	Morbihan 6e	**Néant**	**Néant**
M. Laurent Jacobelli	Moselle 8e	Néant	Gouverneur Militaire de Metz, 6e RMAT, EM 1e RSMV, 40e RT
M. Michaël Taverne	Nord 12e	Néant	Com FT, Com LOG, Com MF, Com CRR et 41 RT de Douai
M. Pierrick Berteloot	Nord 15e	Néant	Com FT, Com LOG, Com MF, Com CRR et 41 RT de Douai
M. Fabien Roussel	Nord 20e	Néant	Com FT, Com LOG, Com MF, Com CRR et 41 RT de Douai
Mme Brigitte Liso	Nord 4e	COMFT COMLOG COMMF COMRR	Com FT, Com LOG, Com MF, Com CRR et 41 RT de Douai
M. Julien Bayou	Paris 5e	Néant	Balard

M. Steve Chailloux	Polynésie française 2e	Néant	RIMA Pacifique Papeete
Mme Delphine Lingemann	Puy-de-Dôme 4e	28e RT d'Issoire	28ème RT à Issoire, 92ème RI et EM 3ème Brigade légère blindée, 13ème base de soutien du matériel à Clermont-Ferrand et son détachement de Moulins
Mme Josy Poueyto	Pyrénées-Atlantiques 1re	Ecole de Troupes aéroportées de Pau 5e RHC	/
M. David Habib	Pyrénées-Atlantiques 3e	**Néant**	**Néant**
M. Vincent Bru	Pyrénées-Atlantiques 6e	**Néant**	**Néant**
Mme Michèle Martinez	Pyrénées-Orientales 4e	Industrie textile militaire à Oloron-Saint-Marie	/
M. Thomas Gassilloud	Rhône 10e	Néant	l'hôpital d'instruction des armées Desgenettes, siège de l'état-major de la région terre Sud-Est, du 7ème régiment du matériel et de la base aérienne 942 Mont-Verdun.
Mme Nathalie Serre	Rhône 8e	Oui (hopital d'instruction Desgenettes et EM Zone Terre Sud-Est)	/
M. Jean-Louis Thiériot	Seine-et-Marne 3e	**Néant**	**Néant**
M. Xavier Batut	Seine-Maritime 10e	**Néant**	**Néant**
M. Bastien Lachaud	Seine-Saint-Denis 6e	Siège de l'économat des armées (Pantin) prestataire du Minarm en soutien logistique	/
Mme Valérie Rabault	Tarn-et-Garonne 1re	Montauban 9e BSMAT et 17e RG Parachutiste	/
Mme Isabelle Santiago	Val-de-Marne 9e	Néant	Oui siège de l'ECPAD Vitry et recrutement de la légion étrangère à Nogent sur Marne
M. Yannick Chenevard	Var 1re	Base de Toulon	/

M. Frank Giletti	Var 6e	UIISC7	/
M. Frédéric Boccaletti	Var 7e	Ecole des Systèmes de Combat et des Opérations Aéromaritimes (ESCO) Le Pôle Ecoles Méditerranée (PEM) rassemble 4 écoles sous l'autorité de la Marine Nationale.	/
M. Christophe Naegelen	Vosges 3e	Néant	1 Régiment de Tirailleur d'Epinal
M. Mikaele Seo	Wallis-et-Futuna 1re	RSMA NC détachés à Wallis	RSMA NC détachés a Wallis
Mme Yaël Braun-Pivet	Yvelines 5e	DIRISI et centre automobile de la défense	/
Mme Natalia Pouzyreff	Yvelines 6e	GSBdD des loges	/

*A défaut de présence militaire dans la circonscription **

Résultats synthétiques

	Ratio	Pourcentage
Circonscriptions concernées par la défense nationale	37/70	**53%**
Départements concernés par la défense nationale	57/70	**81%**

ANNEXE II

Tableau détaillé de la militarité des circonscriptions des sénateurs composant la Commission des Affaires étrangères, de la Défense et des Forces armées du Sénat (XVIe législature en cours)

		Lien de la circonscription avec la défense nationale		
Nom Prénom	**Circonscription sénatoriale**	**Bases Militaires**	**Industries de Défense**	**Autres**
ALLIZARD Pascal	Calvados	Néant	/	Direction régionale des anciens combattants et victimes de guerre
BONNEAU François,	Charente	GSBDD Angoulême, 1e RIMA Angoulême, CFIM 9e BIMA, 515 RT à la Braconne, BA 709 Cognac	/	/
BOUCHET Gilbert,	Drôme	1e Régiment de Spahis, GSBdD Valence	Cheddite France et Nobel Sport fabricants d'armes et de munitions	Etablissement logistique du commissariat des armées et GAMSTAT
CADIC Olivier	Français établis hors de France	/	/	/
CAMBON Christian	Val de Marne	Bataillon de réserve d'île de France - 24e RI	Munic (programmation informatique de défense)	Siège de l'ECPAD à vitry, Recrutement de la légion étrangère à Nogent-sur-Marne
CARLOTTI Marie-Arlette	Bouche-du-rhône	BA 701 Salon-de-Provence	NH industries, Safran Aircraft et Novadem	Marseille EM ZTSud et EM 3e Division
CAZABONNE Alain,	Gironde	BA 106 de Mérignac	Roxel France (aérospatiale)	/
CHARON Pierre,	Paris	Néant	Nobel Sport	Balard
CIGOLOTTI Olivier	Haute-Loire	Néant	Néant	Un des six SETBA français (Secteur d'entraînement à très basse altitude)

CONWAY-MOURET Hélène	Français établis hors de France	/	/	/
COURTIAL Édouard,	Oise	Néant	Néant	Centre du service national et de la jeunesse de Creil
DÉTRAIGNE Yves,	Marne	501e Régiment de Chars de Combat Mourmelon-le-Grand	/	/
DUMAS Catherine,	Paris	Néant	Nobel Sport	Balard
DURANTON Nicole,	Eure	BA 105 d'Evreux	/	/
FOLLIOT Philippe,	Tarn	8e RPIMA à Castres	/	/
FOURNIER Bernard,	Loire	Néant	Verney Carron, Nexter Système, NBC SYS	/
GARRIAUD-MAYLAM Joëlle	Français établis hors de France	/	/	/
GATTOLIN André	Hauts-de-Seine	Néant	Everaxis aerospace, MBDA France, Thalès Six GTS France	Service de contre ingérence du Min Arm au Fort de Vanves
GONTARD Guillaume	Isère	27e BIM VARCES	/	/
GOY-CHAVENT Sylvie,	Ain	RMED la Valbonne	/	/
GRAND Jean-Pierre,	Herault	**Néant**	**Néant**	**Néant**
GREAUME Michelle,	Nord	41 RT Douai	/	Com FT, Com LOG, Com MF, Com CRR et 41 RT de Douai
GUÉRINI Jean-Noël	Bouche du Rhône	BA 701 Salon-de-Provence	NH industries, Safran Aircraft et Novadem	Marseille EM ZTSud et EM 3e Division
GUERRIAU Joël	Loire Atlantique	Néant	Chantiers navals de Saint-Nazaire	Néant
GUIOL André,	Var	Base de Toulon et UIISC7	Sofresud (spécialisé dans les systèmes	/

			embarqués)	
HAYE Ludovic,	Haut-Rhin	Régiment de Marche du Tchad (Meyenheim)	Manurhin Equipement (machines de cartoucherie), Wartsila SACM Diesel (moteurs du char Leclerc), MHR (Manufacture du Haut-Rhin) GICAT	Administration de la défense et des anciens combattants (Mulhouse)
HOUPERT Alain,	Côte d'or	511e Régiment Train Auxonne	Safran electronic défense (Dijon)	/
JOURDA Gisèle,	Aude	4e RE Castelnaudary	/	/
JOYANDET Alain,	Haute Saône	BA 116 Luxeuil	/	/
LAGOURGUE Jean-Louis,	La Réunion	RSMA-R et FAZSOI Réunion	/	/
LAURENT Pierre	Paris	Néant	Nobel Sport	Balard
LE GLEUT Ronan,	Français établis hors de France	/	/	/
LE NAY Jacques,	Morbihan	3e RIMA Vannes	/	Ecole des fusiliers marins de Lorient
LOPEZ Vivette,	Gard	BA 726 Nîmes et 2e REI (Garrigues)	/	/
PANUNZI Jean-Jacques,	Corse du Sud	**Néant**	**Néant**	**Néant**
PATRIAT François,	Côte d'Or	511e Régiment Train d'Auxonne	/	/
PAUL Philippe	Finistère	Base navale de Brest	Nobel Sport, Thalès DMS et SNEF (aide à la navigation)	/
PERRIN Cédric	Territoire de Belfort	35eRI	Alstom	/
POADJA Gérard,	Nouvelle Calédonie	RIMAP-NC et RSMA-NC	/	/
RAIMOND-PAVERO Isabelle	Indre-et-Loire	Néant	Néant	DRHAT Tours
RAVIER	Bouche du Rhône	BA 701	NH industries,	Marseille EM ZTSud

Stéphane,		Salon-de-Provence	Safran Aircraft et Novadem	et EM 3e Division
ROGER Gilbert,	Seine Saint-Denis	Néant	Néant	Siège de l'économat des armées (Pantin) prestataire du Minarm en soutien logistique
SAURY Hugues	Loiret	12e Régiment de Cuirassiers (Olivet)	Roxel France (aéronautique) et Junghans (armes et munitions)	/
SIDO Bruno,	Haute-Marne	BA de Saint-Dizier et 61 RA	/	/
TEMAL Rachid	Val-d'Oise	Régiment de Marche du Tchad	Safran Electronics	/
TODESCHINI Jean-Marc,	Moselle	6e RMAT, EM 1e RSMV, 40e RT	/	Gouverneur Militaire de Metz, 6e RMAT, EM 1e RSMV
VALLET Mickaël,	Charente-Maritime	BA 722 Saintes	/	Ecole d'enseignement technique de l'armée de l'air
VALLINI André,	Isère	27e BIM VARCES	Lynred (spécialisé dans les infrarouges)	/
VAUGRENARD Yannick,	Loire-Atlantique	Néant	Chantiers navals de Saint-Nazaire	Néant

Résultats synthétiques

	Effectif	Pourcentage
Circonscriptions concernées par la Défense nationale	43/45	**96%***
Circonscriptions concernées par la présence d'une base militaire	31/45	**69%****

** 69% des sénateurs siégant à la CAEDNFA ont une base militaire dans leur circonscription.*
*** 96% des sénateurs siégant à la CAEDNFA ont une base militaire ou une industrie de défense dans leur circonscription.*

ANNEXE III

Tableau détaillé de la classification thématique des amendements du Gouvernement relatifs à la LPM 2019-2025 adoptés à l'Assemblée nationale

n°	Emplacement	Auteur	État	Texte visé	Date de dépôt	Classification
DN 389	Article 38	Gouvernement	Discuté	n°659	12 mars 2018	Fond
DN 397	Article 15, alinéa 3	Gouvernement	Discuté	n°659	12 mars 2018	Cohérence
DN 396	Après l'Article 14	Gouvernement	Discuté	n°659	12 mars 2018	Fond
DN 394	Article 42	Gouvernement	Discuté	n°659	12 mars 2018	Cohérence
DN 395	Après l'Article 13	Gouvernement	Discuté	n°659	12 mars 2018	Cohérence
DN 392	Après l'Article 38	Gouvernement	Discuté	n°659	12 mars 2018	Rédactionnel
DN 391	Article 26, alinéa 6	Gouvernement	Discuté	n°659	12 mars 2018	Fond

Résultats synthétiques

	Nature	Effectif	Pourcentage
Résultats Assemblée nationale	Suppression	0	0%
	Fond	3	43%
	Rédactionnel	1	14%
	Cohérence	3	43%
	Précision	0	0%

Source :

Assemblée nationale, Recherche dans la base des amendements, « *Dossier législatif : Programmation Militaire 2019-2025* », Auteur : Gouvernement, XVe législature, consulté le 17 fév. 2023.

ANNEXE IV

Tableau détaillé de la classification thématique des amendements du Gouvernement relatifs à la LPM 2019-2025 adoptés au Sénat

Amdt	Auteur	Sort	Classification	Thématique
Amt n° 86	Le Gouvernement	Adopté	Suppression	Réserve opérationnelle
Amt n° 87	Le Gouvernement	Adopté	Précision	Définition du service médical actif
Amt n° 88	Le Gouvernement	Adopté	Précision	Régime du marché public de défense
Amt n° 89	Le Gouvernement	Adopté	Rédactionnel	Service de santé des armées
Amt n° 90	Le Gouvernement	Adopté	Rédactionnel	Domaine militaire de l'Etat
Amt n° 91 rect.	Le Gouvernement	Adopté	Fond	Régime de l'utilisation des données de connexion à des fins de renseignement
Amt n° 124	Le Gouvernement	Rejeté	Rédactionnel	Régime de l'utilisation des données de connexion à des fins de renseignement
Amt n° 125	Le Gouvernement	Adopté	Suppression	Chambre spécialisée du CE
Amt n° 126 rect.	Le Gouvernement	Adopté	Cohérence	uniformise certaines dispositions avec l'outre-mer
Amt n° 127	Le Gouvernement	Adopté	Fond	Modification du régime des pensions suite à une décision QPC
Amt n° 128	Le Gouvernement	Rejeté	Rédactionnel	RAPO en matière militaire
Amt n° 129	Le Gouvernement	Rejeté	Suppression	Infrastructures de la défense
Amt n° 130	Le Gouvernement	Rejeté	Redactionnel	Surcoût des OPEX
Amt n° 131	Le Gouvernement	Adopté	Fond	Renforcement des capacités
Amt n° 132	Le Gouvernement	Rejeté	Redactionnel	Surcoût des OPEX
Amt n° 133	Le Gouvernement	Rejeté	Suppression	Financement OPEX MISSINT
Amt n° 134	Le Gouvernement	Retiré	Suppression	Travaux préparatoires du MINARM à la réalisation des LF relatives aux armées
Amt n° 135	Le Gouvernement	Rejeté	Rédactionnel	Rapport annuel du Gouvernement au Parlement

Amt n° 136	Le Gouvernement	Adopté	Suppression	Livraison des équipements
Amt n° 137	Le Gouvernement	Rejeté	Suppression	Carburants opérationnels
Amt n° 138	Le Gouvernement	Adopté	Suppression	Missions de la CNCTR
Amt n° 139	Le Gouvernement	Rejeté	Rédactionnel	Délégation Parlementaire au Renseignement
Amt n° 140	Le Gouvernement	Rejeté	Suppression	Délégation Parlementaire au Renseignement
Amt n° 141	Le Gouvernement	Rejeté	Suppression	Marchés de défense et de sécurité
Amt n° 142	Le Gouvernement	Rejeté	Suppression	Pensions militaires
Amt n° 143	Le Gouvernement	Rejeté	Fond	Recours contentieux et Rapo
Amt n° 144	Le Gouvernement	Rejeté	Suppression	Pensions militaires d'invalidité
Amt n° 145	Le Gouvernement	Rejeté	Suppression	Biens de la défense
Amt n° 147 rect.	Le Gouvernement	Rejeté	Fond	Eligibilité des militaires
Amt n° 153	Le Gouvernement	Retiré	Fond	Eligibilité des militaires
Amt n° 154	Le Gouvernement	Adopté	Cohérence	Eligibilité des militaires
S/Amt n° 155	Le Gouvernement	Adopté	Rédactionnel	Port de l'uniforme
S/Amt n° 156 rect.	Le Gouvernement	Adopté	Redactionnel	Discipline militaire
S/Amt n° 157	Le Gouvernement	Adopté	Rédactionnel	Filière munition

Résultats synthétiques

	Nature	Effectif	Pourcentage
Résultats Sénat	Fond	6	18%
	Suppression	13	38%
	Rédactionnel	11	32%
	Cohérence	2	6%
	Précision	2	6%

Source :
Sénat, Recherche d'amendements, « *Dossier législatif : Programmation Militaire pour les années 2019 à 2025 (Première lecture)* », Sélection des amendements : "*Déposés par le Gouvernement*", XVe législature, consulté le 17 fév. 2023.

ANNEXE V

Tableau détaillé des avis du Gouvernement et de la Commission des Affaires étrangères, de la Défense et des Forces armées, relatifs aux amendements de la LPM 2019-2025, adoptés par le Sénat en séance publique

Amdt	Subdivision	Auteur	Sort	Avis de la Commission	Avis du Gouvernement
Amt n° 1 rect. quinquies	art. add. après Article 30	M. GRAND	Adopté	F	D
Amt n° 5 rect. bis	Article 6	M. DANESI	Adopté	F	F
Amt n° 9 rect.	Article 2	M. GUERRIAU	Adopté	F	F
Amt n° 10	Article 2	M. GUERRIAU	Adopté	F	F
Amt n° 26 rect. bis	Article 17	Mme GARRIAUD-MAYLAM	Adopté	F	S
Amt n° 29	Article 2	M. PERRIN	Adopté	F	D
Amt n° 30	art. add. après Article 30	M. PERRIN	Adopté	F	D
Amt n° 36	Article 11	Mme PRUNAUD (groupe CRCE)	Adopté	F	F
Amt n° 74 rect. bis	Article 2	M. POADJA	Adopté	F	F
Amt n° 80 rect.	Article 2	Mme CONWAY-MOURET	Adopté	F	F
Amt n° 81 rect.	Article 2	Mme CONWAY-MOURET	Adopté	F	F
Amt n° 83	Article 2	Mme CONWAY-MOURET	Adopté	F	F
Amt n° 84	Article 2	Mme CONWAY-MOURET	Adopté	F	F
Amt n° 85	Article 2	Mme CONWAY-MOURET	Adopté	F	S
Amt n° 86	Article 11 bis A	Le Gouvernement	Adopté	F	F
Amt n° 87	art. add. après Article 12	Le Gouvernement	Adopté	F	F
Amt n° 88	Article 26	Le Gouvernement	Adopté	S	F

Amt n° 89	art. add. après Article 36	Le Gouvernement	Adopté	**F**	**F**
Amt n° 90	art. add. après Article 38 bis	Le Gouvernement	Adopté	**F**	**F**
Amt n° 91 rect.	art. add. après Article 22	Le Gouvernement	Adopté	**F**	**F**
Amt n° 92 rect.	art. add. après Article 10 bis	Mme GARRIAUD-MAYLAM	Adopté	**F**	D
Amt n° 93	Article 2	M. CAZEAU	Adopté	**F**	**F**
Amt n° 94	Article 2	M. CAZEAU	Adopté	**F**	**F**
Amt n° 95	Article 2	M. CAZEAU	Adopté	**F**	**F**
Amt n° 96	Article 2	M. CAZEAU	Adopté	**F**	**F**
Amt n° 97 rect.	Article 2	Mme ROSSIGNOL	Adopté	**F**	**F**
Amt n° 98 rect.	Article 2	Mme ROSSIGNOL	Adopté	**F**	**F**
Amt n° 100 rect. bis	Article 2	M. CIGOLOTTI	Adopté	**F**	D
Amt n° 102	Article 2	Mme CONWAY-MOURET	Adopté	**F**	**F**
Amt n° 104	Article 2	Mme CONWAY-MOURET	Adopté	**F**	D
Amt n° 107 rect.	Article 2	Mme CONWAY-MOURET	Adopté	**F**	S
Amt n° 108	Article 2	Mme CONWAY-MOURET	Adopté	**F**	**F**
Amt n° 114 rect.	Article 17	Mme CONWAY-MOURET	Adopté	**F**	S
Amt n° 119 rect.	art. add. après Article 30	M. REQUIER	Adopté	**F**	D
Amt n° 121 rect.	Article 2	M. REQUIER	Adopté	**F**	**F**
Amt n° 122 rect.	Article 2	M. REQUIER	Adopté	**F**	**F**
Amt n° 123 rect. ter	Article 2	M. ALLIZARD	Adopté	**F**	**F**
Amt n° 125	Article 19	Le Gouvernement	Adopté	**F**	**F**
Amt n° 126 rect.	Article 42	Le Gouvernement	Adopté	**F**	**F**

Amt n° 127	Article 30	Le Gouvernement	Adopté	**F**	**F**
Amt n° 131	Article 2	Le Gouvernement	Adopté	**F**	**F**
Amt n° 136	Article 6 quinquies	Le Gouvernement	Adopté	**F**	**F**
Amt n° 138	Article 22	Le Gouvernement	Adopté	S	**F**
Amt n° 148	Article 6 sexies	M. CAMBON	Adopté	**F**	**F**
Amt n° 149	Article 32	M. CAMBON	Adopté	**F**	**F**
Amt n° 150	Article 35	M. CAMBON	Adopté	**F**	**F**
Amt n° 151	Article 35	M. CAMBON	Adopté	**F**	**F**
Amt n° 152	Article 26	M. CAMBON	Adopté	**F**	D
Amt n° 154	Article 18	Le Gouvernement	Adopté	S	**F**
S/Amt n° 155	Article 2	Le Gouvernement	Adopté	**F**	**F**
S/Amt n° 156 rect.	Article 2	Le Gouvernement	Adopté	**F**	**F**
S/Amt n° 157	Article 2	Le Gouvernement	Adopté	**F**	**F**

Résultats synthétiques

	Avis de la Commission		Avis du Gouvernement	
Avis relatifs aux amendements parlementaires adoptés	Favorable (**F**) : 49	94%	Favorable (**F**) : 40	77%
	Défavorable (**D**) : 0	0%	Défavorable (**D**) : 8	15%
	Sagesse du Sénat (**S**) : 3	6%	Sagesse du Sénat (**S**) : 4	8%

Source :

Sénat, Recherche d'amendements, « *Dossier législatif : Programmation Militaire pour les années 2019 à 2025 (première lecture)* », Sélection des amendements : « *Amendements déposés sur le texte de la commission n°477* » puis « *Amendements adoptés* », XVe législature, consulté le 23 fév. 2023.

ANNEXE VI

Tableau détaillé de la classification des amendements de la majorité présidentielle (avis favorable du Gouvernement) relatifs à la LPM 2019-2025 et adoptés par l'Assemblée nationale

n°	Article	Auteur	Date de dépôt	Classification
283	Article 2, alinéa 68	Loïc Kervran	16 mars 2018	**Précision**
274	Article 2, alinéa 85	Jean-Jacques Bridey	16 mars 2018	**Rédactionnel**
210	Article 2, alinéa 97	Laetitia Saint-Paul	16 mars 2018	**Rédactionnel**
376	Article 2, alinéa 218	Jean-Jacques Bridey	21 mars 2018	**Rédactionnel**
297	Article 2, alinéa 218	Anissa Khedher	16 mars 2018	**Précision**
286	Article 2, alinéa 218	Patricia Mirallès	16 mars 2018	**Précision**
299	Article 2, alinéa 266	Jean-Marie Fiévet	16 mars 2018	**Rédactionnel**
303	Article 2, alinéa 271	Émilie Guerel	16 mars 2018	**Fond**
306	Article 2, alinéa 361	Pieyre-Alexandre Anglade	16 mars 2018	**Précision**
366	Article 2, alinéa 362	Jean-Jacques Bridey	17 mars 2018	**Rédactionnel**
213 (2ème Rect)	Article 2, alinéa 365	Laetitia Saint-Paul	16 mars 2018	**Rédactionnel**
367	Article 2, alinéa 374	Jean-Jacques Bridey	17 mars 2018	**Rédactionnel**
309	Article 2, alinéa 388	Aude Bono	16 mars 2018	**Fonds**
288	Article 2, alinéa 390	Aude Bono	16 mars 2018	**Précision**

310	Article 2, alinéa 390	Aude Bono	16 mars 2018	**Précision**
311	Article 2, alinéa 391	Aude Bono	16 mars 2018	**Fond**
312	Article 2, alinéa 404	Aude Bono	16 mars 2018	**Rédactionnel**
313	Article 2, alinéa 417	Philippe Chalumeau	16 mars 2018	**Précision**
344	Article 2, alinéa 445	Jean-Michel Jacques	17 mars 2018	**Fond**
368	Article 2, alinéa 486	Jean-Jacques Bridey	17 mars 2018	**Rédactionnel**
369	Article 2, alinéa 487	Jean-Jacques Bridey	17 mars 2018	**Rédactionnel**
326	Article 6 TER, alinéa 1	Jean-Jacques Bridey	16 mars 2018	**Rédactionnel**
328	Article 6 TER, alinéa 1	Jean-Jacques Bridey	16 mars 2018	**Rédactionnel**
327	Article 6 TER, alinéa 2	Jean-Jacques Bridey	16 mars 2018	**Rédactionnel**
281	Après l'Article 6 TER	Jean-Jacques Bridey	16 mars 2018	**Fond**
320	Article 9, alinéa 3	Jean-Jacques Bridey	16 mars 2018	**Rédactionnel**
261	Article 11, alinéa 2	Jean-Jacques Bridey	16 mars 2018	**Rédactionnel**
260	Article 11, alinéa 2	Jean-Jacques Bridey	16 mars 2018	**Rédactionnel**
339 (Rect)	Article 16, alinéa 5	Philippe Chalumeau	17 mars 2018	**Précision**
325	Article 18, alinéa 8	Jean-Jacques Bridey	16 mars 2018	**Rédactionnel**
228	Article 18, alinéa 12	Jean-François Eliaou	16 mars 2018	**Fond**
269	Article 19, alinéa 16	Jean-Jacques Bridey	16 mars 2018	**Précision**
270	Article 19, alinéa 31	Jean-Jacques Bridey	16 mars 2018	**Rédactionnel**

273	Article 22, alinéa 2	Jean-Jacques Bridey	16 mars 2018	**Précision**
372	Après l'Article 22	Loïc Kervran	17 mars 2018	**Fond**
272 (Rect)	Article 24, alinéa 7	Jean-Jacques Bridey	16 mars 2018	**Rédactionnel**
340	Après l'Article 24	Philippe Chalumeau	17 mars 2018	**Rédactionnel**
271	Article 25, alinéa 15	Jean-Jacques Bridey	16 mars 2018	**Rédactionnel**
341	Article 26, alinéa 7	Philippe Chalumeau	17 mars 2018	**Fond**
79	Article 32, alinéa 9	Fabien Gouttefarde	16 mars 2018	**Précision**
280	Article 35, alinéa 6	Jean-Jacques Bridey	16 mars 2018	**Rédactionnel**
330	Article 38 BIS, alinéa 2	Jean-Jacques Bridey	16 mars 2018	**Rédactionnel**
332	Article 42, alinéa 7	Jean-Jacques Bridey	16 mars 2018	**Rédactionnel**
342 (Rect)	Après l'Article 42	Philippe Chalumeau	17 mars 2018	**Rédactionnel**
184	Article 2, alinéa 25	Fabien Lainé	16 mars 2018	**Rédactionnel**
253	Après l'Article 10	Jean-Pierre Cubertafon	16 mars 2018	**Fond**
80	Article 2, alinéa 375	Olivier Becht	16 mars 2018	**Fond**

Résultats synthétiques

Nature	Effectif	Pourcentage
Forme	**37**	**79%**
Rédactionnel	26	/
Précision	11	/
/	/	/
Fond	**10**	**21%**

ANNEXE VII

Classification des propositions des rapports parlementaires de la XVIe législature en cours (à jour de mai 2023)

	Proposition concrète	Proposition abstraite
Proposition n° 1 : Adapter le recomplètement des stocks de munitions à des hypothèses d'engagement renouvelées.	Oui	
Proposition n° 2 : Favoriser l'utilisation de munitions réelles dans le cadre d'une préparation opérationnelle intensifiée.	Oui	
Proposition n° 3 : Favoriser le panachage des munitions dans la remontée en puissance des stocks en mettant l'accent sur le besoin de masse.	Oui	
Proposition n° 4 : Réinternaliser le maintien en condition opérationnelle des missiles au sein des forces lorsque c'est possible et systématiser les engagements en seuil de disponibilité dans les contrats de maintien en condition opérationnelle.	Oui	
Proposition n° 5 : Affermir la visibilité des entreprises et la régularité des commandes étatiques.	Oui	
Proposition n° 6 : Reconsidérer une relocalisation de la filière du petit calibre au niveau français ou, à défaut, européen.	Oui	
Proposition n° 7 : Privilégier une logique de gestion du risque dans l'appréhension des normes.		Oui
Proposition n° 8 : Appuyer la mise en œuvre d'exemptions Défense pour l'industrie munitionnaire dans le cadre de l'application du règlement REACH.		
Proposition n° 9 : Constituer des pré-stocks de composants et sous-ensembles stratégiques.	Oui	
Proposition n° 10 : Relocaliser des filières stratégiques pour l'industrie munitionnaire, notamment dans le domaine des poudres.	Oui	
Proposition n° 11 : Constituer une réserve industrielle composée de jeunes retraités du secteur munitionnaire permettant d'anticiper une hausse des besoins d'augmentation des cadences de production de munitions.		Oui
Proposition n° 12 : Doter les forces de lots de munitions télé-opérées capables de faire face à l'attrition forte de la haute intensité et de répondre aux besoins du terrain.	Oui	
Proposition n° 13 : Renforcer le soutien public à la recherche-développement.	Oui	

Proposition n° 1 : Poursuivre et intensifier l'effort budgétaire en faveur des crédits dédiés à la préparation opérationnelle et à l'entretien programmé du matériel (EPM) dans la prochaine LPM, afin d'assurer un niveau de disponibilité des matériels garantissant le maintien d'un niveau d'activité suffisant.	Oui	
Proposition n° 2 : Financer le développement du réalisme et le passage à l'échelle des outils de simulation, tout en veillant à ce que les simulateurs correspondent aux derniers standards des équipements en dotation dans les forces.		Oui
Proposition n° 3 : Saisir les opportunités offertes par la possibilité de contractualiser avec le secteur privé, tout en veillant à la compétitivité, la confidentialité et à la souveraineté des solutions proposées et sans se départir de compétences clés en interne.		Oui
Proposition n° 4 : Augmenter le niveau des stocks de munitions, y compris complexes, pour donner la possibilité aux militaires de s'entraîner davantage en conditions réelles.	Oui	
Proposition n° 5 : Approfondir la prise en compte des enjeux du combat multimilieux et multichamps et l'acquisition des savoir-faire dans le haut du spectre pour faire face aux exigences de la haute intensité.		Oui
Proposition n° 6 : Continuer de rechercher une plus grande interopérabilité entre les trois armées et avec les armées partenaires à travers l'organisation d'exercices interarmées et interalliés.	Oui	
Proposition n° 7 : Sensibiliser et réfléchir aux modalités d'association de toutes les composantes de la Nation aux enjeux de la préparation opérationnelle dans une perspective de « Défense globale ».		Oui

Résultats synthétiques

	Proposition concrète	Proposition abstraite
Effectifs	14/20	6/20
Pourcentage	70%	30%

Sources :

Brigitte LISO et Anna PIC, Commission de la Défense nationale et des Forces armées, « *Rapport d'information n°822 en conclusion des travaux d'une mission d'information sur la préparation opérationnelle* », Assemblée Nationale, XVIe législature, 8 fév. 2023.

Vincent BRU et Julien RANCOULE, Commission de la Défense nationale et des Forces armées, *« Rapport d'information déposé en conclusion des travaux d'une mission flash, constituée le 18 octobre 2022, sur les stocks de munitions »*, Assemblée nationale, 2023.

Natalia POUZYREFF et Jean-Louis THIERIOT, Commission de la Défense nationale et des Forces armées, *« Rapport d'information n° 866 en conclusion des travaux d'une mission flash sur la défense sol-air en France et en Europe »*, 15 fév. 2023.

ANNEXE VIII

Tableau détaillé du nombre d'amendements des commissions parlementaires de l'Assemblée nationale lors de l'examen du PLF 2023

	Com. Défense	Com. Lois	Com. Aff. Etr.	Com. Finances	Com. Aff. Sociales	Com. Aff. Cult. et éduc.	Com. Aff. eco	Com. Dév. Durable
Amdts. Déposés	**53**	151	12	3052	140	397	12	330
Amdts. Adoptés	**0**	3	1	205	2	7	1	9

	Com. Défense	Com. Lois	Com. Aff. Etr.	Com. Finances	Com. Aff. Sociales	Com. Aff. Cult. et éduc.	Com. Aff. eco	Com. Dév. Durable
Amdts. Déposés	**1,30%**	3,50%	0,30%	74%	3,50%	10%	0,30%	8%
Amdts. Adoptés	**0%**	1,50%	0,50%	90%	1%	3,50%	0,50%	4%

Source :
Assemblée nationale, Recherche dans la base des amendements, « *Dossier législatif : Programmation Militaire 2019-2025* », Examen : première lecture, Sort : Adoptés, XVe législature, assemblee-nationale.fr/dyn/15/amendements/0659/CION_LOIS/CL12, consulté le 23 fév. 2023.

ANNEXE IX

Disponibilité technique opérationnelle des matériels de l'armée de l'Air, de l'armée de Terre et de la Marine Nationale (1997-2002)

DTO armée de l'Air (1997-2002)

PARCS	1997	1998	1999	2000	2001	2002[(1)]
Super Etendard modernisés	65,0 %	70,0 %	70,0 %	60,0 %	61,0 %	64,0 %
Atlantique 2	70,0 %	70,0 %	65,0 %	62,0 %	66,0 %	60,0 %
Lynx	74,0 %	69,0 %	57,0 %	48,0 %	52,0 %	53,0 %
Panther	69,0 %	74,0 %	71,0 %	66,0 %	56,0 %	61,0 %

(1) Sur la base des chiffres du premier semestre uniquement.
Source : ministère de la défense.

PARCS	1997	1998	1999	2000	2001	2002 [1]
Mirage 2000 N	66 %	67 %	61 %	58 %	63 %	57 %
Mirage 2000 D	67 %	64 %	72 %	67 %	63 %	55 %
Mirage 2000 C	71 %	66 %	69 %	66 %	68 %	65 %
Mirage 2000-5 F	—	—	64 %	66 %	68 %	57 %
Mirage F1 CR	72 %	65 %	61 %	63 %	60 %	67 %
Mirage F1 CT	71 %	69 %	60 %	59 %	51 %	61 %
Jaguar A	71 %	70 %	69 %	71 %	69 %	77 %
C 160 Transall	69 %	66 %	58 %	53 %	56 %	55 %
C 130	61 %	67 %	68 %	64 %	65 %	65 %
KC 135	58 %	71 %	68 %	62 %	79 %	74 %
CN 235	75 %	74 %	66 %	68 %	61 %	62 %
Alpha-jet	72 %	68 %	65 %	60 %	50 %	57 %
Epsilon	72 %	59 %	72 %	53 %	40 %	56 %

[1] *Sur la base des chiffres du premier semestre uniquement.*

Source : ministère de la défense.

DTO armée de Terre (1997 - 2002)

PARCS	1997	1998	1999	2000	2001	2002 [1]
GAZELLE	80 %	77 %	62 %	62 %	61 %	46 %
PUMA	67 %	66 %	59 %	53 %	62 %	67 %
COUGAR	62 %	48 %	47 %	54 %	62 %	60 %

[1] *Sur la base des chiffres du premier semestre seulement.*

Source : ministère de la défense.

PARCS	1997	1998	1999	2000	2001	2002 [1]
VAB tous types	82 %	84 %	83 %	72 %	76 %	72 %
ERC 90	83 %	77 %	60 %	61 %	68 %	75,5 %
AMX 10RC	84 %	74 %	68 %	57 %	46 %	62 %
AMX 30 B2	78 %	81 %	70 %	65 %	60 %	68 %
LECLERC (tranches 3 à 5)	—	—	—	—	35 %	59 %
LECLERC (tranches 6 et 7)	—	—	—	—	31 %	65 %
TRF1	84 %	73 %	52 %	66 %	77 %	83 %
AMX 30 AUF1	72 %	71 %	62 %	67 %	51 %	57 %
LRM	88 %	73 %	75 %	67 %	81 %	39 %
ROLAND	72 %	70 %	68 %	76 %	60 %	51,5 %

[1] *Sur la base des chiffres du premier semestre seulement.*

Source : ministère de la défense.

DTO Marine Nationale (1997 - 2002)

PARCS	1997	1998	1999	2000	2001	2002[1]
Porte-avions	64,5 %	[2]	61,3 %	—	44,0 %	89,0 %
Porte-hélicoptères	58,0 %	18,0 %	75,0 %	55,0 %	75,0 %	65,0 %
Transports de chalands de débarquement	85,1 %	94,2 %	50,0 %	37,8 %	67,8 %	54,3 %
Frégates lance-missiles et antiaériennes	78,9 %	47,6%	34,1 %	53,0 %	35,1 %	40,4 %
Frégates anti-sous-marines	74,1 %	81,8 %	64,2 %	56,3 %	61,5 %	51,9 %
Frégates *La Fayette*	87,2 %	89,1 %	57,8 %	68,8%	76,9 %	71,1%
Avisos A 69	88,6 %	90,4 %	82,8 %	76,3 %	81,1 %	59,2 %
Chasseurs de mines	86,4 %	83 %	95 %	81,1 % [3]	43,3 %	52,2 %
Pétroliers-ravitailleurs	77,7 %	76,9 %	85,5 %	80,2 %	82,2 %	85,1 %
Sous-marins nucléaires d'attaque	69,9 %	68,9 %	49,0 %	42,7 %	34,9 %	38,8 %

[1] Sur la base des chiffres du premier semestre uniquement, sauf pour le porte-avions (calcul jusqu'au 2 septembre inclus).
[2] Retrait du service actif du Foch ; les années suivantes présentent les taux de disponibilité du porte-avions nucléaire Charles de Gaulle, admis au service actif, après plusieurs modifications en cale sèche, le 18 mai 2001.
[3] Chiffres portant sur 9 mois seulement.
Source : ministère de la défense.

Source :
Gilbert MEYER, Commission de la Défense nationale et des Forces armées, *« Rapport d'information sur l'entretien du matériel des armées »*, Assemblée nationale, 2002, pp. 8-9, 11 et 14

ANNEXE X

COMPARAISON ENTRE LA PROGRAMMATION (LPM) ET LA PRÉVISION (LFI) DEPUIS 1970

Crédits défense (y.c. gendarmerie) Titre V & VI puis équipement
Comparaison LPM - LFI (+ ressources extrabudgétaires)

(en millions d'euros courants)

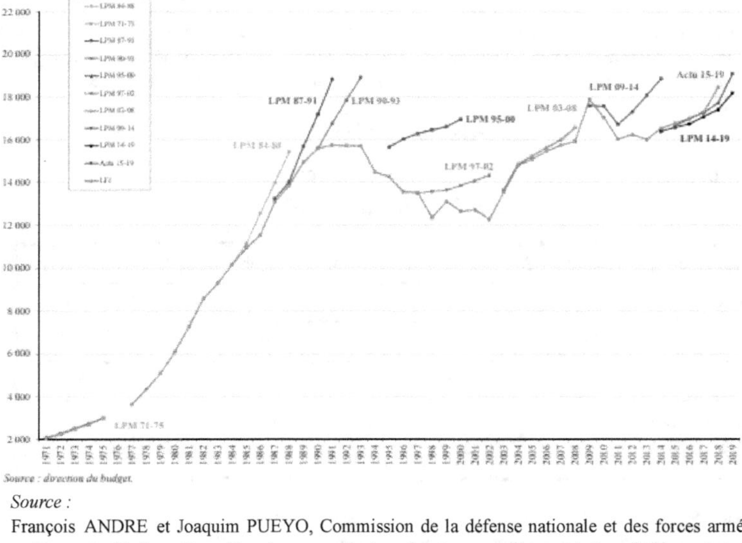

Source : direction du budget.

Source :
François ANDRE et Joaquim PUEYO, Commission de la défense nationale et des forces armées, *« Rapport d'information déposé en conclusion des travaux d'une mission d'information sur l'exécution de la loi de programmation militaire 2014-2019 »*, Assemblée nationale, 2018, p. 12.

ANNEXE XI

Exécution budgétaire de la LPM entre 2019 et 2022

En Md€	2019	2020	2021	2022
LPM	35,90	37,60	39,30	41,00
Loi de finances initiale	35,90	37,51	39,21	40,90
Crédits consommés	35,85	37,49	39,42	-
Écart entre LPM et consommation	- 0,05	- 0,11	+ 0,12	-

Source : Direction des affaires financières du ministère des armées

Source :

Cour des comptes, « *La loi de programmation militaire (LPM) 2019-2025 et les capacités des armées* », rapport public thématique, entité et politique publiques, mai 2022, p. 33.

ANNEXE XII

CRÉDITS DE L'AGRÉGAT « ÉQUIPEMENT » DEPUIS 2014

(crédits de paiement en milliards d'euros)

	2014	2015	2016	2017	2018	Total
LPM initiale	16,4	16,6	16,7	17,1	17,4	84,2
LPM actualisée		16,7	17,0	17,3	17,7	68,7
Loi de finances*	16,4	16,7	17,0	17,3	18,5	85,8
Écart entre la loi de finances et la LPM	0,0	0,0	0,0	0,0	0,8	0,8
Exécution budgétaire	15,7	16,2	16,9	16,5**		66,1
Écart entre l'exécution budgétaire et la LPM	– 0,7	– 0,5	– 0,1	– 0,8		– 2,1

* pour 2018, projet de loi de finances ; ** prévision d'exécution au 30 juin 2017 fournie par le ministère des Armées et mise à jour de l'annulation de 850 millions d'euros décidée en juillet 2017.

Source : ministère des Armées.

Source :

François ANDRE et Joaquim PUEYO, Commission de la défense nationale et des forces armées, « *Rapport d'information déposé en conclusion des travaux d'une mission d'information sur l'exécution de la loi de programmation militaire 2014-2019* », 2018, p. 33.

ANNEXE XIII

Tableau détaillé du nombre de questions écrites en matière militaire à l'Assemblée nationale (2002-2023)

Législature	Défense	Anciens combattants	Totale des questions écrites	Pourcentage
XVIe	57	52	6192	1,80%
XVe	475	552	45666	2,20%
XIVe	1104	1287	104139	2,30%
XIIIe	937	2372	132810	2,50%
XIIe	1066	2868	123418	3,20%

Source :

Assemblée nationale, Recherche avancée des questions, Paramètres de recherche : Choix de la législature et ou du type de questions qui vous intéressent : XIIe, XIIIe, XIVe, XVe, XVIe législature, Questions : écrites. Recherche par critère : Rubriques « Défense » et « Anciens combattants », consulté le 5 mars 2023.

ANNEXE XIV

Tableau détaillé des questions au Gouvernement en matière militaire à l'Assemblée nationale et au Sénat (2002-2023)

Assemblée nationale

Législature	armée de Terre	Marine Nationale	armée de l'Air	Industrie de défense	Total
XVIe	1	1	1	2	5
XVe	5	7	3	9	24
XIVe	8	7	13	14	42
XIIIe	7	6	7	3	23
XIIe	1	9	4	4	18

Source :
Assemblée nationale, Recherche avancée des questions, votre recherche ; *« Marine Nationale », « armée de Terre », « armée de l'Air », « industries de défense »* ou *« BITD »,* nature de la question : *« question au Gouvernement »,* site officiel de l'Assemblée nationale, consulté le 6 mars 2023.

Sénat

Législature	armée de Terre	Marine Nationale	armée de l'Air	Industrie de défense	Total
XVIe	1	0	0	4	5
XVe	0	5	1	28	34
XIVe	0	0	1	19	20
XIIIe	1	2	0	9	12
XIIe	2	3	1	14	20

Source :
Sénat, Base de recherche des questions, votre recherche : *« Marine Nationale », « armée de Terre », « armée de l'Air », « industries de défense »* ou *« BITD »,* nature de la question : *« question d'actualité au Gouvernement [QG] »,* site officiel du Sénat, consulté le 9 mars 2023.

Résultats synthétiques

	armée de Terre	Marine Nationale	armée de l'Air	Industrie de défense
Hors Industries de défense	27,40%	40,00%	32,60%	/
Industries de défense comprises	12,90%	18,90%	15,40%	52,80%

ANNEXE XV

Tableau détaillé des questions orales en matière militaire à l'Assemblée nationale et au Sénat (2002-2023)

Assemblée nationale

Législature	armée de Terre	Marine Nationale	armée de l'Air	Industrie de défense	Total
XVIe	0	0	0	0	0
XVe	5	3	4	1	13
XIVe	10	5	11	2	28
XIIIe	14	6	11	2	33
XIIe	5	3	3	4	15

Source :
Assemblée nationale, Recherche avancée des questions, votre recherche : *« Marine Nationale », « armée de Terre », « armée de l'Air », « industries de défense »* ou *« BITD »,* nature de la question : *« question orale »,* site officiel de l'Assemblée nationale, consulté le 6 mars 2023.

Sénat

Législature	armée de Terre	Marine Nationale	armée de l'Air	Industrie de défense	Total
XVIe	0	2	0	3	5
XVe	0	2	0	17	19
XIVe	6	4	3	26	39
XIIIe	13	6	6	54	79
XIIe	6	4	6	44	60

Source :
Sénat, Base de recherche des questions, votre recherche : *« Marine Nationale », « armée de Terre », « armée de l'Air », « industries de défense »* ou *« BITD »,* nature de la question : *« question orale sans débat [QOSD] »,* site officiel du Sénat, consulté le 9 mars 2023.

Résultats synthétiques

	armée de Terre	Marine Nationale	armée de l'Air	Industrie de défense
Hors industries de défense	42,80%	25,40%	31,90%	/
Industries de défense comprises	20,30%	12,00%	15,10%	52,60%

ANNEXE XVI

Tableau détaillé des questions écrites en matière militaire à l'Assemblée nationale et au Sénat (2002-2023)

Assemblée nationale

Législature	armée de Terre	Marine Nationale	armée de l'Air	Industrie de défense	Total
XVIe	6	28	3	2	39
XVe	81	113	63	16	273
XIVe	392	386	317	89	1184
XIIIe	600	326	382	26	1334
XIIe	336	178	172	15	701

Source :
Assemblée nationale, Recherche avancée des questions, votre recherche : *« Marine nationale »*, *« Armée de terre »*, *« Armée de l'air »*, *« industries de défense »* ou *« BITD »*, nature de la question : *« question écrite »*, site officiel de l'Assemblée nationale, consulté le 6 mars 2023.

Sénat

Législature	armée de Terre	Marine Nationale	armée de l'Air	Industrie de défense	Total
XVIe	3	2	3	47	55
XVe	21	22	13	194	250
XIVe	93	94	76	131	394
XIIIe	90	78	70	170	408
XIIe	72	27	22	222	343

Source :
Sénat, Base de recherche des questions, votre recherche : *« Marine Nationale »*, *« armée de Terre »*, *« armée de l'Air »*, *« industries de défense »* ou *« BITD »*, nature de la question : *« question écrite [QE] »*, site officiel du Sénat, consulté le 9 mars 2023.

Résultats synthétiques

	armée de Terre	Marine Nationale	armée de l'Air	Industrie de défense
Hors Industries de défense	40,70%	32,50%	26,80%	/
Industries de défense comprises	34,00%	25,20%	22,50%	18,30%

Annexe XVII

Tableau détaillé du nombre de missions d'information concernant la défense nationale, déposées à l'Assemblée nationale, pour chaque législature (2002-2023)

Législature	Missions d'information déposées	Missions d'information concernant la matière militaire	Pourcentage
XVIe	40	5	12,5%
XVe	516	28	5,5%
XIVe	515	20	4,0%
XIIIe	297	18	6,0%
XIIe	175	25	14,0%
Total	**1543**	**96**	**6,0%**

Source :
Assemblée nationale, « base de données des rapports d'information », *site officiel de l'Assemblée nationale,* consulté le 9 mars 2023.

ANNEXE XVIII

Tableau détaillé du nombre d'amendements déposés par les commissions parlementaires de l'Assemblée nationale lors de l'examen de la LPM 2019-2025

	Com. Défense (fond)	Com. Lois (avis)	Com. Aff. Etr. (avis)	Com. Finances (avis)
Amdts. déposés	**480**	13	20	23
Amdts. adoptés	**169**	5	14	9

	Com. Défense (fond)	Com. Lois (avis)	Com. Aff. Etr. (avis)	Com. Finances (avis)
Amdts. déposés	**89,60%**	2,40%	3,70%	4,30%
Amdts. adoptés	**85,80%**	2,50%	7,10%	4,60%

Source :
Assemblée nationale, Recherche dans la base des amendements, « *Dossier législatif : Programmation Militaire 2019-2025* », Examen : première lecture, Sort : Adoptés, XVe législature, *site officiel de l'Assemblée nationale*, consulté le 23 fév. 2023.

BIBLIOGRAPHIE

I. Ouvrages

Nathanaëlle AUBERT, *Le contrôle parlementaire des interventions françaises à l'étranger,* thèse, Institut d'étude politique, Strasbourg, Université de Strasbourg, 2014.

Pierre AVRIL, Jean GICQUEL et Jean-Eric GICQUEL, *Droit parlementaire,* Paris, coll. Précis Domat, LGDJ, 6e édition, 2021.

André CHANDERNAGOR, *Un parlement, pour quoi faire ?*, Paris, coll. Idées, Gallimard, 1967.

Bernard CHANTEBOUT, *Droit constitutionnel,* Paris, coll. Sirey université, Dalloz, 33e édition, 2019.

Olivier GOHIN, *Droit constitutionnel,* Paris, LexisNexis, 5e édition, 2022.

Jean-François KERLEO, *Règlement de l'Assemblée Nationale commenté*, Paris, LGDJ, 2022.

Eugène PIERRE et Jules POUDRA, *Traité pratique de droit parlementaire,* Paris, Albert Quantin éditeur, 1878.

Eugène PIERRE, *Du pouvoir législatif en cas de guerre,* Paris, Albert Quantin éditeur, 1890, rééd., Paris, coll. Sciences sociales, Hachette Bnf, 2021.

II. Articles et rapports

Patricia ADAM, « 2 % du PIB au profit de la défense : pour quoi faire ? », *Revue Défense Nationale*, vol. 794, n°9, nov. 2016.

Laurent BANSEPT, « Le retour de la haute intensité en Ukraine : Quels enseignements pour les forces terrestres ? », Focus stratégique n°111, *in IFRI*, juil. 2022.

Raphaël BRIANT, Jean-Baptiste FLORANT et Michel PESQUEUR, « La masse dans les armées françaises, un défi pour la haute intensité », Focus stratégique n°105, *in IFRI*, juin 2021.

Patrice BUFFOTOT, « Les Lois de programmation militaire en France : un demi-siècle de programmation. Paix et sécurité européenne et internationale », *in HAL open science*, 2016.

Olivier CHOPIN, Catherine HOEFFLER, Bastien IRONDELLE, Jean JOANA, Christian OLSON et Olivier ROZENBERG, « Evolution du contrôle parlementaire des forces armées en Europe », *in Institut de recherche stratégique de l'École militaire (IRSEM)*, 2013.

Cour des comptes, *« Les opérations extérieures de la France 2012-2015 »,* communication à la commission des finances du Sénat, oct. 2016.

Cour des comptes, « *Les externalisations du soutien des forces en opérations extérieures* », communication à la Commission des Finances, de l'Economie générale et du Contrôle budgétaire de l'Assemblée nationale, janv. 2019.

Cour des comptes, « *Les moyens de la lutte contre le terrorisme* », communication à la Commission des Finances, de l'Economie générale et du Contrôle budgétaire de l'Assemblée nationale, exercices 2015-2019, mai 2020.

Cour des comptes, « *La loi de programmation militaire (LPM) 2019-2025 et les capacités des armées* », rapport public thématique, entité et politique publiques, mai 2022.

Cour des comptes, « *L'opération sentinelle »,* exercices 2015-2021, quatrième chambre, sept. 2022.

Louis DUBAR, « Selon Christian Cambon, l'armée française est une force complète pouvant prendre en charge tout le spectre des missions mais disposant d'une faible épaisseur », *in Public Sénat*, 3 juin 2022.

Philippe FERLET et Patrice SARTRE, « Le secret de défense en France », *in Études*, vol. 412, n°2, fév. 2010.

Olivier GOHIN, « Le contrôle parlementaire des interventions à l'étranger », *in « Une nouvelle Constitution ? »*, Les Petites affiches, n°spéc., 19 déc. 2008.

Olivier GOHIN, « Le contrôle parlementaire des interventions à l'étranger », *in* Jean-Pierre CAMBY et al. (dir.), *La révision de 2008 : une nouvelle Constitution ?*, LGDJ, 2011.

Olivier GOHIN, « Le contrôle parlementaire des opérations extérieures des forces armées françaises », *in* Christian VALLAR et Xavier LATOUR (dir.), *Le droit de la sécurité et de la défense en 2013* (Actes du 1er colloque de l'AFDSD organisé à Nice, les 27 et 28 sept. 2013), Paris & Aix, PUAM, 2014.

Jean-François KERLEO, « Plaidoyer en faveur d'une réforme de l'article 40 de la Constitution », *Revue française de droit constitutionnel (RFDC)*, vol. 99, n° 3, oct. 2014.

Romain LEBLOND-MASSON, « Le Parlement et la décision de guerre : retour sur l'article 35 de la Constitution », *in RFDC*, vol. 104, n°4, déc. 2015.

Patrick NGUYEN HUU, « L'évolution des questions parlementaires depuis 1958 », *Revue française de sciences politiques*, 31e année, n°1, fév. 1981.

Josselin de ROHAN, « Le parlement, enceinte légitime du débat démocratique en matière de défense », *in Inflexions*, vol. 14, n°2, 2010.

Albert VOILQUIN, « A quoi sert la commission de la défense nationale de l'assemblée », *Revue de la Défense nationale*, n°356, juin 1976.

III. Documents parlementaires

1. Rapports parlementaires

Patricia ADAM, Patrick BEAUDOUIN et Yves FROMION, Rapport fait au nom de la Commission de la Défense nationale et des Forces armées (ci-après, Commission de la Défense nationale et des Forces armées), *« Rapport d'information sur l'exécution de la loi de programmation militaire pour les années 2003 à 2008 »*, Assemblée nationale, 2009.

François ANDRE et Joaquim PUEYO, Commission de la Défense nationale et des Forces armées, *« Rapport d'information en conclusion des travaux d'une mission d'information sur l'exécution de la loi de programmation militaire 2014-2019 »*, Assemblée nationale*, 2018.*

François ANDRE et Philippe VITEL, Commission de la Défense nationale et des Forces armées, *« Rapport d'information en conclusion d'une mission d'information sur le contrôle de l'exécution des crédits de la défense pour les exercices 2011 et 2012 »,* Assemblée nationale, 2013.

Nicolas BAYS et Nicolas DHUICQ, Commission de la Défense nationale et des Forces armées, *« Rapport d'information en conclusion d'une mission d'information sur la filière munitions »*, Assemblée nationale, 2015.

Gilbert BOUCHET, Commission des Affaires étrangères, de la Défense et des Forces armées, « *Rapport sur le projet de loi, adopté par l'Assemblée nationale après engagement de la procédure accélérée, autorisant la ratification du traité entre la*

République française et la République italienne pour une coopération bilatérale renforcée », Sénat, 2022.

Vincent BRU et Julien RANCOULE, Commission de la Défense nationale et des Forces armées, *« Rapport d'information déposé en conclusion des travaux d'une mission flash, constituée le 18 octobre 2022, sur les stocks de munitions »*, Assemblée nationale, 2023.

Jean-Jacques BRIDEY, Commission de la Défense nationale et des Forces armées, « *Rapport sur le projet de loi, après engagement de la procédure accélérée, relatif à la programmation militaire pour les années 2019 à 2025 et portant diverses dispositions intéressant la défense », Assemblée nationale, 2018.*

Christian CAMBON, Commission des Affaires étrangères de la Défense nationale et des Forces armées, *« Rapport d'information sur l'actualisation de la programmation militaire 2019-2025 »*, Sénat, 2021.

Jean-René CAZENEUVE, Commission des Finances de l'Economie générale et du Contrôle budgétaire, *« Rapport d'information relatif au projet de lois de finance pour 2023 (n°273) »*, Assemblée nationale, 2022.

Yannick CHENEVARD et Laurent JACOBELLI, Commission de la Défense nationale et des Forces armées, « *Mission d'information sur le bilan de la LPM 2019-2025 »*, Assemblée nationale, 2023.

Olivier CIGOLOTTI et Michelle GREAUME, Commission des Affaires étrangères, de la Défense nationale et des Forces armées, *« Avis présenté sur le projet de loi de finances, considéré comme adopté par l'Assemblée nationale en application de l'article 49, alinéa 3, de la Constitution, pour 2023 »*, Tome VI, Défense, Préparation et emploi des forces (Programme 178), Sénat, 2022.

Hélène CONWAY-MOURET et Cédric PERRIN, Commission des Affaires étrangères, de la Défense et des Forces armées,

« Rapport d'information n°215 sur les crédits de l'équipement des forces : tenir le cap de la loi de programmation militaire », Sénat, 2021.

Alexandre FRESCHI et Thomas GASSILLOUD, Commission de la Défense nationale et des Forces armées, *« Rapport d'information relatif à la mission d'information sur la résilience nationale »*, Assemblée nationale, 2022.

François LAMY, Commission de la Défense nationale et des Forces armées, *« Rapport d'information sur le contrôle parlementaire des opérations extérieures »,* Assemblée nationale, 2000.

Brigitte LISO et Anna PIC, Commission de la Défense nationale et des Forces armées, « *Rapport d'information n°822 en conclusion des travaux d'une mission d'information sur la préparation opérationnelle »*, Assemblée Nationale, XVIe législature, 2023.

Philippe MARINI; Commission des Finances, du Contrôle budgétaire et des Comptes économiques de la Nation, *« Rapport général sur le projet de loi de finances pour 2002, adopté par l'Assemblée nationale »*, Sénat, 2001.

Patricia MIRALLES et Jean-Louis THIERIOT, Commission de la Défense nationale et des Forces armées, *« Rapport d'information en conclusion des travaux d'une mission d'information sur la préparation à la haute intensité »,* Assemblée nationale, 2022.

Jean-Pierre RAFFARIN et Daniel REINER, Commission des Affaires étrangères de la Défense nationale et des Forces armées, *« Rapport d'information sur les 2% du PIB pour la défense »,* Sénat, 2017.

Josselin de ROHAN, Commission des Affaires étrangères de la Défense nationale et des Forces armées, *« Rapport relatif à la programmation militaire pour les années 2009 à 2014 et portant diverses dispositions concernant la défense »*, Sénat, 2009.

Emeric SALMON, Commission des Finances, de l'Economie générale et du Contrôle budgétaire, « Rapport sur le projet de loi de finances pour 2023 *»,* Assemblée nationale, 2022.

Guy TEISSIER, Commission de la Défense nationale et des Forces armées, *« Rapport relatif à la programmation militaire pour les années 2003 à 2008 »,* Assemblée nationale, 2002.

Xavier de VILLEPIN, Commission des Affaires étrangères de la Défense nationale et des Forces armées, « *Rapport d'information sur le projet de loi adopté par l'assemblée nationale après déclaration d'urgence, relatif à la programmation militaire pour les années 1997 à 2002* », Sénat, 1996.

Serge VINÇON, Commission des affaires étrangères, de la défense et des forces armées, « *Les personnels de l'armée de terre face à la professionnalisation : bilan d'étape* », Sénat, 1999.

2. Questions parlementaires

Olivier BECHT, Question écrite (QE) n°2223 à l'intention du ministre de la Défense, « *Développement de la filière munitionnaire* », rubrique défense, XVe législature, Assemblée nationale, 2017.

Blandine BROCARD, Question au Gouvernement (QG) n°274 à l'intention du ministre de la Justice, *« Encadrement militaire par décision de justice »*, rubrique justice, XVIe législature, Assemblée nationale, 2022.

Hélène CONWAY-MOURET, QE n°18455 à l'intention du ministère des Armées, « *Relocalisation en France de la production de munitions de petit calibre »,* rubrique industrie, XVe législature, Sénat, 2020.

Marianne DUBOIS, QE n°11008 à l'intention du ministère des Armées, *« Les enjeux de la coopération européenne en matière d'armement »*, rubrique défense, XVe législature, Assemblée nationale, 2018.

Alain DUFAUT, QE n°12248 à l'intention du ministère de la Défense, « *Modernisation du plateau d'Albion »*, rubrique défense, IXe législature, Sénat, 1990.

Nicolas DUPONT-AIGNAN, QE n°41764 à l'intention du ministère des Armées, « *Urgence de préparation à la haute intensité afin de prévenir la guerre »,* rubrique défense, XVe législature, Assemblée nationale, 2021.

Nicolas DUPONT-AIGNAN, QE n°31428 à l'intention du ministère des Armées, *« Désindustrialisation armes et munitions de la France calibre moins de 20 mm »,* rubrique industrie, XVe législature, Assemblée nationale, 2020.

Nicole LE PEIH, QG n°382 à l'intention du ministère de l'Europe et des Affaires étrangères, *« Mesures à l'encontre de la Russie »,* rubrique politique extérieure, XVIe législature, Assemblée nationale, 2022.

Brigitte LISO, question orale sans débat (QOSD) n°57 à l'intention du ministère des Anciens combattants et de la mémoire, « *Ouverture d'une caserne du service militaire volontaire dans les Hauts-de-France »,* rubrique défense, XVIe législature, Assemblée nationale, 2023.

Louis LONGEQUEUE, QE n°461 à l'intention du ministère des Affaires étrangères, *« Accords de défense »,* VIIIe législature, Sénat, 1986.

Thomas MENAGE, QOSD n° 126 à l'intention du ministère des Armées, « *Aménagement du territoire - Reconversion du terrain militaire de Gondreville »,* rubrique défense, XVIe législature, 2023.

Jacques REMILLER, QE n° 34305 à l'intention du ministère de la Défense, « *Secret défense. disparition de Philippe de Dieuleveult* », rubrique sureté de l'Etat, XIIIe législature, Assemblée nationale, 2009.

3. Auditions parlementaires

Compte rendu d'audition n°4, Commission des Affaires étrangères de la Défense et des Forces armées, « *Audition de M. Joël Barre, délégué général pour l'armement* », Sénat, XVIe législature, 4 mai 2022.

Compte rendu d'audition n°6, Commission de la Défense nationale et des Forces armées, « *Audition à huis clos, du général d'armée Thierry Burkhard* », Assemblée nationale, XVIe législature, 13 juil. 2022.

Compte rendu d'audition n°4, Commission des Affaires étrangères de la Défense nationale et des Forces armées, « *Audition de M. Sébastien Lecornu, ministre des armées sur le projet de loi de finances pour 2023* », Assemblée nationale, XVIe législature, 5 oct. 2022.

Compte rendu d'audition n°27, Commission des Affaires étrangères de la Défense nationale et des Forces armées, « *Audition de M. Éric Béranger, président-directeur général de MBDA* », Sénat, XVIe législature, 1er juin 2022.

Compte Rendu n°31, Commission de la Défense nationale et des Forces armées, « *Audition, à huis clos, du général d'armée Thierry Burkhard, chef d'état-major des armées, sur la dissuasion nucléaire* », Assemblée nationale, XVIe législature, 11 janv. 2023.

Compte rendu n°12, Commission de la Défense nationale et des Forces armées, « *Audition, à huis clos, du général d'armée aérienne Stéphane Mille, chef d'état-major de l'armée de l'air et de l'espace, sur le projet de loi de finances 2023* », Assemblée nationale, XVIe législature, 13 oct. 2022.

IV. Sitographie

Assemblée nationale, « Engagement de responsabilité du Gouvernement et motions de censure depuis 1958 », *site officiel de l'Assemblée nationale,* mis en ligne le 15 déc. 2022, consulté le 20 janv. 2023.

Assemblée nationale, « Fiche de synthèse n°47, la déclaration de guerre et les interventions armées à l'étranger », *site officiel de l'Assemblée nationale*, consulté le 2 nov. 2022.

Cyrille BRICOUT, « Dépôt d'amendements suite à l'annulation de 404,2 millions d'euros de crédits du budget des armées », *Nemrod Enjeux contemporains de défense et de sécurité*, mis en ligne en 2018, consulté le 2 nov. 2022.

Thibaut FLEURY GRAFF, « Guerres américaines et pouvoirs du congrès fédéral : Trump et Obama, même(s) combat(s) », *JusPoliticum,* mis en ligne le 15 juin 2017, consulté le 4 fév. 2023.

Thibaud MULIER, « Misère parlementaire en matière de défense », *JusPoliticum*, mis en ligne le 27 sept. 2021, consulté le 13 déc. 2022.

Axel NICOLAS, « Mettre le parlement au cœur de la politique de la défense », *Fondation Jean Jaurès*, mis en ligne le 2 juin 2021, consulté le 13 déc. 2022.

Michel PESQUEUR et Elie TENENBAUM, « Les défis de la haute intensité : enjeu stratégique ou capacitaire ? », *Revue Défense Nationale* [en ligne], mis en ligne le 13 oct. 2020, consulté le 4 janv. 2023.

TABLE DES MATIERES

Structures éditoriales du groupe L'Harmattan

L'Harmattan Italie
Via degli Artisti, 15
10124 Torino
harmattan.italia@gmail.com

L'Harmattan Hongrie
Kossuth l. u. 14-16.
1053 Budapest
harmattan@harmattan.hu

L'Harmattan Sénégal
10 VDN en face Mermoz
BP 45034 Dakar-Fann
senharmattan@gmail.com

L'Harmattan Cameroun
TSINGA/FECAFOOT
BP 11486 Yaoundé
inkoukam@gmail.com

L'Harmattan Burkina Faso
Achille Somé – tengnule@hotmail.fr

L'Harmattan Guinée
Almamya, rue KA 028 OKB Agency
BP 3470 Conakry
harmattanguinee@yahoo.fr

L'Harmattan RDC
185, avenue Nyangwe
Commune de Lingwala – Kinshasa
matangilamusadila@yahoo.fr

L'Harmattan Congo
219, avenue Nelson Mandela
BP 2874 Brazzaville
harmattan.congo@yahoo.fr

L'Harmattan Mali
ACI 2000 - Immeuble Mgr Jean Marie Cisse
Bureau 10
BP 145 Bamako-Mali
mali@harmattan.fr

L'Harmattan Togo
Djidjole – Lomé
Maison Amela
face EPP BATOME
ddamela@aol.com

L'Harmattan Côte d'Ivoire
Résidence Karl – Cité des Arts
Abidjan-Cocody
03 BP 1588 Abidjan
espace_harmattan.ci@hotmail.fr

Nos librairies en France

Librairie internationale
16, rue des Écoles
75005 Paris
librairie.internationale@harmattan.fr
01 40 46 79 11
www.librairieharmattan.com

Librairie des savoirs
21, rue des Écoles
75005 Paris
librairie.sh@harmattan.fr
01 46 34 13 71
www.librairieharmattansh.com

Librairie Le Lucernaire
53, rue Notre-Dame-des-Champs
75006 Paris
librairie@lucernaire.fr
01 42 22 67 13

www.ingramcontent.com/pod-product-compliance
Lightning Source LLC
LaVergne TN
LVHW010953061026
849535LV00006B/1697